本书为国家社会科学基金重大项目结项成果

国家社科基金丛书
GUOJIA SHEKE JIJIN CONGSHU

经济增速减缓与防范失业问题研究

Study on Economic Growth Slowdown and
the Prevention of Unemployment

赖德胜　孟大虎　李长安　陈建伟　等著

人民出版社

策划编辑:郑海燕
责任编辑:郑海燕
封面设计:石笑梦
版式设计:胡欣欣
责任校对:周晓东

图书在版编目(CIP)数据

经济增速减缓与防范失业问题研究/赖德胜 等 著. —北京:人民出版社,
  2023.1
ISBN 978－7－01－025186－8

Ⅰ.①经… Ⅱ.①赖… Ⅲ.①就业结构-结构调整-研究-中国②失业-
社会管理-研究-中国 Ⅳ.①F249.214②D669.2

中国版本图书馆 CIP 数据核字(2022)第 198957 号

经济增速减缓与防范失业问题研究

JINGJI ZENGSU JIANHUAN YU FANGFAN SHIYE WENTI YANJIU

赖德胜　孟大虎　李长安　陈建伟　等著

人民出版社 出版发行
(100706 北京市东城区隆福寺街 99 号)

中煤(北京)印务有限公司印刷　新华书店经销

2023 年 1 月第 1 版　2023 年 1 月北京第 1 次印刷
开本:710 毫米×1000 毫米 1/16　印张:21.25
字数:310 千字

ISBN 978－7－01－025186－8　定价:110.00 元

邮购地址 100706　北京市东城区隆福寺街 99 号
人民东方图书销售中心　电话 (010)65250042　65289539

目　　录

导　　论

一、研究背景、研究意义和价值

(一)选题背景

改革开放四十多年来,中国经济增长取得了举世瞩目的成绩,2010 年经济总量跃至世界第二,2019 年人均 GDP 迈过了 1 万美元大关,至 2021 年人均GDP 达到 12551 美元,超过世界人均 GDP 水平。过去 20 年里,中国 GDP 增长率最高达到 2007 年的 14.2%,在那之前十余年间平均增长率为 10% 左右。但是,近些年来,中国经济增长悄然变轨,例如在新冠肺炎疫情发生之前的2019 年,中国的 GDP 增长率为 6.1%,从稳中有变转向变中企稳的发展态势非常明显,呈现出波动减缓的特点。显然,中国经济已由高速增长进入新常态时期,国内外机构和学者习惯将当前的中国宏观经济称为"增速换挡"。

中国经济正在进入经济增速减缓周期,发达国家贸易保护主义抬头、目前新冠肺炎疫情在全球范围内尚未结束等因素可能会增加我国新一轮的经济增速减缓压力。一方面,发达国家贸易保护主义抬头,许多国家或地区纷纷设置贸易壁垒、采取非传统量化宽松的货币政策,也在一定程度上削弱了中国的贸易竞争力。中美贸易摩擦的领域不仅限于贸易,与此关联的技术转让、国有企业和工业补贴、市场扭曲等问题均使得摩擦不断升级,致使我国的对外贸易发展、产业结构优化尤其制造业的转型升级,以及企业的自主创新面临前所未有的严峻挑战。另一方面,席卷全球的新冠肺炎疫情预计会继续加强我国经济增速减缓的压力。新冠肺炎疫情突如其来,并席卷全球,各国经济重启受阻。就中国而言,2020 年 3 月底,基本阻断了疫情本土传播途径,并进入防疫常态化。为阻断疫情传播,人员流动减少、经济活力下降,影响经济增长。美股多次熔断并出现 1987 年股灾以来最大幅度的下跌,各国限制入境、中断航线,需求下降的同时物流运输严重受阻,全球产业链遭到极大破坏。

在本轮经济增速减缓背景下,我国实现了在经济增速减缓的同时,劳动力市场保持了基本稳定的目标。"十三五"时期,城镇新增就业人口年均超过了1300 万人,无论是城镇登记失业率还是城镇调查失业率,基本保持了稳定的态势。"十四五"时期,就业工作的总体目标是实现更加充分、更高质量的就业。为此,要实施就业优先战略,强化就业优先政策,健全有利于更加充分更高质量就业的促进机制,扩大就业容量,提升就业质量,缓解结构性就业矛盾。在"十四五"时期以及未来更长的发展时期,我国的劳动力市场机遇与挑战并存。要做好新发展阶段的就业工作,必须秉承以人民为中心的根本宗旨,紧紧抓住就业是最大的民生这个基本点,充分把握劳动力市场演变的规律和特点,努力推动实现更加充分更高质量就业。概括起来,经济增速减缓背景下中国劳动力市场面临的主要挑战包括:

1.经济增速减缓压力较大对扩大就业容量的冲击

最近十年来,我国经济告别了过去高速增长的阶段,开始步入了以中高速为主的发展阶段,而经济增速则出现了缓慢下降的趋势。在"十二五"时期,我国年均经济增长速度为8%。"十三五"时期,2016—2019 年的前 4 年,我国GDP 年均增长率达到 6.6%,高于预期的目标。但受到新冠肺炎疫情的冲击,2020 年的经济增速出现了明显的下降,使得整个"十三五"时期年均经济增长速度不到 6%。"十四五"时期,我国经济社会发展面临的形势更加复杂,不确定性因素明显增加,这对经济社会可持续发展构成了较大的挑战。基于此,

"十四五"规划并未提出明确的经济增长目标,而是表述为"经济运行保持在合理区间,各年度视情提出经济增长预期目标"。因此,在经济增速减缓压力持续较大的背景下,如何实现稳就业、扩就业,是一项艰巨的任务。

2.经济结构转型升级过程对就业的影响明显

"十四五"时期,我国的经济结构、产业结构将加速转型升级。与此同时,作为引致需求的劳动力市场也会加快变革的步伐,就业结构在快速转变的过程中会产生摩擦性失业和技术性失业。事实上,我国的就业问题在很大程度上属于结构性问题,也就是经济结构、产业机构的每次变动都要求劳动力供给能迅速适应变动。但从实际情况来看,我国劳动力市场的结构特征与社会对劳动力的需求并不完全吻合。在推进供给侧结构性改革的过程中,一些产能过剩行业就出现了就业困难加大问题。"十三五"时期,我国就业结构调整的步伐要快于经济结构和产业结构调整速度。比如2016年,第三产业就业人员在全部就业人员中的比重为43.5%,到2020年,该比重上升到47.7%,五年间提高了4.2个百分点。与此同时,我国第三产业增加值占GDP的比重,从2016年的52.4%提高到2020年的54.5%,五年间上升了2.1个百分点。相比之下,就业结构调整的速度要比产业结构调整的速度快2.1个百分点。大量的就业人员过快地由第二产业向第三产业转移,既加剧了第二产业"招工难""用工荒"的问题,也容易在第三产业中产生"拥挤"现象,导致就业难和就业质量的下降。

3.劳动力素质还不能完全适应高质量发展的要求

我国已进入高质量发展阶段,高质量发展对劳动力素质提出了更高的要求。在高质量发展阶段,我国经济发展的模式实现了由要素驱动向创新驱动的转变,科技进步在经济社会发展中的作用日益凸显。与此同时,技术的广泛应用对就业的影响也开始显现。虽然说科技进步从长期来看有益于经济增长和扩大就业,但短期会取代部分低技能、重复性工种的劳动者。特别是人工智能、机器人等新技术的不断推广,各种"无人驾驶""无人商店""无人餐厅"纷纷出现,技术和资本对就业岗位的替代必须予以高度重视。近些年来,我国劳动者总体素质虽有所提高,但离高质量发展的需求仍有很大差距。目前,发达国家技能劳动者占就业者的比重普遍在 40%—50%。2020 年,我国技能劳动者占就业人口总量仅为 26%[①],高层次人才的供给远远不能满足市场的实际需求。

4. 大量新就业形态涌现对实现更高质量就业提出了新课题

随着新经济新业态在我国国民经济中扮演着越来越重要的角色,大量新就业形态不断涌现,而网约配送员、互联网营销师等职业已经被纳入国家职业分类大典。国家信息中心分享经济研究中心发布的《中国共享经济发展报告(2021)》显示,2020 年,以新就业形态出现的平台企业员工达到 631 万人,平台带动的就业人数约 8400 万人,同比增长 7.7%。[②] 中国人民大学劳动人事学院发布的《中国灵活用工发展报告(2021)》蓝皮书表明,2020 年企业采用灵活用工比例同比增加逾 11 个百分点,达到 55.68%。[③] 这些新就业形态就业容量大、进出门槛低、灵活性和共享性强,成为吸纳就业的重要渠道。但与此同时,新就业形态对传统的劳动关系带来了很大的挑战。社保有门槛、工伤无保障、劳动关系难认定是以灵活就业为代表的新就业形态三大痛点,与此相关的劳动纠纷案件大量出现。《中国劳动统计年鉴 2021》披露的数据显示,2016 年,全国各级劳动人事争议仲裁机构受理的劳动人事争议案件为 828410件,到 2019 年,首次突破了 100 万件。至 2020 年,已经达到 1094788 件(与2016 年相比增加了 32.16%)。其中,与灵活就业较为紧密的社会保险争议案件受理数为 136496 件,劳动报酬争议案件受理数为 462729 件,这与灵活就业

---

① 李心萍、张芳曼:《技能人才需求旺盛》,《人民日报》2021 年 3 月 19 日。

② 《〈中国共享经济发展报告(2021)〉正式发布(附报告全文)》,2021 年 2 月 22 日,https://www.ndrc.gov.cn/xxgk/jd/wsdwhfz/202102/t20210222_1267536_ext.html,2022 年 4 月13 日。

③ 班娟娟:《央地密集施策,2 亿灵活就业人员连迎利好》,《经济参考报》2021 年 5 月20 日。

模式下劳动争议明显增加息息相关。

5.重点群体的就业问题呈现出诸多新的特点

大学毕业生一直是做好就业工作的重点群体之一。2021年,我国大学毕业生总量超过900万人,达到909万的历史新高。在"十四五"的后半期,每年大学毕业生的总量将超过1000万人,成为新进入劳动力市场的最主要群体。随着大学毕业生队伍的不断扩大,加上近些年来各城市之间的"人才争夺战",人才由过去集中在大城市的"集聚效应"开始向中小城市转移的"扩散效应"转变。特别需要指出的是,大学毕业生群体中的研究生队伍日益庞大,而研究生的就业难问题也开始显现出来。据统计数据显示,研究生的招生人数从2000年的12.8万人增长到2019年的91.65万人,20年间增长了7.16倍。受新冠肺炎疫情的影响,为缓解大学生就业压力,2020年3月,教育部明确再扩招18.9万名硕士研究生,扩招比例超过20%。值得注意的是,受扩招的影响,近几年研究生的就业率却并未得到改善,劳动力市场存在着一定的"高学历低就业"的现象。农村转移劳动力是做好就业工作的另一个重点群体。随着农业农村优先发展和乡村振兴战略的推进,以及一系列惠农政策的实施,农村劳动力的迁移方向发生了较大的变化,返乡就业创业正成为越来越多农民工的选项。从地区来看,流入东部地区的农民工数量在持续减少,而流入中西部地区的农民工数量在不断增加。此外,外出农民工还出现了"越来越少、越来越老"的趋势。随着实施延迟退休政策的日益临近,老年人力资源的就业与再就业问题将成为"十四五"时期必须高度关注的另一个重要群体。据统计,目前我国60—64周岁的人口有近7800万人,占人口总量的比重为5.5%,相当于全部劳动力的约10%。① 老年人力资源大多受教育程度不高、技能较低,如何尽快提高这个群体的就业能力,是未来必须面对的一个重要问题。

---

① 李长安:《"十四五"时期如何实现更加充分更高质量就业》,《光明日报》2021年5月11日。

(二)本书研究的意义和价值

第一,研究经济增速减缓背景下失业问题及其防范对策,有利于深入理解经济增长周期过程中的经济结构和就业结构调整的动态过程,从而更好地推动经济结构转型升级和促进创新。经济结构转型的过程往往伴随着就业结构的转变,二者联系紧密。供给侧和需求侧的转型是经济结构转型的根本动力。从供给侧来看,要素供给结构、生产技术结构和全要素生产率的结构变化,产业部门间生产率的非平衡增长,都构成了供给侧推动经济结构转型的动力。而人力资本积累和创新,是供给侧推动结构转型的核心。从需求侧来分析,社会投资和消费需求结构的转型,对第一产业、第二产业和第三产业部门产品或服务的需求结构转型,同样是推动经济结构转型的动力。经济现象纷繁复杂,很难判断经济结构转型是由哪一类因素独立地推动,更多情况下是由多种因素综合作用的结果。从根本上来说,实现劳动要素的技能升级,并且将劳动要素从低生产率的部门转移到高生产率部门,是推动经济结构转型和实现可持续增长的关键,劳动要素在部门间的再配置进程影响经济结构转型进程。当前,我国经济正处于结构性减速的阶段,而经济增速减缓背景下引发的失业问题无疑将制约经济结构转型的进程。因为经济结构转型期所消灭的工作岗位,必须要由新产业部门崛起所创造的工作岗位来补充,岗位创造过程一旦遭遇失业问题的干扰而受阻,经济转型过程也将受到限制。

第二,研究经济增速减缓背景下的失业问题及其防范对策,有利于精确识别不同群体面临的失业风险,从而更好地完善社会安全网、保障经济社会长期繁荣稳定。社会安全网是现代社会防范和化解社会风险、增进社会安全秩序的有效工具。市场经济社会的不稳定因素的一个重要来源是失业所引发的一系列风险,大量的研究也已经发现,青年、接近退休年龄的劳动者以及低教育水平的劳动者是失业风险相对较高的群体,失业对个人终身发展、社会犯罪率等方面有着重要的影响。因此,发达国家在解决失业问题中逐渐形成了以失业保险金为主的社会安全网制度。尽管 2008 年以来的经济衰退造成了发达国家的高失业,但发达国家的社会安全网有效地缓冲了失业风险对社会稳定造成的冲击。我国也可以借鉴发达国家应对失业的战略选择,通过社会安全网建设有效地识别不同失业风险类别的劳动者群体,出台有针对性的保障措施,有效地抵御失业风险对社会稳定的冲击。

第三,研究经济增速减缓背景下失业问题及其防范对策,有利于防范和化解经济增速减缓压力与失业风险对国民收入分配格局造成的新冲击,促进国民收入分配格局向更加有利于劳动者的方向调整,有效缩小社会收入分配差距,促进社会公平。劳动者就业是参与国民收入初次分配的前提,国民收入分配格局的调整也受到劳动就业关系波动的影响。从全球视野来看,20 世纪 80 年代以来劳动收入份额的普遍下降,与全球经济波动和失业率上升密切相关,尤其是长期失业率的攀升更是恶化了劳动收入分配状况。美国自 1950 年以来劳动收入份额的变化,与劳动力市场就业状况的变化保持高度一致,宏观经济实现充分就业的繁荣阶段,是劳动收入份额达到较高水平的时期;当宏观经济趋于增速减缓阶段,劳动收入份额也面临下降的风险。当前我国经济处于下行阶段,劳动力市场失业风险不断上升,尤其需要警惕失业率升高对劳动收入份额和国民收入分配格局所造成的冲击。

第四,研究经济增速减缓背景下失业问题及其防范对策,有利于深入研判本轮经济增速减缓的特征及其对劳动力市场的影响,从而为更好地发展新兴产业,增强就业岗位创造力,提升就业匹配度和经济运行效率提供支撑。经济增长或扩大再生产,主要有增加劳动量和提高劳动生产率两条路径,而生产要素供给和资源环境承载力是决定经济增速的基础性因素。我国经济经过长期高速增长,目前生产要素供给、资源环境条件发生了新变化。以劳动要素为例,我国从 2012 年起劳动年龄人口数量开始下降,人口红利逐步消失,现有的人口结构、劳动力供给等要素,显然难以长期支撑经济的高速增长。在此背景下,如果在经济转型过程中引起大量失业,则势必会对现有经济平稳发展形成负面冲击,甚至引起社会动荡。通过研究经济增速减缓的特征,寻找经济增长的新动力,能够有针对性地"控制"经济放缓速度,防止出现经济增速减缓"失速"问题,这也是在化解产能过剩、实现经济结构调整过程中,扶助和发展新兴产业、创造更多就业岗位、扭转资源错配问题的重要前提。进一步,通过分析经济增速减缓对劳动力市场所形成的冲击效应,可以帮助我们判断当前就业问题的现状和未来就业结构调整的动向,找到"用工荒"和求职难背后的岗位匹配问题所在,通过提高公共就业信息服务水平,促进信息对称,以制定相应的失业防范和促进再就业措施,降低就业结构偏离度,提高经济运行效率。

第五,研究经济增速减缓背景下失业问题及其防范对策,有利于从微观视角识别失业人群的就业特征,提高制定劳动者专业技能培养、职业发展、工作时间、劳动合同等制度的合理性,提高就业质量。经济增速的放缓必然伴随着就业规模和结构的变化,同时,稳定经济增速和提振经济发展动力也首先需要从解决就业问题入手,而且在经济转型升级的动态视阈下,对中国这一特定的经济体而言,不可能再仅仅依靠宏观的奥肯定律来研判和笼统地描述就业数量上升或下降问题,还需要从实际出发,对不同产业、行业、企业进行调研分析,寻找当前中国经济转型现状背后的就业规模和结构变化规律。本书研究的一个重要意义是破解经济增速减缓与失业的关联程度,分析不同发展阶段和不同产业结构层次上,经济增速减缓幅度与失业率和失业规模的关系,判别失业人群的构成及其差异化特征。在界定主要失业人群范围的前提下,从这些群体过去就业的岗位、工资、技能、劳动时间、职业发展、合同类型等方面总结归纳其共存的特点,并梳理此次经济增速减缓可能引起的失业人群的构成特点,例如受教育程度、工作经验、专业技能类型等因素,并集中回答以下几个问题:一是经济增速减缓首先会导致哪些就业人群出现失业危机? 二是这些失业现象对经济复苏的影响时效如何? 三是化解失业危机或扶持失业人群再就业的可行路径是什么? 从而为今后调整和制定有针对性的劳动者技能培训以及劳动合同等一系列劳动力市场规章制度提供决策参考。

第六,研究经济增速减缓背景下失业问题及其防范对策,有利于总结我国经济发展过程中的失业现象及其原因、应对政策的成功经验,为世界各国的理论研究和政策制定贡献中国的经验和智慧。据估计,中国经济增长为全球经济增长贡献了30%的力量,但是中国经济学研究和政策制定并没有为全球的理论研究和政策协调贡献相应力量。中国经济和经济学研究对全球贡献度的差异,部分原因在于语言和知识传播的差异,但也与我国理论研究和大数据建设存在一定程度的滞后有关。本书将通过研究中国经济增速减缓背景下失业问题,总结我国经济增速减缓背景下失业问题在世界范围内的普遍性与特殊性,为经济学理论研究和政策研究贡献中国的经验和智慧,从而在这一领域增强中国经济学研究的话语权。

二、国内外研究现状述评

(一)中国经济增速减缓与增长前景之辨

自改革开放以后的三十多年间,中国经济保持着年均近10%的增长速度。而始于2008年国际金融危机,在重创发达国家金融体系和实体经济后,也造成了中国经济的滑坡。中国政府迅速采取措施,有效稳定了经济增速减缓趋势并率先复苏,这为中国政府赢得了应对及时和反应迅速的美誉。而自2013年以来,中国经济再次进入新一轮增速减缓周期。后金融危机时代的中国经济增长,在全世界范围内引起了不同的研究和讨论。

一是悲观论。对中国经济增长前景担忧的观点认为,为应对金融危机而增加的投资主要来自贷款融资,虽然投资能够较快地刺激经济复苏,但大量贷款违约风险可能会引发金融体系的危机,从而为增长前景增添不确定性。尤其是大量贷款涌入房地产市场,其代价就是房地产市场库存上升,经济杠杆率上升,损害经济持续增长潜力。自2013年以来,中国经济从此前增长率的14%峰值降低到6%左右的水平,经济增速减缓更是引发了各界对中国经济悲观的论调。一个关键的问题在于,近年来中国经济的增速减缓,究竟是短期的周期性因素引发,还是长期持续的结构性因素引发? 发展中国家和新兴市场经济体的增长波动,常常在显著增长后的减缓阶段,伴随着较长时期的增长停滞。因此,对中国经济增长前景的担忧,不仅仅是有关周期性增长下滑,还有关于衰退的担忧。中国经济存在的结构性不平衡因素,尤其是由受迫性储蓄(forced savings)支撑的高投资率,在金融危机阶段进一步增长和强化,这降低了投资效率和全要素增长率。[1] 巴罗(Barro,2016)也认为,中国经济难以逃脱增长收敛规律的约束,长期收敛的增长率为3%左右,中国经济仍将在未来的一段时间内继续放缓。[2] 二是乐观论。乐观论是在承认中国经济增速减缓将保持一段时间的基础上,乐观地看待中长期经济增长前景。有研究发现,中国经济的潜在增长率下降,传统的产出缺口与通胀或产能的关系为负,如果能作出必要的调整来矫正宏观失衡,长期增长前景仍然有较强的基础,但是存在风险。[3] 林毅夫认为,中国经济能够在"十三五"时期(2016—2020年)保持年均6.5%的中高速增长,中国经济依然是世界经济的主要引擎,贡献30%的世界经济增长。[4] 有关中国宏观经济韧性的经验研究也表明,在外部不确定性冲击加剧和内部新旧动能转换背景下,1999年1月至2020年3月的中国宏观经济韧性在稳步提升,特别是进出口子系统的韧性提升得更加明显,这对形成以国内大循环为主体、国内国际双循环相互促进的新发展格局,推动中国经济的长期增长将产生重要的支撑作用。[5]

---

① R. S. Eckaus, "Forced Saving in China", *The China Quarterly*, Vol. 217,2014, pp. 180–194.

② R. Barro, "Economic Growth and Convergence, Applied Especially to China", *NBER Working Papers*, No. 21872, 2016.

③ W. Maliszewski and L. Zhang, "China's Growth: Can Goldilocks Outgrow Bears?", *IMF Working Paper*, https://www.imf.org/external/pubs/ft/wp/2015/wp15113.pdf, 2015.

④ J. Y. Lin, "Will China Continue to Be the Engine of Growth in the World", *Journal of Policy Modeling*, Vol. 38, No. 4, 2016, pp. 683–692.

⑤ 刘晓星、张旭、李守伟:《中国宏观经济韧性测度——基于系统性风险的视角》,《中国社会科学》2021年第1期。

经济学家们不仅在关于中国经济增长前景的判断上存在争论,关于此轮经济增速减缓的原因也有不同看法。林毅夫认为,2010 年之后的经济增速减缓,很大程度上要归因于外部性和周期性因素[①]。而蔡昉认为,受到劳动力供给短缺导致工资上涨、人力资本成长速度下降、资本替代劳动导致劳动比上升、资源再配置效率空间缩小等方面因素的影响,当前经济减速是因为潜在增长率下降,而不是需求不足[②]。王贤彬和黄亮雄的研究发现,经济增速减缓阶段,提高国有经济占比可以显著遏制经济增长速度的下滑,有利于保增长和稳增长目标的实现,而且,在市场化程度发展充分的情况下,这种作用更为显著,国有经济发挥着压舱石的作用[③]。

(二)经济增速减缓与就业波动的关系

一般认为,经济增长与就业呈正相关关系,经济增速下滑是高失业的主要原因。欧洲失业率高企的主要原因,被归结为欧洲经济疲软和增长乏力。但是,如果经济增长是由创新和技术进步所推动,并且劳动力市场存在不同松紧程度的规制,经济增长和就业之间的关系就会变得复杂。

一方面,考虑技术进步的作用。创新和技术进步推动的经济增长下,增长对就业的影响存在创造性破坏作用,就业总量可能增加,也可能下降。存在着资本化效应[④]和创造性破坏效应[⑤],前者意味着增长与失业呈负相关,后者意味着增长与失业呈正相关。如果创新和技术进步普遍提高了已有工作岗位的生产率,使得创业者创造更多工作岗位变得有利可图,那么技术进步和增长将

① 　J. Y. Lin, "Will China Continue to Be the Engine of Growth in the World", *Journal of Policy Modeling*, Vol. 38, No. 4, 2016, pp. 683-692.

② 　蔡昉:《如何实现 L 型长期中高速增长?》,《中国人大》2016 年第 15 期。

③ 　王贤彬、黄亮雄:《国有经济、市场化程度与中国经济稳增长》,《产业经济评论》2021 年第 4 期。

④ 　C. A. Pissarides, *Equilibrium Unemployment Theory*, London: Basil Blackwell, 1990.

⑤ 　P. Aghion and P. Howitt, "Growth and Unemployment", *Review of Economic Studies*, Vol. 61, No. 3, 1994, pp. 477-494.

会降低失业率。高速增长在不影响工作创造成本的前提下,提高新创造工作的净现值,那么创新促进就业。反之,如果创新和技术进步仅提高了新创造工作岗位的生产率,这会吸引资本和劳动力流入新兴行业,传统行业受到冲击而不断产生工作破坏。这样一来,增长可能会增加失业,尽管在长期可能会降低失业。一项利用1995—2007年欧盟成员数据进行的研究发现,技术进步对劳动力具有替代作用。[1] 米切拉基和洛佩兹·萨尔托(Michelacci 和 Lopez-Salido,2018)发现,中性的技术进步产生显著的创造性破坏效应,促进工作破坏和工作再配置,降低总量就业水平;而投资专有型技术进步降低工作破坏,对工作创造具有温和的效应,能够促进就业。[2] 原因在于,资本专有型技术进步降低资本价格,原有工作需要进行资本升级的成本低,技术进步的工作破坏效应下降,这引起就业上升。由技术进步所引起的失业,在熊彼特研究视角下被称为技术性失业,对此,波斯特维奈(Postel-Vinay,2002)比较了技术进步对就业的短期效应和长期效应,结果发现,技术进步对就业的短期效应为正,但长期效应为负。长期里快速的技术进步加速了工作岗位的淘汰,提升了工作流转率,降低了新工作的利润性,从而会降低均衡的就业水平。[3] 丁琳和王会娟的研究,从理论和实证两方面考察了互联网技术进步对就业的影响。其一,作者从理论上证明了互联网技术进步对于规模报酬递减(增)行业的就业具有正(负)向影响效应;其二,实证检验结果也表明,互联网技术进步减少了我国采矿业、技术密集型制造业和建筑业的就业,增加了第三产业就业,长期来看互联网技术进步将产生促进我国总体就业增加的积极效应。[4]

---

[1] F. Chiacchio, G. Petropoulos and D. Pichler, "The Impact of Industrial Robots on EU Employment and Wages: A Local Labour Market Approach", *Bruegel Working Paper*, 2018.

[2] C. Michelacci and D. Lopez-Salido, "Technology Shocks and Job Flows", *Review of Economic Studies*, Vol. 74, No. 4, 2018, pp. 1195–1227.

[3] F. Postel-Vinay, "The Dynamics of Technological Unemployment", *International Economic Review*, Vol. 43, No. 3, 2002, pp. 737–760.

[4] 丁琳、王会娟:《互联网技术进步对中国就业的影响及国别比较研究》,《经济科学》2020年第1期。

　　王颖和石郑基于大量国内外文献所做的文献综述工作表明,技术进步对就业的影响同时存在替代效应和补偿效应,净效应取决于两种效应的强度对比。长期而言,补偿效应大于替代效应;短期来看,则是替代效应大于补偿效应。在当前人工智能技术加速应用的背景下,技术进步的就业效应异质性特征明显——对高技能、高学历以及低技能、低学历劳动力的需求增加,而对中等技能和中等学历的劳动力需求减少,技术进步与就业展现为一种"U"型关系。作者认为,由于高技能和低技能劳动力的工作任务对自动化的敏感性较低,从而导致对中等技能劳动力需求减少,劳动力需求出现"中部凹陷"现象。①

　　另一方面,考虑劳动力市场规制的影响。由技术和生产率改进推动的增长对失业的影响,依赖于劳动力市场制度,更严格的制度(更慷慨的失业保险、更高的税和更高的解雇成本),将加剧失业。容格维斯特和萨金特(Ljungqvist 和 Sargent,1998)在研究欧洲经历经济增速减缓后的失业率攀升时强调,福利制度和劳动力市场管制扭曲了失业工人的劳动供给决策,欧洲工人在慷慨的福利保险下选择失业。② 胡琼和朱敏则认为,劳动力市场规制会限制企业调整雇佣结构。③

(三)失业、菲利普斯曲线与奥肯定律的经验规律

　　菲利普斯曲线刻画了价格与失业之间的负相关关系。研究者们认为,在短期会存在失业与通胀之间的权衡,增加货币供给会引起通胀的上升,从而降低失业率。经验研究也表明,菲利普斯曲线机制较好地拟合了美国 20 世纪

---

① 王颖、石郑:《技术进步与就业:特征事实、作用机制与研究展望》,《上海经济研究》2021年第 6 期。

② L. Ljungqvist and T. J. Sargent,"The European Unemployment Dilemma",*Journal of Political Economy*,Vol. 106,No. 3,1998,pp. 514-550.

③ 胡琼、朱敏:《工资上涨、劳动力市场规制与制造业企业雇佣结构调整研究》,《统计科学与实践》2019 年第 11 期。

60 年代的经济事实。但是,弗里德曼(Friedman,1968)提出了"自然失业率"的概念,认为长期中不存在失业与通胀自身的权衡。提升通胀率可能会降低失业,但是高通胀率并不会降低失业。[①] 在 1973—1975 年的经济衰退期间,通胀和失业率同时上升,菲利普斯曲线机制受到质疑。因此,研究者们开始根据不同的问题改进菲利普斯曲线,引入理性预期和价格黏性基础,发展出新凯恩斯主义菲利普斯曲线,并建立了基于产出缺口的菲利普斯曲线,对通胀形成机制进行了更多实证研究。尽管菲利普斯曲线对现实数据的解释遭遇各种挑战,但仍然不断得到复兴。

菲利普斯曲线在中国也得到了广泛的关注。如黎德福关注了二元经济条件下中国的菲利普斯曲线和奥肯定律[②],曾利飞等研究了开放经济条件下的新凯恩斯混合菲利普斯曲线[③],陈彦斌研究了包含通胀的四种基本决定因素的新凯恩斯菲利普斯曲线模型[④]。何启志和姚梦雨认为,中国的菲利普斯曲线是时变的,不同时期通货膨胀有不同的驱动因素,因此,不同时期宜采用不同的调控策略和方法。[⑤]

与菲利普斯曲线相关的重要概念是奥肯定律(Okun's Law),该定律刻画了产出增长和失业变化之间的关系。奥肯(Okun)通过经验研究发现,失业率变动 1 个百分点,对应着产出向相反方向变动 3.3 个百分点。[⑥] 此后,这一经验法则成为政策制定者们衡量高失业成本的基础。然而,后来的经济学家们

---

① M. Friedman,"The Role of Monetary Policy",*American Economic Review*,Vol. 58,No. 1,1968,pp. 1-17.

② 黎德福:《二元经济条件下中国的菲利普斯曲线和奥肯法则》,《世界经济》2005 年第8 期。

③ 曾利飞、徐剑刚、唐国兴:《开放经济下中国新凯恩斯混合菲利普斯曲线》,《数量经济技术经济研究》2006 年第 3 期。

④ 陈彦斌:《中国新凯恩斯菲利普斯曲线研究》,《经济研究》2008 年第 12 期。

⑤ 何启志、姚梦雨:《中国通胀预期测度及时变系数的菲利普斯曲线》,《管理世界》2017 年第 5 期。

⑥ A. M. Okun,"Potential GNP:Its Measurement and Significance",*Proceedings*(*Business and Economics Section*),*American Statistical Association*,1962,pp. 89-104.

对 3∶1 的经验比率提出了挑战,20 世纪 70 年代美国经济经历的持续无工作和低产出增长,使得经济学家们开始相信产出和失业的关系经历了结构变化。包括女性劳动参与率提高、生产率增长和公司治理结构变化,都对奥肯定律的数量关系产生影响。由于估计结果对模型的选择很敏感,经验法则的估计系数值很难达成共识。曼昆(Mankiw,1994)指出,奥肯定律的数量关系大致介于 2 与 3 之间。[①] 也有研究发现,经济合作与发展组织(OECD)16 个成员(不含美国)与美国之间存在显著的系数差异。[②]

奥肯定律在中国的适用性及其估计同样没有达成共识。一些研究认为,奥肯定律并不适用于中国。原因在于,奥肯定律描述了美国数据的经验法则,美国成熟市场经济的运作体系与中国国情有较大差异,而数据的真实性与完整性也在一定程度上影响经验规律的稳健性。王可等利用我国 GDP 增长率与城镇就业率数据进行分析,发现与奥肯定律之间存在相当的偏离。[③] 邹薇和胡翾利用城镇登记失业率的实证研究表明,中国经济总量增长与城镇登记失业率之间的关系偏离了奥肯定律。[④] 陈宇峰等考察了产出对失业的非对称效应,发现在不同阶段下失业与产出的关系不同,1978—1997 年奥肯定律在我国完全失效,1998—2009 年奥肯定律表现出非线性特征,经济扩张与收缩对失业的影响是不对称的。[⑤] 方福前和孙永君回顾了奥肯定律的五种版本:差分版本、缺口版本、动态版本、生产函数版本、不对称版本,并利用中国1978—2006 年的数据检验了奥肯定律在中国的适用性,结果发现都不适用。[⑥]

① N. G. Mankiw, *Macroeconomics*, New York:Worth Publishers,1994.

② J. Lee,"The Robustness of Okun's Law:Evidence from OECD Countries", *Journal of Macroeconomics*, Vol. 22,No. 2,2000,pp. 331-356.

③ 王可、傅萍婷、田艳:《经贸新常态下我国产业结构变化的就业效应研究——奥肯定律在中国失灵之谜》,《华侨大学学报(哲学社会科学版)》2019 年第 4 期。

④ 邹薇、胡翾:《中国经济对奥肯定律的偏离与失业问题研究》,《世界经济》2003 年第6 期。

⑤ 陈宇峰、俞剑、陈启清:《外部冲击与奥肯定律的存在性和非线性》,《经济理论与经济管理》2011 年第 8 期。

⑥ 方福前、孙永君:《奥肯定律在我国的适用性检验》,《经济学动态》2010 年第 12 期。

也有研究认为,需要对奥肯定律加以修正,才能适用于中国的经验研究。安立仁和董联党基于资本驱动的假设,修正奥肯定律,估算发现我国潜在增长率高于实际增长率,每高出 1%,实际就业率就会上升 1.47%。[1] 邹沛江认为,从长期来看,奥肯定律在中国仍然成立。作者基于农业部门和非农部门二元结构的奥肯定律系数估计表明,城镇登记失业率每增加 1%,将使得 GDP 下降 1.98 个百分点;过去 30 年潜在 GDP 增长率约为 10%,平均自然失业率为 3.2%;简单奥肯系数为 -3.79,高估了登记失业率对 GDP 增长率的影响。[2] 卢锋等引入农业劳动力转移变量修正了奥肯定律,发现劳动力转移相对其长期趋势的短期变动,与宏观经济周期波动显著相关;跨国数据回归表明,农业就业比重越高的国家,失业率与经济增长率变动的负相关关系越弱,经济周期对就业市场的影响,一部分反映在劳动力转移上。农业劳动力转移可以视为揭示劳动力市场状态对宏观经济周期反应的"温度计"。因此,宏观调控应当关注农业劳动力转移与城镇新增就业等指标的变动。[3]

(四)经济周期下行对劳动力市场的影响

1. 劳动力市场运行的分析工具:贝弗里奇曲线

贝弗里奇曲线刻画的是失业(unemployment)和岗位空缺(vacancy)之间的负相关关系,20 世纪 80 年代以纪念贝弗里奇而命名。从宏观视角来看,就业增长的过程,就是劳动力供给(失业工人)和劳动力需求(岗位空缺)之间匹配的过程。劳动力市场作为匹配工人和岗位空缺的机制,其效率高低决定了失业工人的存量和流量对比,以及岗位空缺的变化。在既定的匹配效率下,失业总是逆周期波动,岗位空缺顺周期波动,因此失业与岗位空缺之间总是负相

---

[1] 安立仁、董联党:《基于资本驱动的潜在增长率、自然就业率及其关系分析》,《数量经济技术经济研究》2011 年第 2 期。

[2] 邹沛江:《奥肯定律在中国真的失效了吗》,《数量经济技术经济研究》2013 年第 6 期。

[3] 卢锋、刘晓光、姜志霄:《劳动力市场与中国宏观经济周期:兼谈奥肯定律在中国》,《中国社会科学》2015 年第 12 期。

关的。检验失业工人和岗位空缺的变动关系,能够使我们更清晰地分析劳动力市场匹配过程的有效性,以及周期性因素和结构性因素如何影响劳动力市场。最近数年来,贝弗里奇曲线越来越受到研究者的重视。

总体而言,如果劳动力市场失业与岗位空缺的变化沿着贝弗里奇曲线移动,反映的是周期变化性质;贝弗里奇曲线的位移,反映了影响劳动力市场匹配进度和匹配效率的结构变化。一般认为,经济增速减缓的周期性冲击,使得经济中的失业沿着贝弗里奇曲线移动,但是也有研究者认为曲线上的移动和曲线位移之间的界限并不明确,经济周期性变化和经济增速减缓也可能导致曲线位移。

布兰查德和戴蒙德(Blanchard 和 Diamond,1989)对贝弗里奇曲线的移动进行了分解分析,发现美国战后劳动力市场失业水平的短期和中期波动,主要归因于总量活动的冲击,而贝弗里奇曲线移动要部分地归因于再配置冲击的长期效应。作者将失业、岗位空缺和新增雇佣之间的总量关系描述为一个匹配函数,失业工人和岗位空缺作为劳动力市场匹配过程的投入,而新增雇佣作为产出,产出和投入之间的关系便是匹配函数。作者将移动的原因归于劳动力供给变化、劳动力的再配置以及经济变量的冲击。[1] 波瓦等(Bova 等,2016)研究者利用 12 个经济合作与发展组织成员 2000—2013 年的季度数据,使用三个互补的方法识别了贝弗里奇曲线的位移,发现劳动力增长、就业保护立法降低了贝弗里奇曲线向外移动的可能性。当中等教育水平雇员的比例越高,以及长期失业更明显,匹配过程就更难。一些积极的劳动力市场政策,如鼓励创业和工作分享项目,有利于促进劳动力市场匹配。而失业保险、劳动税收使得匹配过程更难。[2] 但是,受到失业和岗位空缺数据的约束,国内有关贝

[1]　O. Blanchard and P. Diamond, "The Beveridge Curve", *Brookings Papers on Economic Activity*, No. 1,1989,pp. 1-76.

[2]　E. Bova,et al., "Shifting the Beveridge Curve:What Affects Labor Market Matching?", *IMF Working Paper*,WP/16/93,2016.

弗里奇曲线的研究还比较少。

2.经济增速减缓与失业回滞

标准的宏观经济学对均衡失业率(或自然失业率)和实际失业率作出了明显区分。前者取决于劳动力市场制度,不受实际失业率的影响,未预期到的需求和供给变化导致实际失业率对均衡失业率的偏离。失业回滞理论强调,均衡失业率具有路径依赖的性质,它取决于前期历史的实际失业率。传统的自然失业率假说认为,长期而言失业率会始终围绕恒定的自然失业率上下波动,因此失业回滞现象对自然失业率假说形成了挑战。一旦经济增速减缓导致实际失业率上升,如果不采取措施降低失业率,上升的失业率难以在后续时期得到完全的修复,后期的均衡失业率水平将随实际失业率而上升。布兰查德和萨默斯(Blanchard 和 Summers,1986)强调了失业回滞理论两大有前景的研究方向:一是基于内部人—外部人的会员身份理论,强调工资设定很大程度上取决于在岗工人而不是失业工人;二是失业持续期理论,强调短期失业水平对工资设定的影响要高,而长期失业对工资设定几乎无压力。[1]

丁守海和蒋家亮认为中国存在失业回滞现象,失业回滞程度介于0.55—0.75之间,而劳动力市场制度性分割下的内部人协议是产生失业回滞的重要原因,制度刚性进一步强化了内部人协议的影响,这极大地限制了就业的自我修复能力。与此同时,我国自然失业率的持续变化可以作为失业回滞现象的佐证。[2] 曾湘泉和于泳研究认为,1992 年以来我国的自然失业率不断上升,到2002 年达到峰值,此后一直在 4.8%—5.6% 的范围内稳定波动,其中结构转变加速和青年就业问题突出是主要原因。[3] 都阳和陆旸测算的自然失业率呈先上升后下降的趋势,2003 年达到 5.42% 的峰值,2009 年回落到 4.13%,其中

---

① O. J. Blanchard and L. H. Summers, "Hysteresis in Unemployment", *NBER Working Paper*, No. 2035,1986.

② 丁守海、蒋家亮:《中国存在失业回滞现象吗?》,《管理世界》2013 年第 1 期。

③ 曾湘泉、于泳:《中国自然失业率的测量与解析》,《中国社会科学》2006 年第 4 期。

劳动力市场结构和供求关系的变化,是影响自然失业率水平变动的最重要因素。① 黄波的研究表明,2012 年和 2013 年城镇自然失业率大约为 4.28%—4.94%,周期性失业率大约为 1.27%—2.51%。② 桂文林和赵杰辉的研究表明,新冠肺炎疫情后,中国失业率表现为"W"型季节特征;中国失业率受新冠肺炎疫情影响较大,遭受总损失达 1.23%;与美国相比,中国失业率受新冠肺炎疫情影响相对较小,同时,持续时间也相对较短。③

3.经济增速减缓对劳动力市场匹配效率的影响

劳动力市场存量与流量的研究视角,使得研究者们将失业问题的研究重心转移到工人找工作的过程中来,形成了搜寻匹配模型,代表性成果如莫腾森和皮萨里德斯(Mortensen 和 Pissarides,1994)的研究工作。④ 这些模型大多具有一些相似的特征,包括以下几个方面:一是信息约束,失业工人对岗位空缺的信息不完备,而提供岗位空缺的雇主也不能准确地获悉失业工人的身份信息。由此研究者们提出了匹配函数,来描述具有随机性质的失业工人与岗位空缺之间的匹配。二是工资设定协商。在大多数模型中,寻找工作者与雇主之间就工作匹配后进行工资的双边协商。在标准模型中,工资对劳动力市场条件变化展现出较高的回应性。因此,传统的模型很好地解释了经济周期波动中工资的变化,但是对就业和失业变动的解释力不足。尽管劳动力市场有大量的岗位和失业波动,但是衰退期主要是工作岗位的短缺,而匹配摩擦和效率并不是失业的主要原因。⑤

① 都阳、陆旸:《中国的自然失业率水平及其含义》,《世界经济》2011 年第 4 期。

② 黄波:《后危机时代中国城镇长短期就业风险的度量与预测》,《中国人口科学》2012 年第 5 期。

③ 桂文林、赵杰辉:《新冠肺炎疫情对中美调查失业率的影响》,《调研世界》2021 年第 11 期。

④ D. T. Mortensen and C. A. Pissarides, "Job Creation and Job Destruction in the Theory of Unemployment", *Review of Economic Studies*, Vol. 61, No. 3, 1994, pp. 397-415.

⑤ P. Michaillat, "Do Matching Frictions Explain Unemployment? Not in Bad Times", *American Economic Review*, Vol. 102, No. 4, 2012, pp. 1721-1750.

（五）就业结构调整对失业的影响

1.结构调整引致失业：假说的提出及其检验

早期的经济周期理论认为，总需求的变化是引起失业周期性波动的主要原因。宏观经济学也使用总量模型来分析各种有效刺激需求的政策，以降低失业率。但是，总量模型没有考虑总需求的结构性因素。总需求也是由一定的结构组成，从三大部门产品来看，总需求分为对农业产品、工业产品和服务三部分的需求。一般的发展规律是，随着家庭收入的上升，家庭的消费支出结构中，用于农业产品的消费支出份额持续下降，工业品和耐用消费品的支出比重先上升后下降，而用于服务消费的支出份额不断上升。产业结构的变化也是如此，农业部门产出份额不断下降，工业部门产出份额先上升后下降，服务业部门的产出份额持续上升。如果总需求的结构发生变化，而满足这些需求的生产要素投入结构没有及时调整，那么宏观经济会表现出结构性的失衡，而结构性失业便是其中之一。莉莲（Lilien，1982）指出，周期性失业一般被认为是"摩擦性"或"天然的"，而非对自然状态的一种偏离。经济部门之间用人需求的变化要求对劳动力不断进行再配置。[1] 由于工人找到新工作需要一定周期，失业是不可避免的，就业结构调整将引起失业。亚布拉罕和卡茨（Abraham和Katz，1986）利用多部门的模型证明了，部门间就业结构调整与失业率的变动之间正相关。这意味着，快速的结构转型期，即使总量需求不变，结构化的需求调整也会引起失业。[2]

2.结构调整、劳动力迁移与失业

萨克斯和沃兹尼亚克（Saks和Wozniak，2007）研究发现，劳动力迁移具有

---

[1]　D. M. Lilien, "Sectoral Shifts and Cyclical Unemployment", *Journal of Political Economy*, Vol. 90, No. 4, 1982, pp. 777-793.

[2]　K. G. Abraham and L. F. Katz, "Cyclical Unemployment: Sectoral Shifts or Aggregate Disturbances", *Journal of Political Economy*, Vol. 94, No. 3, 1986, pp. 507-522.

较强的顺周期性质,这表明经济繁荣时期迁移的净收益上升,而经济萧条时迁移收益下降。从迁移的人口特征来看,青年工人相对年长工人具有更强的顺周期迁移性。[1] 当前,中国经济正处于结构转型的关键时期,去产能与供给侧改革引发了失业风险,大量研究对失业风险进行了识别。(1)产能过剩行业去产能引发的失业风险。曲玥识别了产能过剩行业的失业风险,发现产能过剩主要集中在资本密集度高的中西部国有企业,而与此对应的冗余就业数量达到了 2700 万人左右,更多的是由受教育程度低、工资待遇差的脆弱群体构成。[2] 而丁守海和沈煜对"钢铁、煤炭、有色金属、石油、石化、玻璃、水泥和铁矿石"八大产能过剩行业的估计结果则表明,去产能可释放出 284 万—459 万的总劳动量,约为 2015 年全国总体就业人数的 0.37%—0.59%,失业风险总体不大。[3] (2)贸易结构调整引发的失业风险。李娟对全球化通过替代效应和规模效应影响需求弹性,进而引发的就业风险进行了综述。[4] 史青等研究发现,出口提升了就业风险。[5] (3)农村转移劳动力的失业风险。张展新识别了城市劳动力与农村劳动力的失业风险,认为后者的失业风险低于前者,但这种"优势"是建立在外来劳动力在城市劳动力市场上的劣势地位条件下的。[6] 与此同时,袁志刚运用 1995 年人口抽样调查数据和 2000 年人口普查数据研究发现,农村劳动力进城显著增加,并没有显著提高城镇失业。[7] 张车伟和王

---

[1]　R. E. Saks and A. Wozniak, "Labor Reallocation over the Business Cycle: New Evidence from Internal Migration", *Journal of Labor Economics*, Vol. 29, No. 4, 2007, pp. 59-72.

[2]　曲玥:《产能过剩与就业风险》,《劳动经济研究》2014 年第 5 期。

[3]　丁守海、沈煜:《去产能的失业风险究竟有多大——兼论两次去产能周期的比较》,《中国经贸导刊》2016 年第 19 期。

[4]　李娟:《全球化、劳动需求弹性与就业风险研究述评》,《经济学动态》2012 年第 3 期。

[5]　史青、李平、宗庆庆:《企业出口对劳动力就业风险影响的研究》,《中国工业经济》2014 年第 7 期。

[6]　张展新:《城市本地和农村外来劳动力的失业风险——来自上海等五城市的发现》,《中国人口科学》2006 年第 1 期。

[7]　袁志刚:《中国的乡—城劳动力流动与城镇失业:一个经验研究》,《管理世界》2006 年第 8 期。

智勇的研究指出,2009 年前后,因金融危机而引起结构性失业,高达 3481 万左右的农民工面临着结构性失业风险。[①] 关注农村劳动力面临的非农就业风险是重要的,因为陈帅和葛大东的研究表明,就业风险抑制非农劳动供给,降低就业风险有利于促进非农劳动供给。[②] 另外,技术进步引起就业结构调整,高技能劳动力就业机会增加,而低技能劳动力失业风险上升。中国经验表明,企业的技术进步表现出技能偏向型特征,提升了企业对高技能劳动力的需求,提高了高技能劳动力的就业比重和收入份额。[③] (4)大学毕业生的失业风险。武向荣认为,大学生面临的就业风险,主要是指大学毕业生可能遭受的失业或者从事和学历不匹配的职业产生的收入风险。[④] (5)新型城镇化过程中的失业风险。曾湘泉等研究发现,我国城镇单位在吸纳农村劳动力的效率上存在东南高、西北低的地理差异。[⑤] 丁守海研究了城镇化进程中的就业问题,结果发现城镇化会增加各类劳动力的非农劳动供给意愿,但未必能扩大非农劳动需求,不当的城镇化推进模式可能导致非自愿型失业增加。[⑥]

(六)积极就业政策对促进就业、降低失业的影响

采取积极劳动力市场政策,包括直接提供就业岗位和就业信息、提供培训机会、提供就业补贴等,是政府解决就业问题的核心政策。在欧盟成员内部,积极的劳动力市场政策构成了"欧洲就业战略"(European Employment

---

① 张车伟、王智勇:《全球金融危机对农民工就业的冲击——影响分析及对策思考》,《中国人口科学》2009 年第 2 期。

② 陈帅、葛大东:《就业风险对中国农村劳动力非农劳动供给的影响》,《中国农村经济》2014 年第 6 期。

③ 姚先国、周礼、来君:《技术进步、技能需求与就业结构——基于制造业微观数据的技能偏态假说检验》,《中国人口科学》2005 年第 5 期。

④ 武向荣:《论大学毕业生就业风险》,《北京师范大学学报(社会科学版)》2004 年第 3 期。

⑤ 曾湘泉、陈力闻、杨玉梅:《城镇化、产业结构与农村劳动力转移吸纳效率》,《中国人民大学学报》2013 年第 4 期。

⑥ 丁守海:《中国城镇发展中的就业问题》,《中国社会科学》2014 年第 1 期。

Strategy)的核心部分。积极的劳动力市场政策是否有效促进了社会就业,则成为经济学家们关心的重要问题。尽管越来越多的研究发展出科学的方法来评估不同的积极就业政策的有效性,然而关于积极就业政策是否有效地降低失业促进就业,以及哪类项目最具发展前景,还没有达成共识。

从国内的研究来看,公共政策对就业的影响比较复杂。蔡昉等认为,反周期的宏观经济政策无助于解决自然失业,加之宏观政策引导投资向就业密集度较低的行业转移,这降低了反周期政策拉动就业的能力。① 经验研究同时发现,最低工资制度显著降低了就业:最低工资水平相对于社会平均工资每提高 10%,其他人员的就业在社会总就业中的比重下降约 2.3%。② 另外,创业带动就业的政策效果仍然有待评估。张成刚等认为,创业带动就业政策对就业的影响存在波动和时间滞后,创业活动在短期内促进岗位创造和就业,中期负向挤出就业,而长期产生正向的供给效应;通过跨国比较发现,中国劳动力市场创业带动就业的挤出效应时间存续更长、供给效应显现时间更晚。③

我国就业政策效果不明显的原因可能比较多,其中之一就是劳动力市场分割。劳动力市场中存在正规部门和非正规部门,即使非正规部门降低了经济中的名义价格刚性,但是部门间差距导致失业回滞和失业波动,进而恶化了社会福利,长期而言,劳动力市场改革会增加就业并降低失业和下岗的数量,但是短期而言,激进式改革会引起劳动力市场的较大波动。④ 杨宜勇等的研究指出,就业优先政策是新时代坚持就业优先战略和积极就业政策的具体体

① 蔡昉、都阳、高文书:《就业弹性、自然失业和宏观经济政策——为什么经济增长没有带来显性就业?》,《经济研究》2004 年第 9 期。

② 王光新、姚先国:《中国最低工资对就业的影响》,《经济理论与经济管理》2014 年第 11 期。

③ 张成刚、廖毅、曾湘泉:《创业带动就业:新建企业的就业效应分析》,《中国人口科学》2015 年第 1 期。

④ 陈利锋:《异质性雇用成本、社会福利与劳动力市场结构性改革》,《财经研究》2015 年第 1 期。

现。但是目前就业优先政策在实施层面面临 些突出问题,主要表现为以下几点:就业优先政策存在政策安排与就业总目标不协调的问题,城乡分割、群体分割、区域分割的"三分割"叠加状况制约了就业优先政策整体效能的释放,现有的就业优先政策滞后于就业灵活趋势,对失业保险政策的运用还很不充分。① 莫荣也特别强调要实施积极的失业保险政策。他认为,在我国,失业保险不仅是社会保险的政策手段,更是稳就业促就业的重要工具,是就业优先政策体系的重要组成部分。因此,应实施积极的失业保险政策,将费率调整、稳岗返还、技能提升、促就业服务等作为就业优先政策的调控工具,使失业保险政策在保民生、稳就业中发挥更大作用。②

(七)代表性学术成果的可发展之处

第一,基于经济增长格局变化的研究,把握我国就业格局的变化。劳动年龄人口的减少与人口结构变化导致我国"十二五"开局便面临着潜在经济增长率显著下降的格局③,抵抗周期性失业与抵抗结构性失业成为我国就业战略面临的双重挑战。如果实际增长低于潜在增长率,周期性失业问题便会凸显;否则,政策层面应当更重视结构性失业。目前,关于我国经济走势的"U"型和"L"型判断还存在争论,但基本共识是,我国未来一段时期内经济增速放缓的格局不会改变。这就需要我们解析本轮经济增速减缓过程中周期性因素、趋势性因素和随机性因素的贡献,在此基础上深入分析经济增长格局转变对劳动力市场的结构性影响,精准识别结构性因素对失业风险较高群体的影响。

第二,基于结构转移理论,进一步分析就业结构调整对失业的影响。莉莲

---

① 杨宜勇、王阳、侯胜东:《"十四五"时期强化就业优先政策体系研究》,《宏观经济管理》2021 年第 2 期。

② 莫荣:《新发展阶段要更好地强化就业优先政策》,《中国政协》2021 年第 6 期。

③ 蔡昉:《中国就业格局变化与挑战》,《全球化》2013 年第 5 期;陆旸、蔡昉:《人口结构变化对潜在增长率的影响:中国和日本的比较》,《世界经济》2014 年第 1 期。

认为,总需求的结构变动(产业部门间的需求转移),而不是总量需求水平的变动,是战后较长时期以来一半以上甚至更多周期性失业波动的原因。[①] 亚布拉罕和卡茨利用多部门的模型证明了,部门间就业结构调整与失业率的变动之间正相关。[②] 已有研究基于美国和日本的经验指出,就业结构调整过程中,失业可能会增加,而且不同人群受到结构调整的影响各不相同。这就需要我们在已有研究的基础上,准确地把握就业结构调整过程中总失业的可能来源,以及失业人口再就业的可能去向,从而精准提出促进就业和防范失业的战略、政策和措施。

第三,基于劳动力市场搜寻匹配理论,分析经济增速减缓产生的岗位破坏,对劳动力市场匹配效率的影响。布兰查德和戴蒙德基于劳动力市场搜寻和匹配理论分析了贝弗里奇曲线的移动[③],莫腾森和皮萨里德斯给出了经典的工作搜寻和劳动力市场匹配效率的理论框架[④]。基于这些文献,可以结合中国当前经济增速减缓背景,分析趋势结构性因素与周期性因素交织对劳动力市场匹配效率的影响。在就业结构调整的关键时期,劳动力市场匹配效率对促进就业非常关键。一个运转高效的劳动力市场,能够很好地将寻找工作的劳动力配置到合适的工作岗位,从而降低失业和提高人岗匹配度。因此,有必要借鉴和发展劳动力市场搜寻匹配理论,将其运用到我国当前经济增速减缓背景下劳动力市场匹配效率的影响因素,从而为改善匹配效率提供针对性强的政策建议。

---

① D. M. Lilien, "Sectoral Shifts and Cyclical Unemployment", *Journal of Political Economy*, Vol. 90, No. 4, 1982, pp. 777-793.

② K. G. Abraham and L. F. Katz, "Cyclical Unemployment: Sectoral Shifts or Aggregate Disturbances", *Journal of Political Economy*, Vol. 94, No. 3, 1986, pp. 507-522.

③ O. J. Blanchard, and P. Diamond, "The Beveridge Curve", *Brookings Papers on Economic Activity*, No. 1, 1989, pp. 1-76.

④ D. T. Mortensen and C. A. Pissarides, "Job Creation and Job Destruction in the Theory of Unemployment", *Review of Economic Studies*, Vol. 61, No. 3, 1994, pp. 397-415.

三、本书的总体框架和主要研究内容

（一）总体框架

全球经济增长的历史表明,经济增长从来都不是一个平滑的渐进增长过程,而是体现出增长率上扬和下行交替出现的波动状态,标准的宏观经济理论也将经济增长的波动抽象成具有高频的经济周期波动和低频的增长波动。经济增长波动传递到劳动力市场,形成劳动力市场就业、失业、工资等变量的波动。基于上述理解,为对中国经济增速减缓背景下就业结构战略和防范失业战略进行研究,全书共分六章,具体框架和思路包括:第一,在理论上分析和展现经济增长与劳动力市场波动、经济波动与劳动力市场调整之间的关联规律(具体内容见第一章)。第二,聚焦中国,归纳提炼判断中国本轮经济增速减缓的重要基本特征,深入研究每个基本特征对劳动力市场影响的路径与机制,利用微观大数据具体测度每个基本特征对劳动力市场的具体影响程度(具体内容见第二章)。第三,对经济增速减缓背景下就业结构变动的特征与具体内容、影响就业结构变动的机制进行研究,在此基础上,对就业结构变动之于劳动力市场会产生何种力度和强度的冲击进行判断(具体内容见第三章)。第四,在经济增速减缓压力持续加大、结构调整深入推进的背景下,劳动力市场中潜在的失业风险无疑就会增加。那么,本轮经济增速减缓会有多大可能及在多大程度上造成失业风险?如何建立一套适合我国当前经济发展阶段的科学有效的失业预警监测指标体系?进一步,除了要在总体和全局层面进行失业预警,还需要突出重点,对于哪些细分行业、区域、群体在本轮经济增速减缓压力下更容易跌入失业陷阱和面临失业危机进行精准识别(具体内容见第四章)。第五,分析和讨论经济增速减缓对代表性重点群体就业的影响。这些代表性重点群体包括高校毕业生、流动人口和残疾人群体(具体内容见第五章)。第六,在政策层面和战略高度,提出促进就业和防范失业的对策要点

（具体内容见第六章）。

以上的研究思路和对应的六章内容,都是为了完成总研究任务需回答和解决的关键问题而设立的。这六章内容,按照从理论准备、建立理论分析框架建立分析起点,之后对重要问题进行实证分析,最后形成战略与政策思路这样的逻辑线索展现了我们对总研究任务的研究思路,同时,也内含了我们对总研究任务所需研究问题的理解和定位。

这六章之间是一种密不可分、环环相扣的互补性关系,缺一不可。

（二）主要研究内容

本书涵盖了经济波动对劳动力市场冲击的理论分析、中国经济增速减缓的基本特征及其对劳动力市场的影响、经济增速减缓背景下就业结构变动研究、经济增速减缓阶段的失业预警与失业群体的精准识别研究、经济增速减缓对重点群体就业的影响、促进就业和防范失业风险的战略与政策思路六个专项研究内容。

本书第一章对经济波动对劳动力市场的冲击进行了理论分析。为什么经济周期中失业率的变化如此活跃,经济增长率的小幅波动为什么能引起失业率较高程度的波动? 劳动力市场随经济波动而调整的范围为什么非常广泛? 宏观经济学研究者们给出了众多的解释,这些解释为我们探寻失业剧烈波动的来源提供了基础。因此,我们结合近年来的研究进展,从宏观经济波动的来源、宏观经济波动与劳动力市场调整等方面较系统地梳理和阐释了宏观经济波动与劳动力市场的关联机制;总结国外有关经济发展转型期、经济发展"L"型拐点期关于劳动力市场运行的理论和实践经验的同时,也借鉴了国内学者关于劳动力市场运行的研究,为本书奠定了较好的理论基础。

本书第二章则一方面从周期性和外部因素、政策性和结构性因素、短期冲击和中长期趋势等维度对本轮经济增速减缓的主要原因进行分析,对其基本特征进行总结和解释；另一方面总结我国劳动力市场的发展历程和运行的基本特征，从中国本轮经济增速减缓对劳动力需求、供给、供需结构、行业配置等方面的影响出发，分析中国本轮经济增速减缓对劳动力市场的影响，进一步，分别就经济增速减缓对我国劳动力就业及就业弹性的影响、经济增速减缓对我国劳动力工资的影响进行了实证分析。与此同时，我们还紧扣当前经济形势，分析了新冠肺炎疫情防控对劳动力市场带来新的冲击。

在第三章中，本书围绕经济增速减缓背景下就业结构变动问题进行了探索性研究。我们分析了经济增速减缓阶段下就业的产业结构变动、地区结构变动、城乡结构变动、年龄结构变动、人力资本结构变动、所有制结构变动的特征与具体内容，阐释了影响就业结构变动的机制，对就业结构变动之于劳动力市场的冲击进行了研究，从宏观上深度剖析结构性就业困难的特征，从微观上深刻把握结构性就业困难的机制，并据此给出相应的政策建议。

第四章聚焦经济增速减缓背景下的失业预警和失业群体的精准识别问题。首先，我们需要判别本轮经济增速减缓会有多大可能及在多大程度上造成失业风险？我们的一个基本判断是，与改革开放以来的历次经济增速减缓对失业的影响相比，本轮经济增速减缓对失业的影响主要体现在结构性失业上，因此失业风险更大，失业的治理将更为困难，这会给我国劳动力市场带来更大的挑战。接下来，我们进一步探索如何建立一套适合我国当前经济发展阶段的科学有效的失业预警监测指标体系，来帮助决策者和政策制定者管控失业风险。最后，除了要在总体和全局层面进行失业预警，还需要突出重点，对于哪些群体在本轮经济增速减缓背景下更容易跌入失业陷阱和面临失业危机进行精准识别。我们认为，即便是在经济增速减缓期，即便失业主要表现为结构性失业，那么失业预警的结果也不可能表现为失业风险是离散分布的，一定会出现失业风险发生率更高的行业、区域和群体。这需要我们统筹采取主观识别和客观识别方法进行精准识别，以利于进行精准的失业治理，实现政策的有效性。

　　第五章深入分析了经济增速减缓对重点群体就业的影响。这些代表性的重点群体包括高校毕业生、流动人口和残疾人就业群体。在第一节中,我们利用北京大学教育经济研究所于2003年、2005年、2007年、2009年、2011年、2013年、2015年、2017年和2019年进行的九次全国高校毕业生的抽样调查数据,对高校毕业生的就业结构状况进行比较分析,以期发现高校扩招后毕业生的就业结构特点与变化趋势;经济增速减缓必然对就业产生巨大的影响,尤其是就业不稳定、社会保障覆盖不完整、社会保护薄弱的流动人口首当其冲,因此在经济增速减缓背景下,流动人口的就业发生了什么样的变化,这些变化又对经济社会发展带来了怎样的冲击,如何应对这些变化,是第二节研究的主要问题;第三节则集中分析了残疾人群体的就业问题。我们认为,由于身体功能受限或缺失,残疾人在劳动力市场上处于劣势,他们通常属于"最后被雇佣,最先被解雇"的群体。在经济增速减缓和新冠肺炎疫情的叠加影响下,如何减少残疾人失业、优化残疾人的就业结构,是政府和社会面临的难题。保住残疾人传统就业的岗位还是拓展新的就业领域,孰轻孰重,需要深入分析。同时,当前数字经济正成为我国经济持续高质量发展的强劲引擎,互联网和电子商务的迅猛发展带动了各种新业态的产生。如果残疾人就业始终停留在传统领域,其就业不随科技进步、社会经济形势的发展进行调整,残疾人将很难适应时代的变化,可能导致失业风险增大。只有适应这些新形势,融入这些新变化,残疾人才能实现充分和高质量的就业。

　　在第六章中,我们围绕防范失业风险的对策建议展开了研究。从宏观上看,在经济增速减缓背景下,必须紧紧围绕稳增长与保就业两大基调进一步完善相关的政策衔接机制。一方面,要保持经济稳定增长,推动经济逐步实现高质量发展;另一方面,要高度重视保就业工作。坚持就业优先政策,围绕稳增长和保就业两大基础从战略发展角度进行统筹规划,财政方面要进一步探索实施扩大就业的财政支持与保障机制,稳妥推进结构性减税政策等实施。同时在货币政策方面要进一步加强对扩大就业相关产业的扶持力度,不断引导更多就业能力强的产业和企业进一步扩大就业机会。要实施更加积极的就业政策,建立全覆盖的失业保障体系;将就业"蓄水池"从农业农村转移到城镇本地,建立面向青年农民工的再教育体系;从"稳岗位"向"稳就业"转变,在结构调整中实现就业转换;加强失业预警,防控局部地区特定群体的失业风险演变为社会矛盾。

第一章 经济波动与劳动力市场
调整:理论分析

　　经济增长从来就不是一个一帆风顺的平滑过程,而是呈现出高低起伏的波动状态。经济增长波动传递到劳动力市场,形成劳动力市场就业、失业、工资等变量的波动。经济增长与劳动力市场波动之间的关联规律,是宏观经济学研究的重点问题,也是本章重点阐述的内容。

第一节 宏观经济波动及其驱动因素

　　全球经济增长的历史表明,经济增长从来都不是一个平滑的渐进增长过程,而是体现出增长率上扬和下行交替出现的波动状态,标准的宏观经济理论也将经济增长的波动抽象成具有高频的经济周期波动和低频的增长波动。宏观经济波动和经济增速减缓的原因是什么? 目前的研究还没有形成统一的共识。从宏观经济波动到经济周期的形成,是一个非常复杂的演变过程,因此已有的宏观经济理论对其的解释也非常丰富,形成了不同的政策观点。经济需求、供给、制度等因素都会冲击经济形成波动,进而通过市场传导演变成周期性的经济变化。

一、需求侧驱动的宏观经济波动

从已有研究来看,不同理论对经济增长波动的归因不同,由此衍生出的政策主张也具有非常大的差异。本部分简要概括已有研究中有关波动起源的需求侧观点。

(一)消费驱动的经济波动

消费需求是国民经济总需求的重要组成部分。近年来,消费者预期变化引起经济周期性波动的理论越来越受到重视。消费冲击的主要起因是消费者对未来的预期变化,以及实际利率的改变。更一般地来看,20 世纪 70 年代出现的滞胀现象——总价格水平增长但经济增长停滞,对凯恩斯主义模型提出了挑战,研究者们纷纷寻找滞胀现象的基础,向宏观经济模型中引入消费效用函数,从而建立起经济周期波动的微观机制,新凯恩斯主义模型也得到了发展。研究者们在跨期效用函数中推导出了消费欧拉方程,即当期的消费与未来的预期消费之间存在着一定的函数关系,当前消费与未来预期消费呈正相关,与预期到的实际利率呈负相关。因此,一旦消费者对未来的预期变得更差,或者实际利率上升,都有可能产生需求冲击而引起经济增速减缓。

(二)投资驱动的经济波动

在标准的新古典主义经济环境中,中性的技术进步冲击是经济周期和增长率变动的最自然来源。技术进步速度下降,宏观经济增速下滑。经济中的投资等于储蓄,而储蓄取决于边际消费水平。因此,新古典经济增长理论中投资不太可能是经济周期的驱动因素。然而,最近的一些研究逐渐强调,投资冲击会触发关键宏观经济变量的波动。

投资冲击引起经济波动的主要经济原理在于,投资改变资本积累存量水平和劳动的边际产品,从而改变生产者面临的利润边际和劳动者在闲暇和就业之间的替代率。在一份对美国产出和劳动者工时数据的实证研究中,研究者发现大多数产出和工时数的周期性变化是由于边际投资效率的冲击所致。[1] 其中,市场的不完全竞争与小量的技术摩擦是投资冲击传导的关键。资本边际生产率的积极冲击提高投资回报率,使家庭有激励增加储蓄并推迟消费。而消费的减少使收入的边际效用增加,刺激了工作时间增加和产出增长。

此外,投资的结构变化也会引起投资驱动型经济波动。由于经济中的一些投资领域属于耐用型资本,例如交通基础设施、住房等投资都具有较强的耐用性。如果初始阶段这些领域存在过度投资,一旦这些领域投资下滑,会蔓延到经济的其他行业从而引发总体的经济收缩。[2] 从投资的角度来看,一旦经济的投资回报率下降引起投资收缩,经济的就业和产出都会顺周期下降。而经济的运行过度依赖房地产和基础设施投资,一旦经济进入增速减缓阶段,耐用资本品投资的下降会与其他冲击叠加,加剧经济增速减缓。

20世纪30年代的资本主义世界大萧条催生了凯恩斯主义理论,总需求与总供给分析在此后一段时期内占据着宏观经济周期理论的主导地位。总需求不足成为研究者和政策制定者看待经济增速减缓的重要来源。凯恩斯主义认为,短期看经济主体对产出需求的意愿决定了总产出的数量。而古典经济学和新古典经济学都没有把产出偏离产能纳入进来,因为新古典理论中的要素和产品价格会随时发生调整,从而使得总需求的变化不会导致产出的波动。

二、供给侧驱动的宏观经济波动

供给侧因素在驱动宏观经济波动过程中扮演着重要角色,尤其是20世纪

---

[1] A. Justiniano, G. E. Primiceri and A. Tambalotti, "Investment Shocks and Business Cycles", *Journal of Monetary Economics*, Vol. 57, No. 2, 2010, pp. 132-145.

[2] M. Rognlie, A. Shleifer and A. Simsek, "Investment Hangover and the Great Recession", *American Economic Journal: Macroeconomics*, Vol. 10, No. 2, 2018, pp. 113-153.

70年代欧美国家的宏观经济波动,主要是受供给因素影响。从长期来看,宏观经济的产出水平取决于供给侧因素,包括技术的变化与劳动力供给的结构性改变。

(一)技术冲击驱动的宏观经济波动

由于技术进步并不是平衡分布的,总是在特定国家或地区、特定产业或特定企业表现出更快的技术进步,产生更明显的技术冲击。

一般而言,技术进步将引起生产率提高,推动劳动力在不同的岗位间、企业间或地区间再配置。技术进步的主要表现类型有:生产能力扩张;生产和管理方式现代化;生产地理结构的转移;陈旧而过时的工厂设施被关闭。在没有技术进步或技术进步缓慢的产业里,新增工作机会非常有限,对产品的需求持续萎缩;而在技术持续进步的产业里,对产品的需求价格无弹性,技术进步持续创造更多的工作机会。另外,在一些需求的收入弹性较高的产品或服务行业,工作机会也被源源不断地创造出来。总结来看,技术变化导致经济中劳动需求结构转变的可能途径主要有三条:一是总体生产率的加速;二是一些产业群内生产率收益集中度的上升;三是生产率增长对劳动力需求的职业结构和技能结构影响程度的变化。

但是,一旦技术进步不是表现为整体或全局性的,而是局限在某些行业或生产部门,那么生产率的不平衡增长将会引起结构性就业矛盾。行业和生产部门内部生产率增长对劳动力需求的影响,取决于价格变化的分布,以及需求的价格弹性。如果产品需求的价格弹性较大,较小幅度的价格下降会引起需求的较大上升,引起需求扩张和就业增长。与此同时,替代品行业的需求会下降,从而创造的岗位需求和就业减少。生产率增长的综合效应,则取决于需求扩张的就业增长效应与替代品行业的就业转移效应的综合。

如果生产率增长集中发生在需求的价格弹性较小的部门,即使生产率大幅度增长引起明显的价格下降,需求的增长也非常有限,此时生产率增长将导致结构性失业,因为生产率增长的收益没有传递给消费者。另外,如果某行业产出增长产生了对其他行业供给的产品或服务的替代,即使需求对价格是敏感的,生产率增长依然会导致结构性失业。

(二)要素相对价格变化驱动的宏观经济波动

如果工资和价格的变化不够灵活,那么供给价格的变化将会引起经济波动。当其他条件不变时,生产要素的相对价格变化也会驱动宏观经济波动,这方面最明显的例子是石油价格冲击。

原油价格由全球市场的供给与需求共同决定,当前的石油供应、实际需求和未来的预期都会影响原油价格,但是原油价格的波动可能会引发全球经济的波动。实际上,原油价格引起的经济冲击主要分为三种渠道:一是当前原油实际供应量冲击造成的经济波动(石油供应冲击);二是全球经济周期波动对当前原油需求的冲击(总需求冲击);三是为预防未来供应短缺或供应中断而产生的储备性需求引起的冲击(储备性需求冲击)。而且,从 20 世纪 70 年代以来历次石油价格冲击的实际后果来看,石油价格的上涨引起了经济衰退,但是石油价格的下跌并没有促进经济扩张。因此,需要借助一些外生性的价格变化来真实地定量估计油价变化的真实效应。在这方面,现有文献开始认识到原油生产的外生性冲击对原油价格的解释力很低,因此原油价格的持续大幅度上涨可能主要是由原油的需求驱动。一份回顾性研究文献也表明,70 年代以来大多数石油价格冲击是由全球对工业品的强劲需求以及增加预防性需求的预期共同驱动的结果。[1] 而且,对石油的预期变化反映出市场对未来石油供应短缺的不确定性,这种预期的不确定进一步造成经济的波动。石油价格冲击的主要渠道是通过影响消费者和企业的支出来影响经济,较高的价格

---

[1]　L. Kilian,"The Economic Effects of Energy Price Shocks",*Journal of Economic Literature*, Vol. 46, No. 4, 2008, pp. 871—909.

不仅会降低实际总需求,还可能会引起需求结构的变化,进而引起整个经济的连锁反应。

从供给侧分析宏观经济的波动,并没有排除总供给变化引发高频的经济增长周期性的可能性,也没有否定需求的短期变化可能引发的增长波动。包括财政政策和货币政策等宏观经济调控政策,在短期内能够稳定经济增长波动,但是排除了长期内总需求变化所可能引发的产出水平永久性改变。从这个意义上看,总需求在长期是不影响产出水平的。

三、制度侧驱动的宏观经济波动

早期标准的实际经济周期理论在解释经济增长波动时通常会采用外生供给冲击推演逻辑,或者说是新古典模型与"冲击"的结合体,即经济内部是一套基于效用最大化的理性行动体系,基本不存在内生的冲击,所有对经济形成的干扰都来自外部某种因素。然而问题在于,如果没有外部冲击,市场经济是否必然能够自我稳定而不存在波动?

经济体系内部的市场不完全性和摩擦性因素,是导致宏观经济波动的重要因素。新古典经济理论假定市场经济是完全充分竞争的,而现实的经济中往往存在一定的垄断和不完全竞争;实际经济周期理论模型中没有货币因素,而现实的政策制定者和宏观经济调控者往往将货币作为调控宏观经济的重要工具。因此,经济体内部的企业竞争的不充分、要素市场的摩擦,都逐渐被纳入经济周期理论分析框架,由此推动了新凯恩斯主义理论和劳动力市场搜寻理论的发展。垄断竞争、劳动力市场摩擦,都是可能导致经济波动的因素。

经济和政治制度是决定要素配置和价格的基本变量,因此制度对宏观经济波动的影响也是非常重要的。另外,在面临各种外部冲击因素的时候,经济的发展阶段非常重要。如果在经济强劲的复苏阶段遭遇不利冲击,那这种冲击对宏观经济造成的影响也会减弱。但是,如果在经济下滑阶段遭遇冲击,那么经济增速减缓趋势可能会更加明显。

第二节　经济波动与劳动力市场
调整的模式和机制

经典的理论研究强调,宏观经济波动过程中的总量指标调整表现出两大重要规律:一是经济波动的联动性,例如宏观经济增速减缓背景下经济增长与劳动力市场就业指标会表现出相同的运动趋势;二是周期运转的不对称性,例如经济衰退的深度与衰退后的复苏程度往往是不对称的。理解宏观经济波动的特征,对理解经济增速减缓对劳动力市场的影响非常重要。

一、宏观经济波动与劳动力市场调整的联动性

宏观经济波动的联动性(comovement),是指经济的各组成部分(产出、就业等)往往会在波动过程中表现出相类似的变动特征。从完整的经济周期来看,经济的要素投入、产出等方面大约在同一时间发生扩张,然后是一般性的衰退,经历一段时期的收缩后复苏,进入下一个周期的扩张阶段。劳动力市场作为重要的要素市场,也会因宏观经济的波动而作出相应的调整,以失业率、岗位空缺率、工作发现率与工作分离率、就业的机会成本等指标的变化反映出来。本部分重点介绍宏观经济波动与劳动力市场调整的联动性。

(一)失业率逆周期波动

在经济波动中,失业率的联动性调整特征主要体现为以下两点:

其一,失业率逆经济周期波动。宏观经济是决定充分就业的重要因素,经济繁荣则失业率下降,经济增速减缓步入萧条区间则会导致失业率上升。也就是说,在经济增速减缓背景下失业率上升,而在经济复苏和繁荣期失业率下

降。定量研究强调,失业率具有较强的逆周期波动性质。[①]

其二,进入和退出失业群体的人员流量变化存在周期性差异。从存量与流量的关系来看待失业,经济学家们发现了有关失业波动的更丰富信息。艾斯比(Elsby)等的研究发现,进入失业群体的流量是逆周期变动的,而退出失业群体的流量是顺周期的,因此要理解失业的周期性波动,必须要理解失业池的流出量与流入量的周期波动性质。[②]

(二)岗位空缺率的顺周期波动

企业的岗位空缺(招聘需求)是与失业相对应的一个概念,一般是指有具体的职位需求,并且一旦匹配到合适的员工就能从事经济生产活动,对测度经济的劳动就业需求很重要。我国就业统计中用于测度求人倍率的岗位空缺是单位登记招聘人数,定义为报告期内用人单位在某地区公共就业和人才交流服务机构登记备案并委托机构帮助招聘和推荐的岗位空缺对应总人数。美国的职位空缺和劳动力流动调查给出的定义是:一个职位空缺需要满足以下三个条件:一是存在一个具体的岗位;二是工作岗位在30天之内设立;三是用人单位投入成本来努力寻找本单位之外的员工来填充这一岗位。

岗位空缺一般是顺周期波动的,即经济衰退和萧条期岗位空缺下降,而经济繁荣扩张期岗位空缺上升。美国[③]和日本[④]的经验数据都表明了岗位空缺的顺周期性质,且岗位空缺率的波动方差比较大。

研究发现,岗位空缺和失业之间存在着一种联动关系,研究者们将这一关

---

① R. Shimer, "The Cyclical Behavior of Equilibrium Unemployment and Vacancies", *American Economic Review*, Vol. 95, No. 1, 2005, pp. 25-49.

② M. W. Elsby, R. Michaels and G. Solon, "The Ins and Outs of Cyclical Unemployment", *American Economic Journal: Macroeconomics*, Vol. 1, No. 1, 2009, pp. 84-110.

③ R. Shimer, "The Cyclical Behavior of Equilibrium Unemployment and Vacancies", *American Economic Review*, Vol. 95, No. 1, 2005, pp. 25-49.

④ H. Miyamoto, "Cyclical Behavior of Unemployment and Job Vacancies in Japan", *Japan and the World Economy*, Vol. 23, No. 3, 2011, pp. 214-225.

系刻画为一种曲线关系,即贝弗里奇曲线。现有研究对贝弗里奇曲线的测量及其在劳动力市场模型中的表述展开了大量研究,取得了一系列进展。就联动性特征来看,失业率与岗位空缺率之间呈现着显著的负相关关系,因此贝弗里奇曲线的斜率为负;曲线的位置在不同年份有较大差异,显示出曲线发生了明显的位移。[①]

(三)工作发现率和工作分离率的周期性波动

工作发现率(job finding rate)和工作分离率(job separation rate)是与劳动者个体求职和离职相关的概念,前者测度了失业工人在单位时间内找到工作的概率,后者测度了在职人员的岗位离职率。受宏观经济波动与生产率冲击等因素的影响,工作发现率和工作分离率也表现出联动的变化趋势。

工作分离率是逆经济周期波动的,即经济增速减缓背景下工作分离率高,而经济繁荣阶段的工作分离率低。相比之下,工作发现率顺周期变动,即经济增速减缓背景下工作发现率降低而繁荣阶段上升。一些定量研究证明了这一点,并且表明工作分离率与生产率波动负相关性,而工作发现率与生产率波动正相关,工作发现率和工作分离率对解释失业的波动都非常重要。[②]

(四)就业机会成本的顺周期波动

就业的机会成本,是指为获得就业机会而需要放弃的一系列社会福利收益。在欧美福利国家建设进程中,政府为失业者提供了一系列福利措施,包括失业保险金、健康护理服务、营养补助项目等,一旦失业者重新找到工作,都不再享受上述福利,这些措施构成了失业者就业的机会成本。另外,当闲暇与消

---

① W. L. E. Michael, R. Michaels and D. Ratner, "The Beveridge Curve: A Survey", *Journal of Economic Literature*, Vol. 53, No. 3, 2015, pp. 571–630.

② S. Fujita and G. Ramey, "The Cyclicality of Separation and Job Finding Rates", *International Economic Review*, Vol. 50, No. 2, 2009, pp. 415–430.

费共同进入消费者的效用函数,与失业状态下的闲暇相比,就业状态下的闲暇具有不同的价值含义,因就业而失去的闲暇时光也构成了就业的机会成本。

霍多罗夫赖希和卡拉巴布尼斯(Chodorow-Reich 和 Karabarbounis,2016)的研究表明,就业机会成本是顺周期波动,并在经济周期上具有高度的波动性特征。作者的估计表明,机会成本对就业边际产出弹性接近于 1。[①] 也就是说,就业的机会成本价值在萧条期会下降,关键机制在于,经济萧条期家庭的消费水平低,非工作闲暇时间消费水平高,由此导致家庭对就业和收入带来的效用增值相对失业而言更高。在一个就业机会成本能够影响工资谈判的经济环境里,顺周期变化的机会成本也会降低失业波动性。

二、宏观经济波动与劳动力市场调整的不对称性

不对称性主要指经济的扩张与衰退从根本上是不同的经济活动,例如经济下滑导致经济萎缩的幅度并不一定能够在复苏阶段得到完全的恢复。从现有的经济活动规律来看,经济萧条时期导致的产出和就业急剧下降,未必会在经济扩张和景气时期恢复并提高。

(一)失业率波动与产出波动的非对称性

失业率与产出波动之间的非对称性,主要体现在失业率的波动幅度往往要高于产出的波动程度,也就是说轻度的增长率下滑可能会导致失业率的大幅度上升。不仅如此,在经济萧条后的复苏期,尽管经济增长回复到危机前水平,但是失业率、空缺岗位创造率仍然可能会保持在不正常的低水平。在经济繁荣期,雇主投入较多的资源来招聘工人,对于搜寻工作的工人而言,此时的工作发现率较高;而在经济萧条期,劳动力市场失业率较高,雇主的招聘努力程度下降,工人的工作发现率下降。维拉西耶托(Veracierto,2008)分析了产

---

① G. Chodorow-Reich and L. Karabarbounis, "The Cyclicality of the Opportunity Cost of Employment", *Journal of Political Economy*, Vol. 124, No. 6, 2016, pp. 1563–1618.

出变化下的就业、失业和劳动参与的波动状态。结果发现,就业变化大约相当于产出变化的 60%,并且是高度顺周期的;失业变化大约是产出变化的 6 倍,并且是逆经济周期波动的;劳动参与率的变化约为产出变化的 20%,并且是弱顺周期的。[①]

(二)技能异质性与职业波动的非对称性

中等技能岗位在萧条期流失较为严重。在经济周期的波动过程中,不同技能类型的职业面临着不同程度的冲击,岗位损失的概率也不相同。在经济萧条时期,岗位流失主要集中发生在中等技能群体,尤其是在长期中遭受自动化和国际贸易影响的行业更是如此。与此相对应的是,中等技能的职业也是经济周期中最具有波动性的职业。

富特和赖安(Foote 和 Ryan,2015)的研究发现,中等技能的职业比高技能型职业和低技能型职业具有更多的周期波动特征,部分原因在于雇佣更多中等技能劳动力的产业相对更具有不稳定性。而对于中等技能失业者,在萧条期具有较小的市场吸引力。过去的历次大危机,男性劳动参与率的逐步下降也可以部分地解释为中等技能工作机会的流失。中等技能的职业在经济周期中不断流失,显示出劳动力市场出现的极化趋势非常明显。[②]

(三)劳动力工资的非对称性调整

劳动力工资并不会呈现出上下波动的特点,而是表现出一定的黏性。经济增长上行的阶段,工资倾向于增长;经济增长下行区间,工资未必会向下调整,此时我们称为黏性工资(sticky wage)。即使宏观经济波动下的工资保持

---

①　M. Veracierto,"On the Cyclical Behavior of Employment, Unemployment and Labor Force Participation",*Journal of Monetary Economics*,Vol. 55,No. 6,2008,pp. 1143-1157.

②　C. L. Foote and R. W. Ryan, "Labor-Market Polarization over the Business Cycle", *NBER Macroeconomics Annual*,No. 29,2015,pp. 371-413.

着一定的黏性,但是不同条件下的工资黏性仍然各具特点。

第一,工作变化条件下的工资更具变动性。巴拉蒂耶里等(Barattieri 等,2014)等利用美国的数据研究发现,不更换工作下的同一份工作每个季度的工资变化概率约为 16.3—21.6 个百分点,而改变工作条件下的工资变化概率为 69.1—77 个百分点,也就是说换工作条件下的工资变动概率更高。①

第二,新雇佣者工资更具波动。海夫克等(Haefke 等,2013)等的研究发现,新雇佣者的工资对生产率的波动几乎是一对一的(估计的弹性为 0.8),然而持续就业的工人工资与生产率波动之间的关系非常微弱。这意味着,新雇佣者的工资并不具有向下的刚性。当经济波动来源于负生产率冲击,新雇佣者的工资通常会向下调整。② 莱顿和洛泽伊(Lydon 和 Lozej,2016)利用爱尔兰的数据也发现,从失业状态重新转入新就业状态的工人工资,相比已经稳定就业或改换工作的工人具有更高的灵活性,新就业的工人工资具有更强的顺周期特征,这一发现非常稳健。③

第三,劳动力的使用者成本(user cost of labor)具有更强的周期波动性。库德利亚克(Kudlyak,2014)认为,工资类似于一个企业和工人之间隐性契约的分期付款装置,工资或许并不是测量劳动价格的一个很好指标④,因此作者引入了劳动力的使用者成本这一概念,作为与工资关联的测量指标,来研究劳动价格的波动性质。作者的测算表明,劳动力的使用者成本对失业的半弹性达到了 -5.2,而新雇佣者对失业的半弹性为 -3,平均工资为 -1.78。也就是说,劳动的使用者成本是比平均工资或者新雇佣者工资更具有顺周期性质的

① A. Barattieri, S. Basu and P. Gottschalk, "Some Evidence on the Importance of Sticky Wages", *American Economic Journal:Macroeconomics*, Vol. 6, No. 1, 2014, pp. 70–101.

② C. Haefke, M. Sonntag and T. van Rens, "Wage Rigidity and Job Creation", *Journal of Monetary Economics*, Vol. 60, No. 8, 2013, pp. 887–899.

③ R. Lydon and M. Lozej, "Flexibility of New Hires'Earnings", *Paper of 2016 Irish Economic Association Conference*, 2016.

④ M. Kudlyak, "The Cyclicality of the User Cost of Labor", *Journal of Monetary Economics*, Vol. 68, 2014, pp. 53–67.

指标。

那么,企业在经济萧条时期面临的收入冲击会影响到企业员工的工资吗？考斯和基尔彻(Kaas 和 Kircher,2015)的研究表明,尽管企业员工的工资不是完全对外部冲击无波动,但是工人收入对企业面临的外部持续冲击的弹性非常小,可以认为企业将工人从外部冲击中隔绝开来了。就异质性分析来看,在雇主收入分布最顶端5%的企业发现了较大的弹性,这表明一些工作的绩效工资可能是黏性工资的抵消力量。①

三、宏观经济波动引起劳动力市场调整的机制分析

为什么经济周期中失业率的变化如此活跃,经济增长率的小幅波动都能引起失业率较高程度的波动,劳动力市场随经济波动而调整的范围非常广泛？宏观经济学研究者们给出了众多的解释,这些解释为我们找到失业剧烈波动的根源提供了基础。本部分的目标,是简要总结已有理论文献对此问题的分析。在经济周期性波动过程中,劳动力市场的失业、工资、就业的机会成本与企业的用工成本,都会随之上下波动。对此,实际经济周期理论、新凯恩斯主义理论、劳动力市场搜寻理论都给出了重要解释,并且不同理论之间也呈现出相互融合的态势,实际经济周期模型和新凯恩斯主义模型纷纷引入劳动力市场搜寻和匹配的机制,从而增进了对经济上下波动期间劳动力市场调整现象的理解。

(一)工作搜寻理论框架下的劳动力市场调整机制

由莫腾森、皮萨里德斯等提出来的工作搜寻模型,为描述劳动力市场运行机制提供了非常有力的分析模型,而且工作搜寻模型具有易于解析处理的特点,能够推导出丰富的符合经济直觉的比较静态性质,对分析劳动力市场政策

---

① L. Kaas and P. Kircher, "Efficient Firm Dynamics in a Frictional Labor Market", *American Economic Review*, Vol.105, No.10, 2015, pp.3030–3060.

效应也有较大的应用价值。

　　研究发现,引入工作搜寻理论框架作为总量就业的决定机制,能够很好地解释美国经济的波动、失业的持续性和负斜率的贝弗里奇曲线,尤其是总产出的波动很大程度上是由就业的周期性调整而不是就业人员工作时间的调整来解释的。① 不过,在传统模型中工作分离率的上升不会影响失业者和岗位空缺的相对价值,使得劳动力市场的岗位稀缺度(岗位空缺与失业工人之比)保持相对稳定。随着工作分离率和失业持续期的提高,失业率上升,而岗位空缺率要保持不变,则空缺的岗位数要上升,模型产生了失业与岗位空缺的正相关关系,这与现实数据不相符。希默(Shimer,2005)指出,传统的搜寻模型(工资由纳什讨价还价规则决定)无法解释观察到的美国劳动力市场失业与岗位空缺的高度波动性,以及失业与岗位空缺的负相关关系 (相关系数达到 -0.89)②,这也被经济学家们称为"失业波动之谜"。此后的研究致力于分析和解释失业与岗位的负相关关系和周期性波动规律。

　　存在工资讨价还价条件下的搜寻模型,能够更好地解释经济周期中的岗位空缺波动规律。传统的经济理论认为,存在看不见的手在决定均衡工资,但现实世界中的工资是由雇佣双方的谈判而形成的。在不同的工人和雇主谈判机制下,工资结果具有明显不确定性。因此,在工作搜寻模型中引入工资谈判机制,对提高模型的解释力具有重要作用。在工作搜寻模型框架下,工资刚性(wage rigid)是一种工资规则,提供了均衡的工资选择函数。正向劳动生产率冲击主要是产生了高工资,对岗位空缺与失业率比例的影响很微弱。其主要思想如下:在工人与岗位匹配形成过程中,工人存在着一个愿意接受工作安排的最低工资 w_L ,也被称为工人的保留工资;企业存在着一个愿意雇佣工人的最高工

①　D. Andolfatto," Business Cycles and Labor-Market Search ", *American Economic Review*, Vol. 86, No. 1, 1996, pp. 112-132.

②　R. Shimer,"The Cyclical Behavior of Equilibrium Unemployment and Vacancies", *American Economic Review*, Vol. 95, No. 1, 2005, pp. 25-49.

资 w_H 。如果 $w_L < w_H$,工作匹配才能形成,工人才能被雇佣,或者继续出价直到达成交易。因此,工资谈判机制的最终结果是工资落入区间里: $w = \theta w_L + (1 - \theta) w_H$, $0 \leq \theta \leq 1$ 。在此区间的任何工资都构成了纳什均衡工资。

工资向下刚性的存在,是解释劳动力市场景气波动的重要机制。霍尔(Hall,2005)认为,引入工资向下刚性后,匹配模型中生产率的小幅下降都会引起劳动力市场的景气滑坡。作者认为,在工资范围内设定固定不变的工资也是一种刚性工资机制,但是在生产率普遍预期向上增长的情况下不现实,因此作者利用固定工资乘以生产率平均移动趋势(公众知悉这一信息)的均衡工资机制,模拟产生了与现实数据较一致的劳动力市场波动结果。作者进一步认为,黏性工资既不会干扰就业匹配形成的效率,又不会引起无效率的岗位损失。[①]因此,引入黏性工资机制能够为我们更好回答之前波动模型对黏性工资的基本批评。黏性工资是一种均衡的结果,而不是干扰均衡形成的不利因素。

逆周期的谈判能力变化,也是解释劳动力市场波动的重要机制。莫林(Morin,2017)通过将工会谈判能力整合到搜寻模型中,来解释工会如何在经济周期中影响工资的波动性。由于存在搜寻摩擦,每一对岗位工人匹配都会产生经济剩余,并在工人和企业之间进行分配。因此,工资的波动可以分解为匹配剩余的波动和工人分享份额的波动。作者的研究表明,在集体谈判条件下,工人收入份额是内生的,逆经济周期波动。因此,当经济遭遇冲击时,工人分享份额的波动部分地抵消了匹配剩余的变动,这一机制传递了内生的工资黏性。工资是由集体谈判决定的,工会工资溢价会出现逆周期波动,而就业更加具有周期性波动特征。其根据在于,工会在经济萧条时表现得更为激进,以保护工作岗位和工资的利益。[②]

---

① R. E. Hall,"Employment Fluctuations with Equilibrium Wage Stickiness",*American Economic Review*,Vol. 95,No. 1,2005,pp. 50–65.

② A. Morin," Cyclicality of Wages and Union Power",*Labour Economics*, Vol. 48,2017,pp. 1–22.

工资刚性是如何产生的呢？可以认为很大程度上是经济环境内生的结果。在现实世界中，即使工资是由谈判机制决定，也不太可能每一期所有工人都与雇主就工资开展谈判。格特勒和特里加里（Gertler 和 Trigari，2009）的研究就假定，在每一期仅仅只有一部分企业与其现已雇佣的工人展开工资谈判。假定所有相同生产率的工人获得相同工资，那么在两个工资谈判签约点之间雇佣的工人获得已存在岗位的签约工资，这就产生了工资刚性。在此基础上，作者发现工资通过影响企业雇佣新员工的速率从而影响总体就业。[1]

雇员与雇主之间就工资条款谈判后达成一致，是实际工资刚性的关键决定因素，对失业率的波动具有显著影响。反过来，失业率的变化是否会对工资谈判产生影响呢？影响可能是很微弱的。霍尔和米尔格罗姆（Hall 和 Milgrom，2008）的研究就认为，如果工资谈判双方认为拒绝接受工作条件就会导致工人失业，此时工资就会对劳动力市场的失业变化比较敏感；而如果谈判双方认为谈判不成功还能继续谈判而不是回到失业状态，此时劳动力市场的失业状况对工资谈判的影响就非常小。[2] 也就是说，谈判双方的信念很重要。

信息不对称对工资谈判的影响也很重要。凯南（Kennan，2010）通过引入企业和工人之间生产率信息不对称的机制扩展了莫腾森—皮萨里德斯模型，发现小型的生产率冲击都会引起失业的较大波动。作者认为，大范围的生产率冲击属于被双方都观测到的公共信息，而异质性生产率冲击仅由企业雇主观测到。当发生小的生产率冲击而这一冲击未被企业雇员观测到时，就会产生均衡的工资黏性，与这一黏性相关的信息足够产生较大的失业波动。[3]

---

① M. Gertler and A. Trigari, "Unemployment Fluctuations with Staggered Nash Wage Bargaining", *Journal of Political Economy*, Vol. 117, No. 1, 2009, pp. 38-86.

② R. E. Hall and P. R. Milgrom, "The Limited Influence of Unemployment on the Wage Bargain", *American Economic Review*, Vol. 98, No. 4, 2008, pp. 1653-1674.

③ J. Kennan, "Private Information, Wage Bargaining and Employment Fluctuations", *Review of Economic Studies*, Vol. 77, No. 2, 2010, pp. 633-664.

（二）引入工作搜寻机制的实际经济周期理论对劳动力市场调整的解释

一直以来，实际经济周期模型（The Real Business Cycle model，RBC 模型）都在致力于研究产出的波动性质。然而，传统的 RBC 模型一直难以解释观察到的逆周期性质失业率变化幅度，学者们开始将工作搜寻机制引入 RBC 模型以增进模型的解释力。分析看来，传统的 RBC 模型在解释失业率波动时有两点假设前提限制了模型的解释力：一是劳动者能够无成本地获得工作或者接受其面临的第一份工作机会；二是已有工作的消失是无成本和以一个固定比率发生的。然而，劳动力市场总是存在着信息不对称，失业工人（或新进入劳动力市场的工人）搜寻新的工作需要花费时间成本。而且经济增速减缓背景下，离职率可能也不是外生随机的，而是视经济条件而内在发生的行为。因此，学者们围绕着岗位和工人如何匹配及其未来的人岗分离的机制，对 RBC 模型进行了改进，增强了模型对失业率波动的解释力。安多尔法托（Andolfatto，1996）讨论了工作搜寻机制在经济周期模型中的应用，认为重点需要解释一系列问题：失业的持续性和多变性；工作机会的周期性变动；岗位空缺与失业率之间的负相关关系；总量劳动投入的大变动与实际工资的较小变动的结合；工作时间与劳动生产率之间的不对称动态关系。[1] 作者发现，引入工作搜寻的模型还可以很好地说明简单 RBC 模型无法解决的许多经济周期的特征事实。特别是，该模型能够复制观察到的失业持续性模式。

维拉西耶托扩展了传统模型，引入了内生的工作接受和工作分离决策，从而将高就业水平的经济建立在两个基础之上，即工作接受率的提高（形成人岗匹配）或是工作分离率的下降（人岗分离率下降），由此该模型产生了一个

---

① D. Andolfatto, "Business Cycles and Labor-market Search", *American Economic Review*, Vol. 86, No. 1, 1996, pp. 112-132.

逆经济周期的失业率波动特征。① 但是,作者的模型在引入失业者退出劳动力市场转入家庭生产行为后,模型并没有完全成功地解释就业和失业的波动。作者认为,一个成功的 RBC 模型,需要更多地考虑经济波动在工作搜寻决策中的作用,而不是家庭生产和闲暇的波动。

另外,贴现率变化也是重要的影响机制。在经典的搜寻匹配模型中,工人和企业面临的贴现率(discount rate)非常重要,它表示未来就业的价值贴现到当期的折扣率。贴现率越高,意味着未来收益的现值越低。研究发现,当市场的贴现率上升,失业也会上升。霍尔认为,在大衰退期间,资本市场崩溃,所有类型的投资都会下降,包括雇主对新岗位的投资也会出现下降。对投资者而言,更高的折现率意味着新投资和雇佣劳动者的净现值更低,当金融市场折现率高的时候,失业也高。②

(三)新凯恩斯主义理论对劳动力市场波动的解释

新凯恩斯主义模型是一类基于微观主体最优化的宏观经济模型,模型中包含着家户和企业。其中,家户向市场供给劳动,持有货币和债券(实际货币进入效用函数),从市场中购买消费品获得效用,根据效用的预期现值最大化原则进行劳动供给和消费决策;企业向市场雇佣劳动,生产并销售不同类型的产品,根据利润最大化原则进行决策;产品市场是垄断竞争性的市场;每个企业设定其生产的产品价格,但并不是所有企业都会在每一期重设其产品价格。

新凯恩斯主义模型有助于理解货币政策和经济的总量绩效之间的关系,包括利率决策对经济的影响,货币政策的目标如何设定以及如何执行。在标准的 RBC 模型中,一般假定经济是完全竞争的,市场不存在摩擦,不存在货币

① M. Veracierto,"On the Cyclical Behavior of Employment, Unemployment and Labor Force Participation",*Journal of Monetary Economics*,Vol. 55,No. 6,2008,pp. 1143–1157.

② R. E. Hall,"High Discounts and High Unemployment",*American Economic Review*,Vol. 107,No. 2,2017,pp. 305–330.

供给部门。古典货币模型中,货币是中性的,弗里德曼规则是最优的。货币中性假定下,货币政策(货币供给或名义利率变化)对实际变量没有影响。而弗里德曼规则意味着,私人部门持有货币的机会成本应当等于创造额外法币(fiat money)的社会成本,因此名义利率应当等于零。

新凯恩斯主义模型强调名义工资的刚性。在宏观经济分析中,需要假定一些名义变量相对不变或短期调整缓慢。例如,凯恩斯的理论强调了名义工资的刚性,因此扩张性的货币政策将会降低实际工资,从而提升企业岗位需求、创造就业和促进增长。后来的研究者们进一步假定,价格和工资的调整都比较缓慢。因此,在研究促进就业的财政政策和货币政策效应中,一个很重要的问题是区分工资黏性和价格刚性的相对重要程度。然而,如果考虑到实际工资和价格的刚性,货币政策可能面临着新的权衡。

克劳斯和卢比克(Krause 和 Lubik,2007)发展了一个包含价格黏性和内生工作破坏机制与劳动力市场摩擦的新凯恩斯主义模型,发现引入实际工资刚性后,模型产生了岗位空缺和失业之间的负相关关系。因此,实际工资刚性是现实中失业波动的重要解释因素。但是,作者的研究还发现,动态通胀仅受到实际工资刚性的微弱影响。理由在于,劳动力市场摩擦产生了长期就业关系。[1]

由于新凯恩斯主义模型包含了财政和货币因素,因此可以很好地用来分析促进劳动力市场就业的财政政策和货币政策。缓解失业和稳定宏观经济,是财政政策的重要职能。当面临经济下滑和失业增加时,各国政府都会持续地使用多种财政政策组合来稳定就业,包括减税、增加公共工程建设等。

---

① M. U. Krause and T. A. Lubik, "The (Ir) relevance of Real Wage Rigidity in the New Keynesian Model with Search Frictions", *Journal of Monetary Economics*, Vol. 54, No. 3, 2007, pp. 706-727.

第三节　经济波动与积极就业政策的
效应及其异质性

在经济波动冲击下,不仅劳动力市场总量指标(如失业率、岗位空缺率)随之调整,劳动力市场的结构性指标也会相应变化。更为重要的是,劳动力市场的结构性调整可能是长期的,并不会随经济的复苏而恢复到调整前的水平。因此,采取积极的就业政策干预非常有必要。

一、财政政策促进就业的效应及其异质性

出台财政政策刺激经济是各国应对经济萧条的通行做法,从缓解失业和促进就业的角度看,财政政策的总体有效性如何? 这是本部分需要解决的问题。

(一)积极的财政政策有效缓解失业问题

采取财政政策应对危机是各国通行的做法,但是其政策效果及其传导机制也受到各方质疑。例如,在标准的实际经济周期模型中,政府支出的增加将会减少私人财富并刺激劳动供给,然而私人财富的减少也会降低私人消费,导致财政政策乘数小于1。

有研究认为,如果经济萧条期存在较明显的失业,财政政策能够发挥作用。伦达尔(Rendahl,2016)指出,失业危机中的财政政策能够具有明显的刺激功效,因为失业的持续存在为财政支出发挥作用提供了空间,当前的支出持续影响到未来,导致收入的持久增长并刺激私人需求,从而使财政支出与就业形成良性循环,对宏观总量产生重大影响。[1] 值得强调的是,财政政策有效促

---

① P. Rendahl, "Fiscal Policy in an Unemployment Crisis", *Review of Economic Studies*, Vol. 83, No. 3, 2016, pp. 1189-1224.

进就业的前提有二:一是在零名义利率条件下,产出在很大程度上取决于需求,如果家户部门愿意多消费,企业将会扩大生产和增加供给;二是劳动力市场存在搜寻摩擦。因此,任何当前的失业波动及产出波动,将会部分地持续到未来。而降低失业、促进就业的扩张性财政支出政策,对经济产出具有较大的持续的效应。

(二)政府债务存量影响就业促进型财政政策效果

政府债务存量会影响就业促进型财政政策。巴塔格利尼和科特(Battaglini 和 Goate,2016)通过构建一个政治经济学模型,讨论了缓解失业的财政政策及其决定机制。作者认为,不断上升的失业可以通过减税、增加公共支出而降低。但这些政策在财政上是有成本的,要么是通过增加税收收入来筹资,要么是增加政府债务来筹资。政府债务存量的上升限制了政府通过债务筹资降低失业的政策出台。[①]

由于政府在设定支出标准或者货币利率标准时并未随机化,这使得财政政策和货币政策具有较强的内生性,准确地识别财政政策和货币政策效果非常困难,需要进行相当多的创造性细致研究。

二、劳动力市场制度改革促进就业的效应及其异质性

(一)劳动力市场灵活性改革促进就业

劳动力市场制度是指规范和保护劳动者雇佣行为的一系列制度安排,概括起来可以分为以下几类:失业保险制度(规定失业保险资金筹集和支付)、就业保护制度(限制解雇行为)、工资谈判制度(协调工资制定)等,劳动市场结构性功能失调也与劳动力市场制度密切相关。从欧美国家的经验表明,慷

---

① M. Battaglini and S. Coate,"A Political Economy Theory of Fiscal Policy and Unemployment", *Journal of the European Economic Association*,Vol.14,No.2,2016,pp.303-337.

慨的失业保险金降低了就业激励和延长了失业期限,造成了失业者技能更大的损失,进一步限制了失业者未来再就业的能力;严格的就业保护和裁员限制提高了企业调整成本;而工资决定机制的僵化使得工资变化与生产率不匹配。

为了有效促进经济复苏,欧美国家近年来应对经济萧条的重要政策取向就是增强劳动力市场灵活性。第二次世界大战以后欧洲国家经济复苏与持续繁荣,福利国家建设极大地增强了劳动力市场的稳定性,这造成了较高的解雇成本和工资向下黏性,损失了劳动力市场根据经济形势变化而灵活调整的能力。包括德国在 20 世纪 90 年代以来和 2015 年前后启动的劳动力市场改革、东亚日本和韩国在亚洲金融风暴后启动的改革、西班牙和意大利在 2012 年以来财政紧缩背景下启动的劳动力市场改革,都有释放市场灵活调整能力的成分。尽管都是以灵活性为主,但不同国家有不同的政策制定机制和背景,采取的政策路径也有差别。

(二)工时制度改革减少失业的效应

改变劳动力市场工作时间制度也能够在一定程度上发挥促进就业的作用。2008 年国际金融危机后,33 个经济合作与发展组织成员中有 25 个成员出台了短工时工作政策来稳定就业。在德国、意大利和日本,2009 年有超过 2% 的工人获得短工时工作,每个国家为此投入的财政支出超过了 50 亿欧元。德国自 1975 年首次引入短工时工作政策来应对石油危机带来的失业潮,该政策一直沿用至今。一项利用德国案例进行的研究表明,短工时工作能够拯救工作岗位和降低失业,但只有基于规则的短工时工作具有促进就业的效应。[①]

(三)劳动力市场匹配效率提高减少失业的效应

改善劳动力市场匹配效率也在一定程度上能够缓解失业。经济萧条时期

---

① A. Balleer, B. Gehrke, W. Lechthaler and C. Merkl, "Does Short-time Work Save Jobs? A Business Cycle Analysis", *European Economic Review*, Vol. 84, 2016, pp. 99–122.

劳动力市场匹配效率通常会变化,进而影响劳动力市场的出清和失业率调整。工作搜寻理论将劳动力市场匹配过程视作一个投入产出过程,投入品是失业工人和岗位空缺,产出是匹配成功的就业(获得工作)。霍尔和舒尔霍夫·沃尔(Hall 和 Schulhofer-Wohl,2018)根据测量生产率的原则对劳动力市场的匹配效率进行了测量。作者假定搜寻岗位的失业工人是异质性的,根据工人分类调整的月度工作获得率作为效率指数测算了劳动力市场总体稀缺程度,结果发现总体匹配效率从 2001 年到 2013 年是下降的,而 2008 年开始的国际金融危机期间效率指数下降非常明显,2007—2009 年下降了 28 个百分点。作者进一步发现,效率指数的下降更多的是来自搜寻工作的工人结构变化,包括失业者技能和失业持续期结构的变化,而不是真正的效率变化。[①]

---

① R. E. Hall and S. Schulhofer-Wohl, "Measuring Job-finding Rates and Matching Efficiency with Heterogeneous Job-Seekers", *American Economic Journal*: *Macroeconomics*, Vol. 10, No. 1, 2018, pp. 1-32.

第二章　中国经济增速减缓的基本特征及其对劳动力市场的影响

本章一方面从周期性和外部因素、政策性和结构性因素、短期冲击和中长期趋势等维度对本轮中国经济增速减缓的主要原因进行分析,对其基本特征进行总结和解释;另一方面总结我国劳动力市场的发展历程和运行的基本特征,从中国本轮经济增速减缓对劳动力需求、供给、供需结构、配置等方面的影响,分析经济增速减缓对劳动力市场的影响,进一步,分别就经济增速减缓对我国劳动力就业及其弹性的影响、经济增速减缓对劳动力工资的影响进行了实证分析。

第一节　中国前三轮经济增速减缓的主要历程

自 1978 年实施改革开放政策以来,中国曾经历多次由外部冲击导致的经济增速减缓,其中有三次持续时间较长,影响范围较广,分别是 1989 年美国发起的西方国家对中国经济制裁、1998 年从泰国开始席卷东南亚的金融危机、2008 年美国次贷危机引起的国际金融危机。但针对这三次外部冲击,中国政府反应迅速,积极采取了有力的宏观调控措施,使得我国较为平稳地渡过了前三次外部冲击,并取得了辉煌的经济增长成就。但是,2018 年以来的中美贸易摩擦和2020年以来的新冠肺炎疫情可能会引起我国新一轮的经济增速减缓。因此,借鉴以往教训和经验对当下情形进行分析,对积极应对本轮经济增速减缓、稳定经济和就业有重要的借鉴意义。

一、始于1989年的第一轮经济增速减缓

"二十世纪八十年代末九十年代初,苏联解体、东欧剧变。由于国际上反共反社会主义的敌对势力的支持和煽动,国际大气候和国内小气候导致一九八九年春夏之交我国发生严重政治风波"[①]。以美国为首的西方国家借此对我国发起经济制裁,对中国经济产生了十分大的冲击。首先,中国从国际上获取资金的主要通道被隔断,出现了资金严重不足的问题,使得中国经济建设的步伐不得不放缓;其次,各西方发达国家普遍停止和中国的经济贸易往来,中国无法进口所需的一些紧要物资,并且原先的出口加工产品也在不断积压,对中国经济发展造成了严重打击。

从图2.1可以看到,1988年中国GDP增长率为11.2%,1989年急剧下滑到4.2%,到了1990年更是跌落到3.9%。从就业情况来看,在此之前中国稳定的就业局势也遭到破坏,1989年失业率为0.54%,1989年则上升了0.14个百分点,增长到0.68%,到了1990年更是高至0.88%,并且在随后一段时间内,失业率还在上升。劳动力失业人数在1988年为296万人,1989年、1990年分别迅速增至378万人、574万人。由此可见,这次经济增速减缓对中国经济和就业都造成了严重冲击。

在如此形势下,邓小平同志迅速提出应对外部压力的指导方针:"冷静观察、稳住阵脚、沉着应对。"首先,日本政府在看清局势后,率先与中国恢复了贸易关系,中国开始打破僵局。但是这场外部冲击的关键点在于美,中国政府不懈努力,多次和美国政府进行谈判,表明了中国维护世界和平、与各国协

---

① 《中共中央关于党的百年奋斗重大成就和历史经验的决议》,《人民日报》2021年11月17日,第5版。

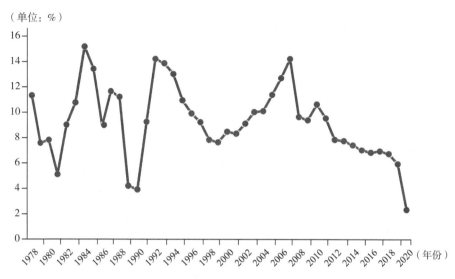

（单位：%）

图 2.1　1978—2020 年中国国内生产总值增长率

资料来源：根据国家统计局相应年份的《中国统计年鉴》数据计算所得。

同发展、坚决维护人权和国家主权的立场后，中国与西方各国的经济关系终于开始缓和。同时，在打破经济制裁和外交困境后，中国决心进一步深化改革开放，推动经济建设高速发展。

二、始于 1997 年的第二轮经济增速减缓

1997 年，一场金融危机席卷了整个亚洲。东南亚各经济体都在这场危机中遭受冲击。虽然在这场席卷亚洲的金融危机面前，中国政府采取了强有力的措施使得人民币没有贬值，但如此严重的外部冲击也让中国经济和劳动力市场受到了影响。中国 GDP 增长率也在本次亚洲金融危机中有所下跌，1997年 GDP 增长率为 9.2%，1998 年下降了 1.4 个百分点为 7.8%，1999 年又下降0.1 个百分点。在这场亚洲金融危机中，我国的失业率也是居高不下，1998 年比 1997 年上升了 0.63 个百分点，达到 2.01%，1999 年略有下降，达到1.92%。其中，中国城镇劳动力失业人口在 1997—1999 年这三年里维持在

3.1%附近。面对这一外部冲击,中国政府积极采取了应对措施来刺激经济增长,出台"扩大内需"政策。一方面,通过积极的财政政策,大力投资基础设施建设,同时增加财政支出来稳定就业;另一方面,采取扩张性的货币政策,扩大货币供应量,刺激内需来抵抗金融危机所来的风险。在就业方面,中央采取高校扩招计划来缓解就业压力。在这场亚洲金融危机中,许多国家无法维系本国货币汇率,纷纷放弃固定汇率制,但中国人民币依然保持坚挺不贬值,这向世界展示了中国良好的大国形象,为在中国的外商投资者提供了信心,同时也为亚洲的经济复苏起到了重要作用。在此之后,我国加快了金融体制改革,同时加强了金融监管。

三、始于 2008 年的第三轮经济增速减缓

2008 年美国次贷危机全面扩散,并迅速席卷全球金融市场,欧洲的情况最为严重,许多投行纷纷倒闭,欧元汇率大幅下跌。次贷危机后,全球货币流动性严重不足,不仅美国经济受到冲击,全球金融市场也遭到打击。

中国同样深受此次危机的影响。2008 年,中国 GDP 增长率为 9.7%,同比减少 4.5 个百分点。失业率同比上升 0.34 个百分点,2009 年和 2010 年则分别同比上升 2.17 个、2.91 个百分点。城镇失业人数由 2007 年的 830 万人上升到 2008 年的 886 万人,2009 年更高达 921 万人。

在这次金融危机中,世界各国纷纷采取经济政策来应对。中国政府则出台多项强有力的举措来扩大内需,促进经济增长。这次的政府投资额高达四万亿元,也就是著名的"四万亿计划"。在中央政府的有力调控下,这项措施有效地刺激了国内市场,使中国在这次金融危机中受到的冲击降到了最小,并且还能保持 GDP 增长率在 9.7%左右。同时,在保护劳动力就业方面,人力资源和社会保障部在当时的经济形势下,出台了稳定就业、扩大就业、促进失业人员再就业、提高社会保险等相关措施和政策,使得中国相对平稳地渡过了这次国际金融危机。

1987—1990 年,中国经济经历了一个从过热到治理整顿的过程,1989 年经济增速减缓的背景是伴随此前治理经济过热而采取紧缩性政策而出现的。彼时的中国政府采取了一系列放权让利的改革,又有中央政府货币超发等政策原因,这使得中国出现了通货膨胀等一些社会问题。1990 年起,国务院通过调整紧缩力度,加强农业和基础产业,治理流通秩序,反对腐败、改进作风等一系列措施,稳定了人民预期、凝聚了群众共识。同时,针对国际上的经济制裁,中国稳住社会主义阵脚,沉着应对,恢复了和西方国家的合作关系,恢复了经济高速增长。亚洲金融危机从 1997 年开始,持续到 1999 年结束,中国政府信守承诺,坚持人民币不贬值政策,1998 年全年出口仅增长 0.4%。此外,我国从 1997 年起就面临着供给膨胀而需求不足的问题,亚洲金融危机的冲击更是让外需不足,市场疲软,投资需求收紧。中国 GDP 增长率从 1997 年的 9.3%下降到 1999 年的 7.6%。为了解决需求不足的问题,中国政府加大了基础设施投资力度。这也为之后的中国经济平稳发展打下了基础,同时,面对亚洲金融危机的冲击,中国迅速提出人民币不贬值的宏观调控目标,树立了负责任的大国形象。2007—2009 年的国际金融危机由于波及范围更广,因此对中国造成的冲击也比前两次影响时间更久、程度更深。主要表现在房地产业、大宗贸易和物流、金融等方面的增速减缓。中国应对危机的措施也与此前有所不同,对财政政策和货币政策进行了重大调整。

中国前三次的经济增速减缓在持续时间、影响范围和应对政策等方面都各有不同。在新形势下,新冠肺炎疫情全球大流行,而美国对中国的贸易打压具有针对性和歧视性,这造成本轮经济增速减缓的情况可能比前三轮更加复杂。

第二节　中国本轮经济增速减缓的主要表现和基本特征

改革开放四十多年来,中国经济增长取得的成绩举世瞩目。但是,与世界主要发达国家由中等收入阶段向高收入国家迈进的国际经验一致,近些年来中国经济潜在增长率也呈现出继续波动减缓的特点。显然,中国经济已由高速增长进入新常态时期,国内外机构和学者习惯将当前的中国宏观经济形势称为"增速换挡",中国经济正在进入增速减缓周期。

一、本轮经济增速减缓的周期性特征

(一)经济增长率周期性波动减缓

本轮中国经济增速减缓,符合国际经济学界和研究机构在展望2019年全球经济增长之时,对全球经济持续下行的预期。当时,国际货币基金组织对发达国家2018年、2019年的经济增长预计为2.4%、2.1%,明显下调了欧元区、日本和英国的增长预测;对中国2019年GDP增长率的预测值为6.2%,相比2018年有所放缓。① 自2019年开始,由于新冠肺炎疫情持续、劳动力市场问题、持续的供应链挑战和通胀不断增加的压力,全球经济面临着较大压力。类似地,世界银行、经济合作与发展组织当时也认为全球经济增长仍然存在实质性的下行风险。联合国在2022年1月发布的《世界经济形势与展望》中预测,在2021年全球经济增长5.5%后,2022年和2023年全球经济增长将会降至4%和3.5%。在全球经济趋势性下滑、中美贸易摩擦与新冠肺炎疫情的持续影响下,中国经济发展面临较大的增速减缓压力。值得强调的是,中国经济具有极强的韧性和抵御风险的能力,在积极财政政策和稳健货币政策支持下,居民消费支出保持稳定,经济增长仍然在稳定的可控范围内,不会出现显著的结构性衰退。

(二)实体经济盈利能力下滑

根据国家统计局公布的规模以上工业企业成本费用利润率数据,近年来

---

① 参见国家信息中心经济预测部世界经济研究室课题组:《贸易摩擦和货币政策收紧是全球经济下行主要诱因》,《中国经济时报》2019年1月9日。

我国规模以上工业企业的利润率不足 8%。2021 年 8 月的利润率为 7.61%，相比第一季度有所回升，但是仍然处于较低水平。而且，受新冠肺炎疫情和外部经济环境影响，亏损的工业企业单位数近年来波动较大，且维持在较高水平。工业企业盈利能力不容乐观，拖累企业雇佣需求。

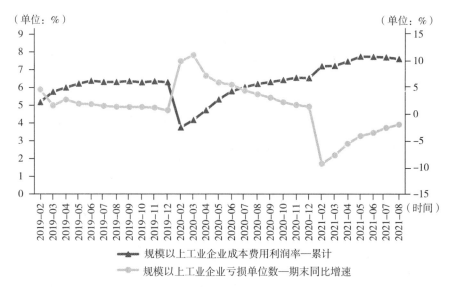

图 2.2 2019 年 2 月—2021 年 8 月规模以上工业企业利润率与亏损单位数增速
资料来源：万得资讯（Wind）数据库。

二、本轮经济增速减缓的结构性特征

（一）供给侧结构性改革淘汰落后产能

2015 年 11 月，习近平总书记在中央财经领导小组会议上正式提出供给侧结构性改革的总要求。为深入推进供给侧结构性改革，中央着重强调"三去一降一补"五大任务，即去产能、去库存、去杠杆、降成本、补短板。通过一系列的"破""立""降"措施，大量的无效供给和"僵尸企业"得到处置，钢铁、煤炭等传统行业的供求关系开始发生转变。2016 年、2017 年全国分别化解6500 万吨和 5500 万吨钢铁过剩产能，而且全部取缔了地条钢，这使钢铁行业的结构发生大的变化,优势产能得到更好地发挥;煤炭行业 2016 年、2017 年分别化解过剩产能 2.9 亿吨、2.5 亿吨,两年总共实现了 5.4 亿吨过剩产能的化解任务;电力行业,2017 年淘汰了一批 30 万千瓦以下的耗煤量比较大的煤电企业,同时还停建缓建了一批煤电企业,合计超过 6500 万千瓦。

随着过剩产能的加速出清,中央对供给侧结构性改革提出了新要求,供给侧结构性改革进入提升期。2018 年年底的中央经济工作会议提出了"巩固、增强、提升、畅通"的八字方针,强调更加注重市场化、法治化的手段推进结构性改革;更加注重通过优化产能结构、提升技术水平等手段,使供给和需求在更高质量、更高层次上匹配起来,要素市场的市场化定价机制得到更全面严格的确立。

现阶段推进供给侧结构性改革,就是要提升企业供给高质量产品和服务的能力与水平,提升企业参与全球竞争力的能力与水平,带动提升我国在全球供应链、产业链和价值链中的地位。当前的政策,更加注重发挥微观企业和企业家精神的创造能力,全面提升企业参与开放市场竞争的能力与水平,实现高质量的供给;更加注重利用推动创新的体制优势和超大规模市场优势,加快形成完整的产业体系和竞争优势,从而提升我国经济参与全球分工的地位。提升供给侧结构性改革的质量,给企业带来了新的机遇和挑战。

(二)新一轮产业革命加速新经济新动能发展

科学创新和技术进步转化为社会的生产能力,推动新产业的涌现和扩张,改变了人类的生产和生活方式。纵向来看,人类社会已经经历了蒸汽机技术革命、电气技术革命和电子信息计算技术革命,每一轮技术革命在创造新产品和新产业的同时,也破坏了传统技术部门传统产业的市场基础。新技术一旦形成产业化生产,对市场产品更新换代的推动作用将会非常迅捷。但是,从新技术采用、导入生产到产业化、规模化铺开,总是存在着时滞。例如,发源于18 世纪下半叶英国的工业革命,直到 19 世纪后半叶才逐步影响到中国。其中,政治经济制度和人口禀赋是影响新技术采用和产业革命全面铺开的关键因素。

新一轮产业革命突出表现为人工智能技术的应用与经济的数字化转型,而自动化与人工智能技术的创新突破是关键。参照研究者们常用的定义,经济数字化是指在生产过程中使用数字化技术和数据来替代或改造生产和商业过程,而实现数字化的目的是提升收益流、降低成本、改善产品或服务的质量。自动化则是指工作任务或程序在没有人力协助的状态下也能够得到执行。自动化与数字化存在很多交叉融合,并不是独立的两种技术经济形态。能大量产生可用数据信息的行业,都是容易被人工智能替代的行业。在数字化浪潮推动下,全球经济正经历深刻的生产方式变革与产业转型,新一轮增长周期已经开始启动。

当前,我国数字经济正处于大规模拓展应用并形成规模效应的新阶段。数字经济的增速超过了同期经济增长速度,显示出数字经济正在蓬勃发展,增势稳定,结构优化,与传统产业的融合创新不断深化,规模效应不断显现。新经济、新业态和新动能正在重塑中国经济发展的新优势,推动经济迈向高质量发展。

三、本轮经济增速减缓的体制性特征

(一)社会保障统筹层次提升与覆盖面扩大

本轮经济增速减缓的一个重要体制性特征,是社会保障统筹层次提升与覆盖面持续扩大,全面覆盖的社会保障网络基本建成。参加社会保险既关系到企业雇主的用工成本,又关系到雇员的法定就业权益,因此社会保障体制改革和中性执行对本轮经济增速减缓有一定的影响。具体的影响机制,需要通过社会保障覆盖面、缴费率等渠道来加以说明。

覆盖城镇全体职工养老保险的制度建设,始于 1997 年。目前,尽管城镇职工养老保险制度覆盖到了城镇就业人员的绝大多数,但是实际的参保人员数与缴费比例,却没有相应提高。我们在表2.1中报告了2005—2020年的城镇就业人员数和参加基本养老保险的职工数与在岗职工数。可以看出,要推进养老保险覆盖全体城镇就业人员,仍然存在着不小的难度。2005年发布的《国务院关于完善企业职工基本养老保险制度的决定》,正式明确企业按工资的20%缴费进入统筹账户,个人按工资的8%缴费进入个人账户,企业缴纳的部分意味着企业的用工成本提高,这自然会降低企业的参保积极性。因此,从2005年到2009年,城镇职工养老保险参保人数占就业人员数的比例仅上升到70.67%。为了扩大养老保险的覆盖率,2007年前后中央开始着力推进职工基本养老保险的省级统筹。到2010年社会保险法出台时,中国大陆31个省(自治区、直辖市)基本出台了养老保险的省级统筹文件,而医疗、工伤和失业保险还局限在基本实现或争取实现地(市)级统筹的层次。为了巩固社会保险制度的改革成果,中国2010年颁布了《中华人民共和国社会保险法》(2018年又进行了修改),以法律的形式将社保制度的发展方向固定了下来。

表2.1　2005—2020年中国城镇就业人员数、城镇职工基本养老保险参保与基金征缴

指标 单位 年份	城镇就业人员数①	城镇职工基本养老保险参保				城镇职工基本养老保险基金		
		总人数②	其中在岗职工③	②/①	③/②	收入④	征缴收入⑤	⑤/④
	万人	万人	万人	%	%	亿元	亿元	%
2005	28389	17487.9	13120.41	61.60	75.03	5093.31	—	—
2006	29630	18766.3	14130.94	63.34	75.30	6309.76	—	—
2007	30953	20136.9	15183.20	65.06	75.40	7834.16	6494	82.89
2008	32103	21891.1	16587.54	68.19	75.77	9740.22	8016	82.30
2009	33322	23549.9	17743.03	70.67	75.34	11490.84	9534	82.97
2010	34687	25707.3	19402.34	74.11	75.47	13419.53	11110	82.79
2011	35914	28391.27	21565.05	79.05	75.96	16894.73	13956	82.61
2012	37102	30426.8	22981.12	82.01	75.53	20000.99	16467	82.33

续表

指标 年份	城镇就业人员数①	城镇职工基本养老保险参保				城镇职工基本养老保险基金		
		总人数②	其中在岗职工③	②/①	③/②	收入④	征缴收入⑤	⑤/④
单位	万人	万人	万人	%	%	亿元	亿元	%
2013	38240	32218.38	24177.33	84.25	75.04	22680.37	18643	82.20
2014	39310	34124.38	25530.99	86.81	74.82	25309.67	20434	80.74
2015	40410	35361.17	26219.24	87.51	74.15	29340.85	23016	78.44
2016	41428	37929.71	27826.28	91.56	73.36	35057.5	26768	76.35
2017	42462	40293.3	29267.61	94.89	72.64	43309.57	33403	77.13
2018	43419	41902	30104	96.51	71.84	51168	—	—
2019	44247	43488	31177	98.28	71.69	52919	—	—
2020	46271	45621	32859	98.60	72.02	44376	—	—

资料来源:根据各年度《人力资源和社会保障事业发展统计公报》公布的数据统计而得。

扩大社保覆盖面是履行政府兜底责任的重要一环,而社会保险基金的运营安全与保值同样非常重要,保障基金运行安全关系到全体参保人员的切身利益和社会稳定。社会保险基金俗称全国人民的"保命钱",2000 年中国政府决定成立全国社会保障基金,推进社保基金管理与运营的专业化、市场化。基金的筹集与管理不同于一般的政府性基金和商业投资基金,在设立目标、基金性质、资金筹集和使用范围等方面都存在较大差异,2010 年出台的《国务院关于试行社会保险基金预算的意见》①,明确规定社会保险按统筹地区编制执行,再由统筹地区明确辖区范围内各级政府及相关部门责任。

我国于 2010 年出台了《社会保险法》并将社保基金纳入预算,这极大地推动了社会保险广覆盖的政策目标的贯彻落实。为了提升基金预算管理的激励,中央要求各统筹层次的地方政府建立社保基金预算绩效考核和激励约束

---

① 在这项改革之前,全国各地已经有一些省份编制社保收支计划。例如河北省 2001 年就开始编制全省的社会保障收支计划,通过年初计划、月度报表、年终决算等形式,加强社保资金的管理。

机制。一旦纳入政府绩效考核和激励,政府推动政策落实就会变得更加积极。表2.1中的实际数据也显示,全国城镇职工基本养老保险参保率从2009年的70.67%上升到2020年的98.60%,扩大了近28个百分点。与此同时,城镇职工基本养老保险基金的征缴收入增长率超过90%,征缴收入占基金总收入的比重超过77%。另外,财政拨款收入也构成了养老保险基金的重要来源。截至2020年,养老保险基金的规模为44376亿元。也就是说,2010年之后,社会保险开始加速覆盖之前制度所不及的行业、企业与就业人员。

　　为了进一步考察我国城镇部门社保政策的覆盖过程,我们对参保人数进行回归和预测,以推断基本养老保险参保覆盖的规律。我们以对数化城镇基本养老保险参保人数为被解释变量,以对数化城镇单位就业人员、私营企业和个体劳动者、登记失业人员为解释变量,进行OLS回归和预测。

　　表2.2报告了对城镇职工基本养老保险参保人数(取自然对数)的回归结果,该结果基本符合我国社保制度覆盖的样态。如果社保制度对城镇单位就业人员和城镇私营与个体工商户就业人员同等覆盖,那么两个自变量的回归系数都要为正且接近1,表示制度的强制执行力度最高,任何新增的就业人员都要被纳入城镇职工基本养老保险制度中来。虽然回归的结果得到了显著为正的系数,但是单位就业人数的系数为0.756,而私营与个体工商户就业人数的回归系数为0.230,这表明样本期内城镇职工基本养老保险制度对私营企业和个体工商户的覆盖仍然薄弱,并成为未来一段时期内社保制度建设的重点。与此同时,城镇单位就业和私营个体就业构成了城镇就业的主要来源,回归结果中的平方和为0.857,显示仍然有0.143的误差来源无法被模型解释,原因在于三个方面:一是参保人员还包括灵活就业和离退休人员,这部分人群并没有被数据覆盖到;二是数据测量存在的误差;三是存在一些未观测到的因素影响。由此可见,城镇私营企业和个体工商户吸纳的就业人员,在法律颁布后很可能成为"十三五"时期社会制度网络的重点覆盖对象,因此其就业也更容易受到冲击。

表 2.2　城镇基本养老保险参保人数对就业人数的回归结果

解释变量 ＼ 被解释变量	ln（基本养老保险参保人数）
ln（单位就业人数）	0.756 *** （0.0290）
ln（私营与个体工商户就业人数）	0.230 *** （0.0247）
常数项	0.856 （0.544）
N	1307
R^2	0.857

注:括号中报告的是标准误差;控制了省份效应和年份效应。

（二）实行最严格的生态环境保护制度

实行最严格的生态环境保护制度,也是本轮经济下滑的重要背景。改革开放以来我国快速的经济发展,很大程度上依赖粗放的增长模式,产出迅速增长的同时,环境污染也越来越严重。这与我国传统的生态环境保护制度不完善是有关系的。随着我国经济发展进入新常态,资源环境承载能力接近极限,必须要转变经济发展方式。党的十九大报告提出,要实行最严格的生态环境保护制度,建设社会主义生态文明。

以大气污染防治为例。2012 年环保部发布了修订版《环境空气质量标准》（GB 3095—2012）,将 $PM_{2.5}$ 和臭氧（O_3）纳入监测。同年,由环保部、国家发改委、财政部印发并获国务院批复的《重点区域大气污染防治“十二五”规划》发布,明确提出要划分重点控制区与一般控制区,从而实施差异管理与防控。重点区域包括北京、天津、河北、山西等 19 个省（自治区、直辖市）,区域面积达到了约 132.56 万平方公里,占中国大陆国土面积的 13.81%。划分区域后,该“规划”明确提出了五年行动目标,2015 年重点区域二氧化硫、氮氧化物、工业烟粉尘排放量分别下降 12%、13%、10%（以 2010 年为基期）,表征环境空气质量的可吸入颗粒物、二氧化硫、二氧化氮、细颗粒物年均浓度分别下降 10%、10%、7%、5%,其中京津冀、长三角、珠三角区域细颗粒物年均浓度下降 6%,并纳入考核指标。

　　各省(自治区、直辖市)积极响应中央的大气污染防治行动规划,纷纷出台本辖区内部的大气污染防治目标和行动方案。我们也搜集了各省份出台的大气污染防治规划(或行动方案),并分析了各地的政策目标,结果发现全国各地设定的行动目标普遍要高于全国性的 6%目标。例如山东省设定第一期目标(2013—2015 年)全省环境质量相比 2010 年改善 20%以上,第二期目标(2016—2017 年)相比 2010 年改善 35%左右,第三期目标(2018—2020 年)相比 2010 年改善 50%左右,明显高于全国的目标水平。[①]

　　在各级政府的大力干预下,2013—2017 年大气污染防治五年行动取得了重大进展。环保部发布的《2017 中国生态环境状况公报》表明,全国 338 个地级及以上城市可吸入颗粒物(PM_{10})平均浓度与 2013 年相比下降了 22.7%,京津冀、长三角、珠三角区域细颗粒物($PM_{2.5}$)平均浓度比 2013 年分别下降了 39.6%、34.3%、27.7%[②],顺利完成了大气污染防治"国十条"的空气质量改善目标。而在我们掌握的大气污染物浓度数据中,从 2013 年到 2020 年,全年平均的 $PM_{2.5}$ 值下降幅度非常明显(见图 2.3)。

四、本轮经济增速减缓的不确定性特征

　　本轮经济增速减缓的不确定特征,当然有很多方面。我们认为,其中最突出的则表现为由中美贸易争端所带来的不确定方面。

　　进入相持阶段的中美贸易关系,既给中美两国贸易平衡增长带来了重大

---

　　① 参见《山东省人民政府关于印发〈山东省 2013—2020 年大气污染防治规划〉和〈山东省2013—2020 年大气污染防治规划一期(2013—2015 年)行动计划〉的通知》,2019 年 1 月 8 日,http://www.ecocompensation.org.cn/policy/242,2021 年 11 月 26 日。
　　② 《2017 中国生态环境状况公报》,2019 年 4 月 9 日,http://www.gov.cn/guoqing/2019-04/09/content_5380689.htm,2021 年 11 月 26 日。

（单位：微克/立方米）

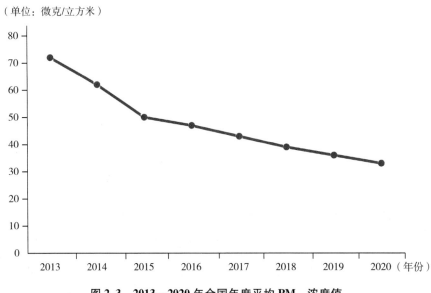

图 2.3　2013—2020 年全国年度平均 PM$_{2.5}$ 浓度值

资料来源：2013—2020 年《中国生态环境状况公报》。

不确定性，又给美国经济蒙上了一层衰退的阴影。美国普查局发布的外贸数据显示，2022 年 1 月中美双边贸易总额占美国全部货物贸易总额的 15.53%，低于 2018 年 1 月 16.5% 的份额。然而，中国在美国对外贸易结构中比例的降低，却并没有显著地改善美国贸易赤字，只是对华贸易份额被其他国家所取代。而作为美国经济信号灯的美国国债收益率，在 2019 年 8 月 15 日前后出现了收益率曲线倒挂，这被视为美国经济衰退的前兆，因为过去美国所经历的七次衰退都出现了这一现象。而且，对中国输美产品征收关税的做法，也不符合美国消费者的利益，还可能推动通胀率上升。

　　尽管美方加征关税并实施技术封锁的行为对我国出口密集行业发展带来负面影响，但同时也进一步刺激我国相关企业加大研发投入和自主创新力度。在科技创新成果带动下，一批新的经济增长点、增长极与增长带正在加快形成，这些都构成了中国应对贸易争端和保持战略定力的底气。

第三节　中国本轮经济增速减缓的主要原因及分析

一、全球经济周期性增速减缓

中国经济发展必然受到外部周期性的影响,而全球经济无法摆脱周期性因素的束缚。当前中国经济增速的下滑并非是自身体制所造成的,主要还是受到国际经济周期的影响,外部性和周期性因素更为重要。比较巴西、印度等新兴经济体,本轮经济下滑的原因不在于我国投资拉动的增长模式不可持续,而是国际经济变动带来的负向需求冲击。[①] 樊纲也曾指出,此次经济增速减缓很大程度上是周期性因素导致,而不是潜在增长率有所下滑,因此政策应该回归中性。[②]

从 2008 年美国爆发的次贷危机成为全球经济增速减缓周期的转折开始,欧美发达国家都出现了经济增长乏力现象,广大发展中国家尤其是新兴经济体也受国际金融和国际贸易传导机制的影响受到了很大冲击。在 2008 年前后,由于我国金融业开放仍处于较低水平,金融体系受到的直接影响较小,但由于外贸依存度较高,欧美市场需求连续大幅萎缩最终也导致了我国对外贸易疲软及出口贸易的下降。例如,中国出口在 2000—2011 年的十余年间一直保持大约 21.8% 的高增长率,但从 2012 年开始转而不断下降。魏加宁和杨坤的研究发现,2008 年和 2009 年经济增速减缓的主要原因是出口增速下降,2011 年和 2012 年经济增速减缓则是受到政府投资和消费减少的影响。[③]

二、结构性调整与中长期趋势

我们认为,当前经济增速减缓的原因是多方面的,既有结构性调整,也有

---

① 林毅夫:《解读中国经济》,《南京农业大学学报(社会科学版)》2013 年第 2 期。
② 樊纲:《回归正常增长与保持稳定增长——当前国际国内宏观经济形势及政策建议》,《开放导报》2014 年第 6 期。
③ 魏加宁、杨坤:《有关当前经济下行成因的综合分析》,《经济学家》2016 年第 9 期。

中长期趋势性下滑。

首先,大规模中央财政投资和货币宽松政策所引领的高速增长时代的"政策红利"正在被透支,刺激政策也为钢铁、光伏、房地产行业等支柱产业的产能过剩埋下了隐患,而地方政府的过度投资也使得市场与政府间的良性互动被打压,经济活力受到影响。以往追求 GDP 的粗放型增长方式也无法长期推动中国经济可持续发展,更会使经济受到环境承载力和容忍度的制约。一些研究发现,生产成本上升、资源环境压力加剧等因素使中国经济传统发展优势逐步减弱甚至消失是经济增速下滑的主要原因。[1] 另一些研究发现,中国经济内在增长动力不足的直接原因是产能过剩、生态破坏和环境污染、内需和外需增速缓慢、产品竞争力下降以及经济结构失衡等。[2] 王少平和杨洋则指出,经济增速持续下降源于长期趋势的结构性下移,除此之外,他们发现 GDP 增速服从截尾正态分布,GDP 增速的长期趋势分布于 5.5%—7.5%,且有91.5%的概率稳定在 6%—7.5%。[3]

其次,中国人民大学宏观经济分析与预测课题组提出,经济增速减缓是外需疲软、内需持续回落、房地产周期性调整以及经济结构深层次扭曲共同作用所导致。[4] 乔虹等认为,当前经济增速减缓在一定程度上是货币和房地产政策紧缩的周期性结果,也是增长模式由外需向内需结构性转型所引发的。[5] 林建浩和王美今指出,经济增速换挡是潜在增长率下降和外部负向需求冲击

① 郭旭红:《经济新常态背景下中国 GDP 中高速增长研究》,《湖北社会科学》2015 年第 2 期;甘金龙、张秀生:《经济新常态下的多元化增长动力研究》,《学术交流》2016 年第 6 期。

② 毛学松:《当前中国经济下行原因与经济增长的道路选择》,《学术论坛》2016 年第 11 期;张鹏飞:《中国经济下行压力大的现状及原因分析》,《金融经济》2015 年第 16 期;齐建国:《中国经济"新常态"的语境解析》,《西部论坛》2015 年第 1 期。

③ 王少平、杨洋:《中国经济增长的长期趋势与经济新常态的数量描述》,《经济研究》2017 年第 6 期。

④ 中国人民大学宏观经济分析与预测课题组:《中国宏观经济分析与预测(2015 年中期)报告——低迷与繁荣、萧条与泡沫并存的中国宏观经济》,《经济理论与经济管理》2015 年第 8 期。

⑤ 乔虹、朱元德、何泓哲:《关于中国当前经济下滑和长期潜在增长的评估》,《金融发展评论》2012 年第 9 期。

长期化二者叠加的结果,供给冲击主导的经济增长长期趋势进入增速减缓通道是主要因素,需求冲击主导的周期成分持续为负则是助推因素。[①]

三、人口红利逐渐消失

不少学者认为中国经济存在投资和消费的结构性失衡,而人口结构转型所带来的人口红利消失也使我国生产成本上升、出口商品竞争力下降。郑挺国和黄佳祥发现,经济增速减缓的主要冲击为负向全要素生产率冲击,而人口红利逐步消失、人力资本增速趋缓及投资结构失衡等因素则是负向冲击的主要来源。[②] 蔡昉指出,人口红利消失和出口需求减少的共同作用导致中国经济增速放缓。同时,他还提出可以通过提高劳动力供给和提高劳动生产率来提高潜在经济增长率。[③] 中国经济增长前沿课题组提出,在人口结构转型、生产率的产业再分布、收入分配调整、城市化率提高、资本效率递减、全要素生产率改进空间狭窄这六个中国经济增长的结构性特征的作用下,经济增速不断下滑,还有产业结构、城乡结构、区域结构的变化也都增添了中国经济增速减缓的压力,成为经济增速减缓的原因。[④] 耿德伟对近年来我国经济增长进行分解,结果显示增速放缓的主要原因是全要素生产率的下降,其与经济周期波动、产业结构转型以及技术进步速度下降等因素有关。[⑤] 另外,张平认为,在未来很长一段时间内,中国经济都会处在由"结构性"引起的经济减速通道中。[⑥]

---

① 林建浩、王美今:《新常态下经济波动的强度与驱动因素识别研究》,《经济研究》2016 年第 5 期。

② 郑挺国、黄佳祥:《中国宏观经济下行区间的冲击来源及其差异性分析》,《世界经济》2016 年第 9 期。

③ 蔡昉:《认识中国经济的短期和长期视角》,《经济学动态》2013 年第 5 期。

④ 中国经济增长前沿课题组:《中国经济转型的结构性特征、风险与效率提升路径》,《经济研究》2013 年第 10 期。

⑤ 耿德伟:《全要素生产率下降是我国经济增速放缓的主要原因》,《中国物价》2017 年第 3 期。

⑥ 张平:《中国经济朝着更高水平更好质量的发展阔步前行》,《宏观经济管理》2012 年第 4 期。

四、贸易保护主义与新冠肺炎疫情带来的冲击

发达国家贸易保护主义抬头,许多国家和地区纷纷设置贸易壁垒、采取非传统量化宽松的货币政策,也在一定程度上削弱了中国的贸易竞争力。尤其是 2018 年以来,美国为了应对巨大的贸易顺差并促进自身市场和产业的发展,试图阻碍中国深度参与全球价值链,剥夺中国的应有地位和收益,单边对中国重启"301 条款"调查,随后一轮又一轮地对中国商品加征关税以及反倾销税,并多次因所谓知识产权侵权实施投资限制。中美贸易摩擦的领域不仅限于贸易,与此关联的技术转让、国有企业和工业补贴、市场扭曲等问题使得摩擦不断升级,致使我国的对外贸易发展、产业结构优化尤其是制造业的转型升级,以及企业的自主创新面临前所未有的严峻挑战。

2019 年年末突如其来的新冠肺炎疫情会继续增大我国经济增速减缓的压力。受新冠肺炎疫情影响,经济活动受限,对我国经济增长造成一定影响。从 2020 年 2 月底开始,疫情在全球迅速扩散升级,并对各国生产、消费及金融市场产生剧烈冲击。美股多次熔断并出现 1987 年股灾以来最大幅度的下跌,各国限制入境、中断航线,需求下降的同时物流运输严重受阻,全球产业链遭到极大破坏。

第四节　中国本轮经济增速减缓对
劳动力市场的影响

一、本轮经济增速减缓对我国劳动力就业的影响

（一）我国就业情况的总体变化

在劳动力市场中,就业的数量、质量和层次与人民的生活水平、社会的和

谐发展息息相关。经济增速上升为劳动力创造更多的就业岗位,促进收入水平的提高,而良好就业状况中充足的劳动力和不断提高的从业人员技术和素质也会持续推动经济高质量发展。改革开放以来,中国经济保持高速增长伴随就业的快速扩张,但从 2000 年后,就业增长与同期经济增长之间的关联性减弱,虽然 GDP 增速仍然保持高位,但就业人员增长率从 2006 年的 0.44% 开始持续波动下降到 2014 年的 0.06%,更是在 2015 年开始出现负增长(见图 2.5)。这段时期,中国经济进入"新常态",GDP 增长从高速转为中高速,虽然劳动力市场运行整体平稳,但增速放缓对就业的冲击确实已经显现,尤其可以看到,自 2011 年后就业人员数量增长趋缓。

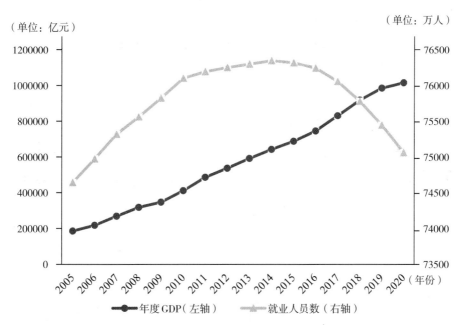

图 2.4 2005—2020 年中国就业人员数与年度 GDP

资料来源:相应年份的《中国统计年鉴》。

实际上,我国的总体就业弹性一直偏低并且持续下降。由于产业结构、技术进步和经济发展阶段的不同,发达国家一般会比发展中国家有着更小的就业弹性。从 20 世纪 90 年代开始,我国的就业弹性大幅下降,近十余年来我国

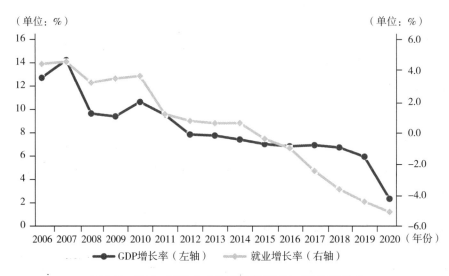

图 2.5　2006—2020 年中国就业增长率与 GDP 增长率

资料来源:根据相应年份的《中国统计年鉴》数据计算所得。

的就业弹性一直低于 0.05。虽然也有观点认为我国就业弹性会因隐性就业、企业冗员、统计缺失等被低估,但该指标持续下降仍在一定程度上反映出我国经济增长遇到的挑战及其对劳动力市场产生的影响。为了进一步分析经济增速整体放缓对就业状况的影响,我们采用就业弹性系数刻画了中国经济进入增速减缓周期劳动力市场中就业状况的变化。

(二)不同产业就业弹性的变化

就业弹性,是一个反映经济增长与就业增长比率的指标。当经济增长带来的就业人数增加幅度越大时,就业弹性就越大。有关就业弹性系数的计算方法有点弹性和区间弹性两种,为了更好地显示就业弹性的纵向变化,这里采用点弹性的计算方法。另外,产业结构会对就业弹性存在较大的影响,因为第一、第二、第三产业对劳动力吸纳能力具有较大的差异。因此,我们分不同产业分别计算就业弹性的变化。根据历年《中国统计年鉴》数据,2010—2020年我国第一、第二、第三产业就业弹性如表 2.3 所示。

表 2.3　2010—2020 年我国三大产业就业弹性系数

年份 产业	2010	2011	2012	2013	2014	2015	2016	2017	2018	2019	2020
第一产业	-0.31	-0.55	-0.45	-0.86	-0.83	-0.61	-0.35	-0.42	-0.57	-0.74	-2.14
第二产业	0.34	0.33	0.39	-0.05	-0.05	-0.25	-0.22	-0.34	-0.28	-0.10	0.62
第三产业	0.17	0.34	0.14	0.86	0.73	0.61	0.35	0.42	0.40	0.31	0.29

资料来源:根据相应年份的《中国统计年鉴》数据计算所得。

自 2002 年以来,我国的农业就业弹性系数就一直为负,说明从事农业的人员一直处于流失状态。在经济增速减缓背景下,农业就业人员的流失速度加快(从 2016 年的-0.35 至 2020 年的-2.14),这意味着包括劳动力在内的更多要素流动至制造业和服务业。

进一步来看,根据不同产业弹性系数的对比折线图可以发现,第一产业的就业弹性曲线和第二产业尤其是第三产业曲线的变动负相关(见图 2.6)。在经济增长应对外部冲击的过程中,当第二、第三产业的就业弹性降低、曲线向下时,第一产业的就业弹性有小幅上涨,即第一产业的就业弹性系数虽一直在低位波动,但这一波动体现出第一产业对劳动力市场上剩余劳动力就业具有"蓄水池"般的吸纳作用。当外需疲软,与国际贸易关联的制造业和服务业增长受阻时,或者当产业结构调整力度加大,第二产业产能过剩的部分行业劳动力面临结构性失业时,第一产业对劳动力的吸纳能力就显现出来,第一产业的就业弹性得以提高。由此可见,在我国经济增速放缓背景下,制造业和服务业的就业人员更容易受到外部不利因素的冲击,此时会有一部分城镇就业人员被迫回到农业中去,同时,还应关注农业劳动力向第二、第三产业顺利转移的问题。

在三次产业中,第二产业就业弹性的下降最为明显(见图 2.6)。第二产业的就业弹性系数从 2013 年开始出现负值,此后连续下降,表明在经济增速换挡的过程中,制造业及其相关行业受到不小的冲击。这种不利影响主要通过以下途径发生作用:首先,从 2008 年美国次贷危机开始的全球经济周期性下行对各个国家和地区的经济增长都产生了影响,国际市场外需疲软,导致我国的进出口总额在 2015 年出现了自 2009 年以来的首次负增长,而制造业一直在我国出口贸易中举足轻重,其就业弹性因此受到影响;其次,"人口红利"的日渐消失是经济增速减缓的一个重要原因,第二产业中的纺织品、玩具、家具制造业等劳动密集型行业劳动力成本上升、企业用工意愿下降等,造成一直以来的粗放型增长模式难以为继,同时这也导致资源密集型的第二产业部分行业原料成本上升,物流等其他生产成本相应增加,结合中美贸易摩擦的外部冲击,更使得一定数量的制造业外资企业回归本土,第二产业对劳动力的吸纳能力大打折扣;最后,由持续高速增长的投资和不合理的行业结构带来的部分行业产能过剩日趋严重,特别是钢铁、水泥、有色金属、平板玻璃等传统制造业行业利润大幅下降,大量企业面临经营困难和裁员。但在 2019 年后,由于新冠肺炎疫情的冲击,使得服务业从业人员有一定程度的流失,从而第二产业的就业人数在 2020 年呈现出明显的增长。

我国第三产业的增加值占全部产业增加值的比重近年来逐年提高,就业人数占比也从 2014 年的 40.6% 提高到 2018 年的 46.3%,第三产业的就业弹性一直最高并且波动增长,从 2004—2008 年的 0.2 增长到 2014—2018 年的 0.47,表明第三产业表现出了对就业显著的拉动能力和吸纳作用(见图 2.6)。不过,第三产业的就业弹性并未随着产出占比和 GDP 增长一路上升,而是呈波动中缓慢增长态势,这与第三产业的内部行业结构变化有关。一般认为,第三产业就是服务业,按照可贸易性可划分为可贸易的服务和不可贸易的服务两部分,也可以按照服务对象分为生产性服务和生活性服务两部分,例如咨询业、保险业、房地产行业等都属于可贸易的服务业和生产性服务业,属于第三产业中的现代服务业部门,而第三产业中的传统服务业,诸如住宿餐饮业、零售业等属于不可贸易的服务业,这些行业对就业的吸纳能力和带动作用更高。随着近年来我国劳动力成本上升,第三产业中传统服务业部门对就业的拉动正在缓慢下降;反之,获得更快发展的现代服务业部门大多为知识密集型和资本密集型,例如信息咨询、计算机应用等的就业人员通常位于"人才金字塔"的顶端,层次高、数量少。

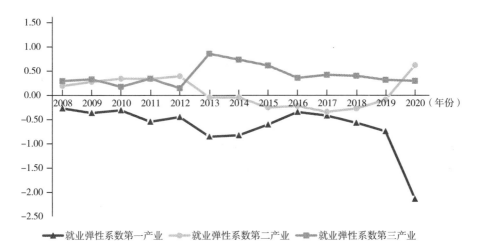

图 2.6　2008—2020 年三次产业就业弹性系数历年变化

资料来源:根据相应年份的《中国统计年鉴》数据计算所得。

　　虽然我国的估算结果显示我国总体就业弹性系数不断走低,但也应注意到这并不意味着有效就业的减少,也不意味着就业压力因为经济增速减缓进入不可控的阶段。一般而言,一国越向高收入阶段迈进,就业弹性系数越会不断下降。结合我国实际情况来看,科技进步带来了劳动生产率的提高,每创造一个百分点的 GDP 增长所需要的劳动力增长在减少。此外,在我国经济增速换挡、GDP 增速持续放缓的过程中,较低的就业弹性也使劳动力市场应对外部冲击和抗风险的能力大大提高,即便经济增速持续走低,我国的劳动力市场也能保持较为平稳的运行状态。

二、本轮经济增速减缓对我国劳动力工资的影响

　　过去四十多年来,我国劳动力的实际工资指数持续大幅增长。1999 年之

前,除了 1981 年、1988 年和 1989 年三个年份,实际工资指数年均都超过
100%。尽管不同行业和不同地区之间的工资增长速度有所差异,但总体来看
全国就业人员的工资均不断增长,即便是在经济进入增速减缓周期、GDP 增
速放缓之后,也不例外。

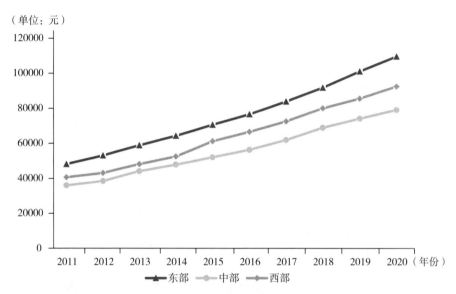

（单位：元）

图 2.7　2011—2020 年我国分地区城镇单位就业人员平均工资

资料来源:根据相应年份的《中国统计年鉴》数据计算所得。

　　本部分对近十年来我国东部地区、中部地区和西部地区城镇单位就业人
员平均工资进行了计算(见图 2.7)。其中,东部地区包括北京、天津、河北、辽
宁、上海、山东、江苏、浙江、福建、广东和海南 11 个省(自治区、直辖市);中部
地区包括山西、内蒙古、吉林、黑龙江、安徽、江西、河南、湖南、湖北 9 个省(自
治区);西部地区包括西藏、甘肃、青海、宁夏、新疆、四川、重庆、贵州、云南、陕
西和广西 11 个省(自治区、直辖市)。总体来看,东部地区、中部地区和西部
地区的城镇单位就业人员平均工资都在增长,但伴随着经济增速减缓的压力,
各地区的工资增长率出现一定程度的下降。例如,东部地区平均工资增长率
由 2010 年的 13.9%下降到 2020 年的 8.4%,中部地区由 2010 年的 14.8%下

降到 2020 年的 6.8%,西部地区受到的平均工资增速下调压力最小,但也有将近 4 个百分点的增速下降(见表 2.4)。

　　西部地区城镇单位就业人员的平均工资增加幅度最高,为 163.02%,东部地区则最低,为 146.59%,中部地区居中,增幅为 155.67%。东部地区增幅最小,其中一个原因是因为东部地区整体对外开放最早、发展水平最高,工资水平一直处于全国领先地位,工资增长潜力相对有限。从 2008 年开始,全球经济进入下行周期。显然,全球经济增速减缓对我国经济的影响从东到西逐渐减弱,东部地区在受到外部冲击时面临的风险最大,外需疲软、订单减少,东部尤其是东南沿海地区的出口外贸行业利润大幅折损,就业人员也相应地面临企业裁员、工资涨幅下降的风险。

表 2.4　2010—2020 年我国东部地区、中部地区、西部地区城镇单位就业人员平均工资增长率 （单位:%）

年份 地区	2010	2011	2012	2013	2014	2015	2016	2017	2018	2019	2020
东部	13.9	13.4	10.2	11.0	9.2	9.8	8.5	9.6	9.5	10.1	8.4
中部	14.8	15.9	13.2	8.5	8.5	8.9	8.2	9.8	11.4	7.6	6.8
西部	12.3	12.4	12.1	11.7	9.2	16.6	8.7	9.0	10.4	7.0	8.1

资料来源:根据相应年份的《中国统计年鉴》数据计算所得。

　　我国经济增速减缓压力加大从某种程度上看为西部地区的劳动者带来了"机会",经济新常态下,政府在宏观调控中不断推进产业结构的调整和完善、注重区域协调发展,"西部大开发"和"一带一路"倡议的深入实施不断刺激着西部地区经济社会发展,特别是被不少学者称为"对冲经济增速减缓重要引擎"的"一带一路"倡议,更是促进了西部地区的劳动力和人力资源潜能进一步释放。

　　为了进一步考察经济增速减缓对我国不同地区平均工资的影响,我们还构建了多元线性回归模型进行了实证分析。选取平均工资增长率作为被解释

变量,GDP 增速作为解释变量,劳动生产率增长率等变量作为控制变量,初步构建多元线性回归模型如下:

$$w = \alpha + \beta_1 \times GDP + \sum \beta_i \times X + \varepsilon \qquad (2\text{-}1)$$

其中,w 表示平均工资增长率,GDP 表示经济增长速度,X 表示控制变量,包括劳动生产率增长率、物价水平等,其他因素纳入残差项 ε 中。

在上述基本模型的基础上,我们根据实际情况进一步引入具体的控制变量,并将计量模型改写为:

$$w = \alpha + \beta_1 \times GDP + \beta_2 \times LAB + \beta_3 \times CPI + \varepsilon \qquad (2\text{-}2)$$

$$w = \alpha + \beta_1 \times GDP + \beta_2 \times edu_i + \varepsilon \qquad (2\text{-}3)$$

$$w = \alpha + \beta_1 \times GDP + \beta_2 \times trade_k + \beta_3 \times infra_k + \varepsilon \qquad (2\text{-}4)$$

其中,式(2-2)为针对全国的计量回归模型,LAB 表示劳动生产率增长率,CPI 表示物价水平。式(2-3)为分行业的计量回归模型,i 代表行业,edu 表示人力资本水平变化率。式(2-4)为分地区的计量回归模型,k 代表地区,$trade$ 表示进出口贸易额变化率,$infra$ 表示基础设施增长率。由于劳动生产率和经济增长对工资调整的影响具有滞后效应,所以模型中选用变量前一期的数据进行计量分析。

(一)变量与数据

1. 被解释变量:平均工资增长率。这里使用城镇单位就业人员平均工资增长率作为平均工资增长率的指标。

2. 解释变量:经济增长速度,即 GDP 增速。

3. 控制变量。劳动生产率增长率:劳动生产率是影响工资的重要因素,我们把它作为控制变量纳入模型,并使用全员劳动生产率(GDP 与就业人员数之比)的增长率作为衡量指标。物价水平:生存工资理论认为,工资由维持最低生活所必需的生活资料的价值所决定。我们使用居民消费价格指数(2000年为 100)来衡量生活成本的变化。人力资本水平变化率:我们采用分行业城镇单位大专及以上学历就业人员数与总就业人员数之比来衡量行业人力资本水平。对外贸易变化率:使用各地区进出口贸易总额与GDP的比值来衡量地区对外贸易水平。基础设施增长率:采用铁路里程来表示各地区基础设施水平。

其中,GDP增速、CPI等数据来源于历年《中国统计年鉴》,城镇就业人员平均工资增长率、劳动生产率增长率、人力资本水平变化率根据历年《中国劳动统计年鉴》的数据计算获得,对外贸易变化率、基础设施增长率根据国家统计局数据计算获得。各变量的描述性统计见表2.5、表2.6和表2.7。

表2.5 2001—2018年各变量描述性统计(全国)

变量	观测值(个)	均值	标准差	最小值	最大值
平均工资增长率(%)	17	12.7118	2.6840	8.90	18.50
经济增长速度(%)	17	9.3471	2.0794	6.80	14.20
劳动生产率增长率(%)	17	12.8606	4.9031	6.76	22.14
价格水平	17	102.3882	1.8483	99.20	105.9

表2.6 2006—2018年各变量描述性统计(分行业)　　(单位:个、%)

行业	变量	观测值	均值	标准差	最小值	最大值
制造业	平均工资增长率	13	12.3646	3.5070	7.49	18.60
	经济增长速度	13	9.3385	2.3635	6.8	14.2
	人力资本水平变化率	13	7.9524	7.9524	-4.4	24.1
交通运输、仓储和邮政业	平均工资增长率	13	11.7831	3.2978	7.02	16.34
	经济增长速度	13	9.3385	2.3635	6.8	14.2
	人力资本水平变化率	13	6.6692	8.4626	-4.5	26.2
金融业	平均工资增长率	13	12.3600	7.1240	2.30	23.99
	经济增长速度	13	9.3385	2.3635	6.8	14.2
	人力资本水平变化率	13	1.6538	4.8878	-6.9	10.5

行业	变量	观测值	均值	标准差	最小值	最大值
房地产业	平均工资增长率	13	10.6946	4.1071	5.77	19.42
	经济增长速度	13	9.3385	2.3635	6.8	14.2
	人力资本水平变化率	13	2.0692	5.8709	-4.5	13.7

表 2.7 2009—2018 年各变量描述性统计(分地区) (单位:个、%)

地区	变量	观测值	均值	标准差	最小值	最大值
东部	平均工资增长率	10	10.602	1.3926	9.1	13.52
	经济增长速度	10	8.310	1.3852	6.8	10.6
	对外贸易变化率	10	102.230	9.7710	-20.6	12.83
	基础设施增长率	10	5.970	3.3472	1.16	12.02
中部	平均工资增长率	10	10.419	4.2502	0.78	15.43
	经济增长速度	10	8.310	1.3852	6.8	10.6
	对外贸易变化率	10	0.500	14.9434	-29.17	22.78
	基础设施增长率	10	4.404	2.5754	1.24	8.67
西部	平均工资增长率	10	11.812	2.0845	9.15	15.2
	经济增长速度	10	8.310	1.3852	6.8	10.6
	对外贸易变化率	10	1.978	17.3307	-24.14	18.63
	基础设施增长率	10	5.789	3.8695	1.27	13.44

(二)回归分析

1. 全国层面

采用最小二乘法对模型进行估计,全国层面的回归结果见表 2.8。结果显示,调整后的 R^2 为 0.7717,拟合优度较好,说明模型中使用的变量可以基本解释平均工资增长率的影响因素,但还存在其他因素没有被纳入模型中。具体来看,GDP 增长率对平均工资增长率有较强的正向影响,且在 1% 的水平下显著。GDP 增速每提高 1%,全国城镇就业人员平均工资增长率将提高约 1.39%。

表 2.8 2001—2018 年全国层面回归结果

解释变量	GDP	LAB	CPI	常数项
系数	1.3902 (5.16)***	−0.1144 (−1.07)	−0.04825 (−0.22)	6.1295 (0.29)
调整 R^2	0.7717	—	—	—
p 值	0.0000	—	—	—

注:***、** 和 * 分别表示在 1%、5% 和 10% 的水平下显著,系数下面括号中是相应的 t 统计量。

2. 行业层面

各个行业的工资水平存在较大的差异。为了对制造业、服务业中部分行业的工资增长形成基本的了解,我们选取制造业,交通运输、仓储和邮政业,金融业,房地产业这四个行业作为研究对象。从表 2.9 中可以看出,四个行业的回归结果有所差异,其中交通运输、仓储和邮政业以及金融业的拟合优度较好,调整后的 R^2 分别为 0.8309 和 0.8628,说明在影响行业平均工资增长率的众多因素中,GDP 增长率和人力资本水平变化率可以对其中 80% 以上的因素进行解释。而制造业和房地产业的拟合优度较弱,调整后的 R^2 只有 0.50 左右。除此之外,GDP 增长率都显著正向影响各行业的平均工资增长率,但解释变量的系数有较大差异,这反映了经济增长速度对不同行业平均工资增长率的影响程度不甚相同。影响程度最大的是金融业,GDP 增长率每提高 1 个百分点,工资增长率将上升 2.87 个百分点。其次是房地产业和制造业。影响程度最小的是交通运输、仓储和邮政业,GDP 增速每提高 1 个百分点,平均工资增长率将上升约 0.97%。

表 2.9　2006—2018 年行业层面回归结果

解释变量 被解释变量	平均工资增长率			
	制造业	交通运输、仓储和邮政业	金融业	房地产业
GDP	1.0613 (3.5)***	0.9699 (5.56)***	2.8680 (8.39)***	1.2744 (3.43)***
edu	0.0844 (0.94)	0.1688 (3.47)***	0.0477 (0.29)	0.0974 (0.65)
常数项	1.8099 (0.63)	1.5996 (1.00)	−14.5015 (−4.30)***	−1.4079 (−0.39)
调整 R^2	0.5158	0.8309	0.8628	0.4529
p 值	0.0107	0.0001	0.0000	0.0197

注：***、** 和 * 分别表示在 1%、5% 和 10% 的水平下显著，系数下面括号中是相应的 t 统计量。

3. 地区层面

从表 2.10 可以看出，东部地区和西部地区的回归结果与模型的拟合优度较高，调整后的 R^2 均为 0.80 以上，中部地区后的调整 R^2 只有 0.4840，拟合优度较低，说明 GDP 增速、对外贸易变化率和基础设施增长率这三个因素不能很大程度上解释中部地区城镇就业人员平均工资增长率的变化。但是，中部地区解释变量的系数最大，即 GDP 增长率对中部地区的影响程度最强，经济增速每提高 1%，平均工资增长率将上升约 2.07%。西部地区次之，经济增速每提高 1%，平均工资增长率将上升约 1.33%。东部地区最弱。三个地区的回归结果都显示 GDP 增长率显著正向影响城镇就业人员平均工资增长率。

表 2.10　2009—2018 年地区层面回归结果

解释变量 被解释变量	平均工资增长率		
	东部地区	中部地区	西部地区
GDP	0.7585 (5.10)***	2.0749 (2.73)*	1.3300 (5.82)***
trade	0.0701 (3.31)**	0.0463 (0.63)	−0.0124 (−0.66)

续表

被解释变量 解释变量	平均工资增长率		
	东部地区	中部地区	西部地区
infra	−0.0254 (−0.41)	−0.7095 (−1.66)	−0.1678 (−2.07)*
常数项	4.7173 (3.79)***	−3.7223 (−1.66)	1.7556 (0.89)
调整 R^2	0.8111	0.4840	0.8081
p 值	0.0042	0.0766	0.0044

注：***、**和*分别表示在1%、5%和10%的水平下显著，系数下面括号中是相应的 t 统计量。

三、本轮经济增速减缓对我国劳动力结构的影响

在长期复杂的结构性趋势、短周期性因素与外部不稳定不确定性因素交互作用下，本轮经济增速减缓对我国劳动力结构的影响逐渐显现。

（一）大学毕业生供给相对稳定与需求快速升级之间的矛盾

自我国1999年实行大学扩招政策以来，每年大量新增的大学毕业生进入劳动力市场求职，大学毕业生的就业压力也逐渐暴露出来。大学毕业生就业问题逐渐成为政策制定者关注的重点，有关部门也连续出台了多项政策措施促进大学毕业生就业，但是，大学毕业生就业难的问题一直存在。值得指出的是，十年前的大学毕业生就业难与当前的大学毕业生就业难，具有显著不同的含义。换句话说，大学毕业生的结构性就业矛盾是动态演化的，其动态性可以从以下几个方面加以分析。

首先，大学毕业生的供给体系与需求体系的主导力量不同，供给缺乏弹性，需求非常灵活。当前我国大学及以上学历人才的培养以公共财政举办的公立大学为主，由政府力量所主导，根据适龄入学人口结构与产业发展长期趋势作出招生规划，因此大学生的供给非常缺乏弹性。更重要的是，大学的层次

结构呈现出明显的金字塔型结构,金字塔顶端的少数大学在人才培养和科学研究方面处于国内遥遥领先的地位,大量金字塔底端的高等职业院校在人才培养升级方面具有明显劣势。而大学毕业生的需求由市场力量所主导,在不同的需求环境下对最新的获益机会作出及时的响应,并且会通过竞争机制淘汰不具有经济效益的机会,由此导致对大学毕业生的需求总是表现得非常灵活。

其次,大学毕业生的供给与需求在经济周期中的波动规律各不相同,导致大学毕业生的供给与需求不匹配。发达国家的经验表明,高等教育普及以后,高中毕业生进入大学的规模,以及就业人员接受大专及以上层次在职教育的规模,普遍具有逆经济周期的特点,即经济衰退期接受高等教育的规模上升,而繁荣期波动性下降,这是因为成年劳动力放弃就业机会而接受高等教育的机会成本与学费负担能力的共同作用所致。而大学毕业生的需求一般具有顺经济周期波动的特点,在经济繁荣期大量高技能工作岗位被创造并推动就业需求扩张,而萧条期则新岗位创造不足。当前,我国高等教育已经实现普及化。随着大量毕业生涌入劳动力市场,大学毕业生就业压力也与日俱增。

另外,大学生职业选择倾向的长期稳定性也与经济动态变化不一致。从职业选择的城乡倾向来看,大学毕业生更偏向于城市,尤其是大中型城市,而不是小城市和乡村。基于上述原因,大学毕业生的动态供给逻辑与需求变化的不一致,早期需求不足所产生的大学毕业生就业难,逐渐转化为供给侧无法适应需求结构转型的就业难,导致大学毕业生就业结构性矛盾。

(二)传统行业工作机会加速流失与劳动力再配置缓慢之间的矛盾

经济持续增长的过程总是伴随着经济结构的转型。从消费结构看,消费者用于农产品和工业制成品消费的支出份额逐渐下降,而用于服务类消费的比重逐渐上升;从生产者结构来看,大量的生产性服务业逐渐从工业部门脱离而形成新的业态,而消费性服务业的增长也成为新的产业增长点;从要素投入结构来看,快速工业化过程中的高资本投资率逐渐下降,而人力资本投资率逐渐上升,人力资本配置逐渐从传统的生产行业和部门转移到新兴产业领域。从我国的经济结构转型进展来看,存在着以下几个方面的因素,制约劳动力从传统产业行业转移和再配置到其他产业部门,从而增加了劳动者结构性失业风险。

从行业性质来看,传统岗位一般集中分布在具有垄断性质的行业与部门,向竞争性更强的部门转移劳动力周期长、成本高。资源能源性行业以及金属冶炼等行业,这些行业的投资周期长、成本回收慢,因此在经济周期和产业转型的双重冲击下,很难迅速根据市场变化作出调整,产能利用率在经济增速减缓背景下不断下降。根据国家统计局公布的数据,2018 年全年工业产能利用率为 76.5%,比上年减少 0.5 个百分点,第四季度产能利用率 76%,比上年同期下降 2 个百分点;低于全国工业平均产能利用率的行业包括采矿业(71.9%),电力、热力、燃气及水生产和供应业(73.4%),煤炭开采和洗选业(70.6%),食品制造业(75.3%),化学原料和化学制品制造业(74.2%)。随着机械化、自动化与智能化的加速推进,传统行业的工作机会加速流失,被机器所取代,而劳动力再配置到其他产业的调整周期长,花费成本也比较高。

从就业人员从事的职业性质来看,传统行业和部门的从业人员普遍具有学历中等偏低、年龄中等偏高等特点,难以向现代高技能就业部门转移。中等技能的职业往往比高技能型职业和低技能型职业具有更多的周期波动特征,部分原因在于相对雇佣更多中等技能劳动力的产业更具不稳定性。而对于中等技能失业者,在萧条期具有较小的市场吸引力。统计数据显示,我国失业风险较高的职业主要包括两类:一是商业、服务业类职业,近年来在失业人员中此类职业从业人员所占比重超过了 40%,2016 年为 42.9%,而 2016 年商业、服务业类职业就业人员在全部就业人员中所占比重为 33%;二是生产运输设备操作及相关的职业,2013 年以来在失业人员中此类职业人员所占的比重一直维持在 28% 左右,2016 年为 28.2%,而 2016 年该职业就业人员占全部就业人员的比重为 23%。受到技术替代和需求的双重冲击,传统职业的就业矛盾突出表现有二:一是对商业服务类职业需求上升的同时,失业风险也随之上升;二是制造业部门转型升级过程中,对生产、运输设备操作及有关人员的需求逐渐下滑,对专业技术人员的需求有所上升,因此高技能劳动力的失业风险下降,而普通的生产操作人员失业风险逐渐上升。

从经济转型的一般性规律来看,后工业化时代现代服务业部门是吸纳就业最多的部门,而服务性职业的兴起、发展与消费者的需求结构转型密切相关。只有当消费者的基本需求得到满足后,才会对服务业有着更高和更多样性的需求。然而,服务业部门相对于制造业部门的劳动生产率更难以提高。因此,服务业部门相对更容易遭受需求的冲击。而服务业部门使用的技术,也可能随着社会整体技术进步而有所调整,因此经济周期中服务业类职业的波动性更强,更容易产生周期性失业。自我国经济发展进入新常态以来,经济增长率有所下滑,商业、服务业人员在失业人员中所占比重也与经济增速减缓的压力保持一致。近年来,我国制造业部门加快了转型升级的步伐,战略性新兴产业的规模不断上升,制造业在全球价值链中的地位不断攀升。但是,制造业的转型是典型的技能偏向性技术进步导向,需要实现劳动力再配置,即逐渐淘汰低技能的普通操作人员,吸引更多高技能劳动力进入。制造业转型的过程必然伴随着生产、运输设备操作及有关人员的失业概率上升,而各类工程技术、农业技术、飞机船舶技术、教育医疗卫生等技术领域的专业人员需求上升。

从生产者角度来看,传统行业中的企业生产者结构一般以国有企业为主。尽管改革开放四十多年来,我国国有企业的生产经营机制已经发生了重大变化,但是在政企关系方面仍然存在模糊界限,企业的生产经营活动不仅受市场因素的影响,还受到政府行政权力的隐性干预。因此,在瞬息万变的市场环境中,部分自然垄断型国有企业的自身弊端阻碍了国有企业及时对市场变化作出回应。需求不足导致产能利用率下降,自然垄断性企业产生了大量的隐性失业工人,必须要实现劳动力的转移和增效。另外,我国劳动力市场中广泛存在的制度性分割,也是导致传统行业岗位消失与劳动力转移和再配置之间不匹配的重要原因。

(三)新兴产业人才需求旺盛与技术人才供给不充分的矛盾

与传统行业相比,新兴产业具有研发密度高、投资集中、创业生存竞争激烈等特点,因此新兴行业的就业需求和就业人员面临的结构性矛盾体现在以下两点:

其一,是新兴产业的技术技能型人才需求和供应不匹配所带来的结构性矛盾。战略性新兴行业具有的高研发密度和高技术含量等特点,决定了新兴行业对就业人员的专业技术技能要求较高,而这些高技能普遍是通过干中学和在职培训积累起来的,而无法通过正规学校的专业学习积累。由于技术密集型工作岗位一般具有较强的技能专用性,例如新材料和新能源行业的研发人员无法立即转入互联网工程研发活动,因此新兴行业所需要的专业性技能具有较高的人力资本投资风险,进一步抑制了劳动者的技能培训积极性。

其二,是新兴产业的需求前景不确定带来的结构性就业矛盾。新兴行业能够创造多大规模的就业岗位,很大程度上取决于市场对新兴行业所创造的产品和服务的需求。而从新兴行业的发展现状来看,驱动行业增长的需求仍然不够稳定,这是由内需和外需的波动所共同决定的。内需受到国民收入增长前景的影响,而外需受到国际经济环境和贸易伙伴关系不确定性的影响。一旦新兴产业的需求前景不明朗,由此所带来的员工离职和失业矛盾也将不断凸显。从实践来看,经济动能转换过程中创业企业所创造的新业态新模式,引领经济发展和创新应用的方向,但是大量的创新型创业生存能力有限,例如近年来发展迅速的共享单车行业,尽管短期内为社会创造了大量就业,但是随着创业公司的经营陷入危机,由此引发的裁员也构成了新经济新业态的失业风险来源。

第三章　经济增速减缓背景下
就业结构变动研究

本章将围绕经济增速减缓背景下就业结构变动问题进行探索性研究。首先对本章要研究的问题进行概述,并基于对该研究的基本逻辑框架的理解,对经济增速减缓背景下就业结构变动的特征与具体内容、影响就业结构变动的机制、就业结构变动对劳动力市场的冲击进行研究,从宏观上深度剖析结构性就业困难的特征,从微观上深刻解构结构性就业困难的机制,并据此给出相应的政策建议。

第一节　经济增速减缓背景下就业结构的变动

就业结构包括就业的产业结构、地区结构、城乡结构、性别年龄结构、人力资本结构、所有制结构等方面的内容。

一、就业的产业结构变动

在产业结构方面,第一产业对就业的拉动作用保持稳定,第二产业吸纳劳动力的能力下滑,第三产业成为解决就业问题的主力军。

表 3.1 显示,2008 年全年,我国的三次产业中有 29923.3 万人就业于第

一产业,在总就业人员中占 39.6%;而同年有 20553.4 万人就业于第二产业,占总就业人员的 27.2%;25087.2 万人就业于第三产业,占比为 33.2%。至 2020 年时,我国就业于第一产业的人数已经降至 17715.0 万人,占比为 23.6%;就业于第二产业的为 21543.0 万人,占比略微增至 28.7%;就业于第三产业的人数为 35806.0 万人,占比大幅升至 47.7%。

表 3.1　2008—2020 年三次产业就业人员占总就业人员总数的比重

(单位:万人、%)

年份	就业总人数	第一产业		第二产业		第三产业	
		就业人员	比重	就业人员	比重	就业人员	比重
2008	75564.0	29923.3	39.6	20553.4	27.2	25087.2	33.2
2009	75828.0	28890.5	38.1	21080.2	27.8	25857.3	34.1
2010	76105.0	27930.5	36.7	21842.1	28.7	26332.3	34.6
2011	76420.0	26594.0	34.8	22544.0	29.5	27282.0	35.7
2012	76704.0	25773.0	33.6	23241.0	30.3	27690.0	36.1
2013	76977.0	24171.0	31.4	23170.0	30.1	29636.0	38.5
2014	77253.0	22790.0	29.5	23099.0	29.9	31364.0	40.6
2015	77451.0	21919.0	28.3	22693.0	29.3	32839.0	42.4
2016	77603.0	21496.0	27.7	22350.0	28.8	33757.0	43.5
2017	77640.0	20944.0	27.0	21824.0	28.1	34872.0	44.9
2018	77586.0	20258.0	26.1	21390.0	27.6	35938.0	46.3
2019	75447.0	18652.0	24.7	21234.0	28.2	35561.0	47.1
2020	75064.0	17715.0	23.6	21543.0	28.7	35806.0	47.7

资料来源:根据相应年份的《中国统计年鉴》数据整理所得。

可以看出,首先,我国第一产业吸收、接纳劳动力的能力在逐渐下降。2008 年时,第一产业是吸收、接纳劳动力的绝对主力,占比近 40%。然而随着工业化、城镇化的快速发展,农村劳动力人口大规模地流向城市,第一产业劳动力也随之逐渐向第二、第三产业转移,第一产业就业人员在总就业人员中的比重先后在 2011 年和 2014 年分别被第三产业和第二产业超越。2008—2020

年,我国就业于第一产业的人数在总就业中占的比重下降了 16 个百分点。由此可以发现,我国第一产业拉动就业的作用在逐渐下降。

其次,第二产业对就业的影响可以划分为两个阶段。第一个阶段是 2008 年至 2012 年,2008 年爆发了全球范围内的金融危机,发达国家的经济遭到重创,作为世界上最大的发展中国家,中国也不可避免地受到了波及。为了应对国际金融危机,实现充分开拓国内市场、扩大内需、促进经济平稳较快增长的目标,我国政府实施了一系列刺激经济发展的政策,其中包括"四万亿投资计划",该投资计划间接繁荣了第二产业等相关产业,如建设行业,水泥、钢筋行业等。这不仅在一定程度上使我国经济得到复苏,而且提高了第二产业拉动就业的能力。2008 年,我国就业于第二产业的人数为 20533.4 万人,在总就业人数中占 27.2%,而 2012 年,就业于第二产业的人数就迅速增至 23241.0 万人,占比达 30.3%,上升了 3.1 个百分点。第二个阶段是 2013—2020 年。由于前期的过度投资,以煤炭、钢铁、水泥为代表的传统行业出现了严重的产能过剩问题,国内需求增速也逐渐放缓,传统行业供需矛盾突出。同时,主要发达国家尚未从国际金融危机中走出来,国际市场需求持续低迷。国际国内市场需求的双双下滑使得第二产业对劳动力的吸纳能力逐渐降低。第二产业就业人员占总就业人员的比重不断下降。特别是 2015 年年底,我国提出要进行供给侧结构性改革,重点推进"三去一降一补","去产能"被列为五大结构性任务之首。这直接导致了第二产业对劳动力的需求进一步下降。2020 年,我国共有 21543.0 万人就业于第二产业,在就业人员总数中占比为 28.7%。与第一产业在 2013—2020 年下降 7.8 个百分点相比,我国第二产业在这些年间下降的幅度较小,仅为 1.4 个百分点。总体来看,第二产业从第一阶段转变到第二阶段的这个过程也反映出我国产业优化升级的大方向。

最后,第三产业成为劳动力的"蓄水池"。随着我国经济发展方式的转变与产业结构的优化升级,产生了许多新经济新业态。新经济新业态也促使越来越多的劳动者聚集到灵活就业部门,就业灵活性有所增加。新经济是以高新科技产业为核心的经济模式,在经济全球化的背景下,依靠信息技术革命不断发展。目前我国的新技术、新业态以及新经济长势迅猛,一些转型升级的产业如电子商务、高端制造业也在飞速发展。新产业所在的企业、行业、地区保持着良好的发展状况和趋势。与此同时,在新经济新业态中就业的人员日益增多。根据国家统计局 2015 年的统计数据显示,当年全网消费的增长速度达31.60%,较整体消费增速快 20.9 个百分点;全年的快递业务完成的总件数达206.7 亿件,增长 48.0%;移动互联网流量接入增长 103.0%。仅阿里巴巴零售商业生态创造的就业机会就超过 1500 万个。[1] 由此带来了我国就业人员从第一产业、第二产业向第三产业转移。至 2020 年,我国就业于第三产业的人数已达 35806.0 万人,在总就业人数中占比为 47.7%,2008—2020 年的时间里,我国在第三产业中就业的人数占比上升了 14.5 个百分点。2011 年,我国第三产业的就业人数在总就业人数中的占比超过了第一产业,取而代之成为我国三次产业中吸收、接纳劳动力人数最多的产业,成为劳动力的"蓄水池"。

总的来说,我国三次产业就业人数占比经历了从"一、三、二"向"三、二、一"转变的过程。因此,在现阶段,为了稳定就业,应大力发展第三产业,但是第三产业离不开第一产业和第二产业的发展,第三产业也不能脱离我国的基本国情。第三产业的比重并非是越高越好,三次产业结构究竟应该处于什么样的比例,是一个尚需研究的问题。

二、就业的地区结构变动

党的十九大报告指出,当前我国社会主要矛盾已经转化为人民日益增长的美好生活需要和不平衡不充分的发展之间的矛盾。[2] 而地区以及城乡间的

---

① 李长安:《经济新常态下我国的就业形势与政策选择》,《中国培训》2017 年第 20 期。

② 习近平:《决胜全面建成小康社会 夺取新时代中国特色社会主义伟大胜利——在中国共产党第十九次全国代表大会上的报告》,人民出版社 2017 年版,第 11 页。

发展不平衡是其中的重要方面。地区间、城乡间的经济发展不平衡直接导致就业机会的分布不均衡,加大了就业的空间矛盾。

总体来看,东部地区吸纳就业的能力比中西部地区强。东部地区在发展中存在着"天然优势",经济基础较好,临海,交通便利,有着大量的对外贸易机会。同时,改革开放以来我国优先开放、发展东部地区,在政策上给予了东部地区大量支持,实行的是非均衡的发展战略。东部地区优越的地理位置以及国家政策的倾斜使得我国东部地区总体上比中西部地区发达,经济的高度发达又使得东部地区能够提供大量的就业机会,这吸引了一大批中西部地区富余劳动力涌向东部地区。此外,东部地区充分发挥三大城市群对就业的辐射带动作用,已经形成了大量的区域就业中心。

然而,近些年来,我国的劳动力流向也从过去单纯的由中西部地区向东部地区流动,悄然出现了向中西部地区回流的趋势,特别是中部地区的就业比重进一步上升。其中的重要原因是,近年来我国的劳动力成本出现了快速上升的势头。根据张继良和赵崇生的测算,在 2008—2013 年,我国制造业城镇劳动力成本年平均增长率达到 11.80%,不仅明显地快于美、日、欧等发达经济体,而且也显著快于南非、巴西等与我国处于同等发展程度的国家。[①] 蔡昉和都阳的研究更是指出,尽管中国单位劳动力成本的绝对水平只有 0.238,仅相当于美国单位劳动力成本的 38.7%、韩国的 36.7% 和德国的 29.7%,但由于近几年来出现了比较明显的快速上涨趋势,因而这种劳动力的比较优势受到了广泛削弱。[②] 为了节省成本,企业开始将一些劳动密集型产业迁至中西部地区。中部地区由于离东部地区较近,除了承接大量的转移产业外,还承接了部分配套的服务业,这不仅最大限度地推高了当地的劳动力需求水平,而且还吸引了一部分外出打工的劳动力回流。而西部地区由于离东部地区较远,同

---

① 张继良、赵崇生:《我国工业转型升级、绩效、问题与对策》,《调研世界》2015 年第 12 期。
② 蔡昉、都阳:《积极应对我国制造业单位劳动力成本过快上升问题》,《前线》2016 年第 5 期。

时又因其自身条件较差无法承接过多的转移产业,这使得其对劳动力回流的贡献没有中部地区大。

三、就业的城乡结构变动

就业的空间矛盾还表现为城乡之间的发展不平衡。就业的城乡结构是指就业人员在城市和乡村间的分布。现阶段,我国就业的城乡结构变动的突出特征有二:一是城市对就业的拉动作用仍然处于主导地位;二是农村劳动力转移速度趋缓。

城市化是经济社会发展的必然结果。随着我国新型城镇化的不断推进,农村劳动力转移就业的人数依然在增加。农村转移就业是指农村富余劳动力转移到非农产业就业。《中国统计年鉴》披露的数据表明,2020 年,我国乡村就业人员为 38793.0 万人,较 2019 年年底减少了 1405 万人;而城镇就业人员为 46271.0 万人,较 2019 年年底增加了 1022 万人。这一对比可以反映出农村富余劳动力仍在不断地向城市转移。近几年,我国新型城镇化步伐不断加快,2013 年的城镇化率为 53.73%,2020 年常住人口的城镇化率已经增至 63.89% 的水平。① 这种速度和规模意味着我国每年增加了一千多万的城镇人口,其中包含大量转移到城镇生活、就业的农村剩余劳动力。

不过,在一系列惠农政策以及城镇户籍制度的作用下,我国出现了农民工返乡就业的"逆城镇化"现象。农村户籍流动人口中仍有相当比例的人口虽然愿意在城市长期居住,但并不愿意在城市落户而放弃农村户籍。在现行土地制度和户籍制度的情况下,我国城乡就业结构究竟会如何演变,还需要进一步观察。

---

① 参见《我国常住人口城镇化率达 63.89% 城镇化率保持高速增长》,2021 年 9 月 25 日,https://m.gmw.cn/baijia/2021-09/25/1302603122.html,2021 年 12 月 1 日。

四、就业的年龄结构变动

人口与劳动就业问题是我国经济社会发展的重要问题。人口年龄结构是反映人口状况的重要指标之一。年龄结构的变动会对就业造成影响,为了宏观经济总体可调控和经济的可持续发展,有必要对人口年龄结构变化对就业形势的影响进行准确把握。

当前,可以说我国已经进入人口新常态。加深的人口老龄化程度,降低的劳动参与率以及绝对减少的劳动年龄人口,都意味着我国的人口年龄结构正在发生深层次的变化。2020 年年底,我国 0—14 岁、15—59 岁、60 岁及以上的人口分别为 25338 万人、89438 万人、26402 万人,在总人口中所占的比重分别为 17.95%、63.35%、18.70%。60 岁及以上的群体中有 19064 万人的年龄大于 65 岁,在总人口中占比为 13.50%。与 2010 年年末相比,老年人口的比重持续上升,人口老龄化程度不断加深,60 岁及以上人口的比重上升 5.44 个百分点,65 岁及以上人口的比重上升 4.63 个百分点;而 15—59 岁的人口比重下降 6.79 个百分点。[1] 2018 年年末,受劳动年龄人口减少的影响,全国就业人员总数第一次出现下降。此外,老年人口比例的上升也会造成劳动年龄人口负担的加重,为我国的社会保障和经济发展带来挑战。[2]

此外,在工业化进程中,随着我国农村富余劳动力向非农产业逐渐转移,农村富余劳动力不断减少并最终达到瓶颈状态,使我国的劳动力市场达到刘易斯拐点。伴随着人口老龄化以及刘易斯拐点的来临,就业人口的负担不断加重,"人口红利"正在逐渐消失。

---

① 参见《第七次全国人口普查公报(第五号)》,2021 年 5 月 11 日,http://www.stats.gov.cn/tjsj/tjgb/rkpcgb/qgrkpcgb/202106/t20210628_1818824.html,2022 年 4 月 20 日。

② 这一部分的数据,根据相应年份《中国统计年鉴》的数据整理所得。

五、就业的人力资本结构变动

目前,我国人力资本投资的总量不断增加,投资增速加快,但是投入水平整体来说还是较低。从投资主体来看,还未形成多元化的投资主体结构,大部分的投入由政府承担,并且人力资本投入在地区间的分布不均衡。人力资本结构包括人力资本的空间、产业、行业结构,指的是人力资本在各个经济范畴间的配置、分布。

人力资本的产业结构是依据不同产业的特点来进行人力资源的配置。一般来说,在人力资本方面,第一产业的要求通常较低。而相比于第一产业,第二产业需要更多的技术与资本投入,对人力资本水平的要求较第一产业来说更高。以金融、信息产业为主的第三产业需要大量的技术支撑,因此对高素质人才以及高技能人才的需求比前两个产业大。随着我国逐渐迈入工业化后期,人力资本结构从"二、三、一"型向"三、二、一"型推进,这意味着第三产业在我国的地位越来越受到重视,人力资本向第三产业聚集。

同时,人力资本在参与社会经济活动时,还会反映出一定的空间分布形式。我国的人力资本结构存在着空间结构上的失衡,人力资本在各地区之间的分布是很不均衡的,呈现出比较明显的由东往西逐次排列的格局。[①] 例如,东部地区有着较强的人力资本,中西部人力资本相对匮乏。近年来,虽然东、中、西部地区每万人中拥有大学毕业生的比例的均值都有所上升,但是东部地区仍然是具备最高强度的人力资本的地区。从行业角度来看,人力资本的行业分布也存在着较大的差异,高学历劳动力较为集中的行业包括教育、科学研究、公共管理、金融等行业,制造业和建筑业等则较低。

---

① 李长安、苏丽锋:《人力资本对创业活动的影响——基于 2003—2011 年数据的实证分析》,《清华大学教育研究》2013 年第 2 期。

六、就业的所有制结构变动

生产资料所有制关系是整个社会经济制度的核心和基础。目前我国的所有制形式包括公有制、非公有制这两种基本所有制形式以及混合所有制,共三种。

国家统计局数据显示,我国 2009 年在国有单位、集体单位、其他单位中的城镇就业人员数分别为 6420 万人、618 万人、26284 万人,在城镇总就业人数中分别占比 19.27%、1.85%、78.88%(见表 3.2)。2020 年在国有单位、集体单位中就业的人数分别为 5563 万人和 271 万人,相较 2009 年分别减少 857 万人和 347 万人,在城镇总就业人数中的比重相应地分别下降了 7.25 个百分点和 1.27 个百分点。而在城镇其他单位中的就业人数相较于 2009 年增长 14153 万人,总数达 40437 万人,比重上升了 8.52 个百分点。[①] 这说明在就业所有制结构方面,非公有制经济就业的比重将进一步上升。非公有制经济就业比重的上升还与国有企业改革有关,国有企业的数量随着国有企业改革的深化数量有所减少,使其对就业的拉动作用下降。

表 3.2　2009—2020 年不同所有制城镇就业单位的就业人数与比重

（单位:万人、%）

年份	城镇就业人员总数	国有单位		集体单位		其他单位	
		就业人员	比重	就业人员	比重	就业人员	比重
2009	33322	6420	19.27	618	1.85	26284	78.88
2010	34687	6516	18.79	597	1.72	27574	79.49
2011	35914	6704	18.67	603	1.68	28607	79.65
2012	37102	6839	18.43	590	1.59	29673	79.98
2013	38240	6365	16.64	566	1.48	31309	81.88
2014	39310	6312	16.06	537	1.37	32461	82.58

---

① 此部分数据根据相应年份《中国统计年鉴》的数据整理所得。

续表

年份	城镇就业人员总数	国有单位		集体单位		其他单位	
		就业人员	比重	就业人员	比重	就业人员	比重
2015	40410	6208	15.36	481	1.19	33721	83.45
2016	41428	6170	14.89	453	1.09	34805	84.01
2017	42462	6064	14.28	406	0.96	35992	84.76
2018	43419	5740	13.22	347	0.80	37332	85.98
2019	45249	5473	12.1	296	0.65	39480	87.25
2020	46271	5563	12.02	271	0.58	40437	87.4

注:1.根据相应年份《中国统计年鉴》的数据整理所得;2.部分数据因四舍五入的原因,存在总计与分项合计不等的情况。下同。

党的十九大报告指出,要加快完善社会主义市场经济体制,深化国有企业改革,发展混合所有制经济,培育具有全球竞争力的世界一流企业。[①] 因此,非公有制经济的发展及其就业拉动作用的提升符合我国所有制改革的政策指向。

第二节　就业结构变动的作用机制分析

一、产业结构如何影响就业结构

产业结构和就业结构间存在着内在的密切联系。夏杰长认为产业结构是决定就业结构的重要因素。[②] 郭军等认为,产业发展是就业发展的物质载体,产业结构决定了就业结构,推动中国产业的发展能够更好地实现充分就业。[③] 这些文献的研究结果表明,产业结构的调整会带来就业结构的变化,产业结构

[①] 习近平:《决胜全面建成小康社会　夺取新时代中国特色社会主义伟大胜利——在中国共产党第十九次全国代表大会上的报告》,人民出版社2017年版,第33页。
[②] 夏杰长:《我国劳动就业结构与产业结构的偏差》,《中国工业经济》2000年第1期。
[③] 郭军、刘瀑、王承宗:《就业发展型经济增长的产业支撑背景研究》,《中国工业经济》2006年第5期。

是影响就业结构的一个重要因素。范德成和刘希宋认为投资结构决定产业结构,产业结构的调整升级依赖于投资结构的调整升级。[①] 产业结构与投资结构之间相互影响、相互制约。蒲艳萍和李杨的研究也认为,产业结构的形成与投资结构有关。[②]

事实上,投资结构是影响产业结构的关键因素。投资结构是指一定时期固定资产投资在各产业、各地区的分配比例以及相互关系。一般来讲,资金向哪些行业倾斜,哪些行业就能得到优先发展,从而影响了产业结构及产业布局。而产业结构又是就业结构的决定性因素,劳动力需求是产业发展的引致需求,产业结构的状况与就业结构的状况紧密相关。这就意味着,投资结构直接影响的是产业结构,但间接影响的则是就业结构。[③] 因此,考察产业结构对就业结构的影响,有必要认真分析我国投资结构的特点。

二、投资结构决定产业结构

2008 年国际金融危机使发达国家的经济受到沉重打击,我国的经济也不可避免地受到一定的影响,经济增速快速回落,GDP 增速在 2009 年降至 9.4%,带动经济增长的出口作为“三驾马车”之一也出现了负增长,大批的农民工返乡,经济面临着硬着陆的风险。为了化解这种危机,进一步扩大内需、促进经济平稳并且较快地增长,政府出台了一系列政策,如宽松的货币政策和积极的财政政策来刺激经济的发展。这些措施在短期内迅速取得了明显成效,表现为在 2010 年,中国 GDP 增速又回到了两位数的增长速度,达到了 10.6%。但是随后我国经济开始了新一轮的增速减缓,经济的增长速度由高速转为中高速,标志着我国经济进入了新常态。特别是 2015 年以来,我国

① 范德成、刘希宋:《产业投资结构与产业结构的关系分析》,《学术交流》2003 年第 1 期。

② 蒲艳萍、李杨:《基于灰色关联度的产业投资分析——以重庆产业优化为例》,《重庆大学学报(社会科学版)》2007 年第 2 期。

③ 李长安:《高等教育结构优化、产业结构调整与大学生就业》,《山东高等教育》2016 年第 8 期。

GDP 增速一直低于 7%,2020 年受新冠肺炎疫情的影响,GDP 增速仅为 2.3%
(见图 3.1)。

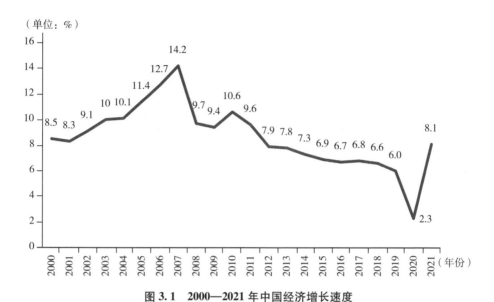

（单位：%）

图 3.1 2000—2021 年中国经济增长速度

资料来源:根据相应年份《中国统计年鉴》的数据整理所得。

从消费上看,受到经济增速换挡、收入增幅变窄、收入分配制度改革滞后
的影响,消费增速持续下降。① 国家统计局披露的数据表明,2020 年我国最终
消费支出占 GDP 的比重为 54.3%,而发达国家最终消费占 GDP 的比重一般
为 80%,世界平均最终消费占 GDP 的比重为 78%,相比之下,我国最终消费支
出占 GDP 的比重过低,这表明我国消费拉动 GDP 增长的能力不足。从出口
上看,我国的外贸出口受国际金融危机影响较大。从投资上看,由于前期的过
度投资,很多行业逐渐形成了过剩产能。

总体来看,与发达国家相比,我国消费对 GDP 增长的贡献仍有很大的不
足,国内的消费需求仍有很大的提升空间。因国际市场需求疲软,出口形势不

---

① 刘昌平、汪连杰:《供给侧结构性改革背景下我国就业形势的新变化与政策选择》,《上
海经济研究》2016 年第 9 期。

容乐观。我国投资对 GDP 的贡献率呈现下降趋势,依靠扩大投资拉动经济增长的效果递减,投资边际产出下降。拉动经济增长的"三驾马车"均出现动力不足的状况,使得我国经济增速下滑。

我国固定资产投资在三次产业中的比例呈"三、二、一"逐次递减的样态。第一产业的固定资产投资在全社会固定资产投资中的规模最小,比重基本保持在 3%以下。2009 年和 2021 年,第一产业固定资产的投资分别为 2220.0 亿元和 14275.0 亿元,在全社会固定资产投资中的占比分别为 1.41%和 2.62%,在 12 年间只略微增加了 1.21%。2009 年和 2021 年,第二产业固定资产投资分别为 61177.0 亿元和 167395.0 亿元,在全社会固定资产投资中的占比分别为 38.98%和 30.74%,在 12 年时间里减少了 8.24%。2009 年和 2021年,第三产业固定资产投资分别为 93536.0 亿元和 362877.0 亿元,在全社会固定资产投资中的占比分别为 59.60%和 66.64%,12 年间上升了 7.04%(见表 3.3)。

表 3.3 2009—2021 年三次产业的全社会固定资产投资与占比

(单位:亿元、%)

年份	全社会固定资产投资	第一产业	占比	第二产业	占比	第三产业	占比
2009	156933.0	2220.0	1.41	61177.0	38.98	93536.0	59.60
2010	189965.0	2493.0	1.31	72647.0	38.24	114825.0	60.45
2011	229692.0	3712.0	1.62	87371.0	38.04	138609.0	60.35
2012	271843.0	4442.0	1.63	99620.0	36.65	167781.0	61.72
2013	318771.0	5399.0	1.69	111876.0	35.10	201496.0	63.21
2014	362881.0	6613.0	1.82	122410.0	33.73	233858.0	64.44
2015	395517.0	8095.0	2.05	129557.0	32.76	257865.0	65.20
2016	424399.0	9146.0	2.16	132867.0	31.31	282386.0	66.54
2017	451729.0	9810.0	2.17	135970.0	30.10	305949.0	67.73
2018	478461.0	11075.0	2.31	144455.0	30.19	322931.0	67.49
2019	504212.0	11136.0	2.21	149005.0	29.55	344071.0	68.24

续表

年份	全社会固定资产投资	第一产业	占比	第二产业	占比	第三产业	占比
2020	518907.0	13302.0	2.56	149154.0	28.74	356451.0	68.69
2021	544547.0	14275.0	2.62	167395.0	30.74	362877.0	66.64

资料来源:根据相应年份《中国统计年鉴》的数据整理所得。

　　产业结构也伴随着投资结构的变化,由最初的"二、三、一"转变为"三、二、一"。第一产业产值在 GDP 中的比重多年来一直最小,保持在 10% 以下,2012 年第三产业产值超过第二产业,成为拉动经济增长的龙头产业。我国第二产业在 2012 年和 2020 年的增加值分别为 244643.3 亿元和 384255.3 亿元,增加值占 GDP 的比重分别为 45.4% 和 37.8%,在 8 年的时间里下降了7.6 个百分点。第三产业规模的扩大是经济结构调整的要求,第三产业的产值相应也有所增加。2009 年和 2020 年我国第三产业增加值分别为 154762.2 亿元和 553976.8 亿元,在 GDP 中的比重分别为 44.4% 和 54.5%,11 年里上升了 10.1%(见表 3.4)。

表 3.4　2009—2020 年三次产业增加值以及占国内生产总值的比重

（单位:亿元、%）

年份	国内生产总值	第一产业	占比	第二产业	占比	第三产业	占比
2009	348517.7	33583.8	9.6	160171.7	46.0	154762.2	44.4
2010	412119.3	38430.8	9.3	191629.8	46.5	182058.6	44.2
2011	487940.2	44781.4	9.2	227038.8	46.5	216120	44.3
2012	538580	49084.5	9.1	244643.3	45.4	244852.2	45.5
2013	592963.2	53028.1	8.9	261956.1	44.2	277979.1	46.9
2014	641280.6	55626.3	8.7	277571.8	43.3	308082.5	48.0
2015	685992.9	57774.6	8.4	282040.3	41.1	346178	50.5
2016	740060.8	60139.2	8.1	296547.7	40.1	383373.9	51.8
2017	820754.3	62099.5	7.6	332742.7	40.1	425912.1	51.9
2018	900309.5	64734	7.2	366000.9	40.7	469574.6	52.2

续表

年份	国内生产总值	第一产业	占比	第二产业	占比	第三产业	占比
2019	986515.2	70473.6	7.1	380670.6	38.6	535371.0	54.3
2020	1015986.2	77754.1	7.7	384255.3	37.8	553976.8	54.5

资料来源:根据相应年份《中国统计年鉴》的数据整理所得。

总的来看,投资结构、产业结构二者的变动具有一致性。近些年,第三产业因为投资结构向第三产业的倾斜而得以迅速发展。

三、产业结构决定就业结构

发达国家的经验表明,产业结构会随着经济发展不断调整,第三产业会逐渐超过第一产业和第二产业。我国的就业结构也进一步优化、升级,劳动力从第一产业和第二产业逐渐流向第三产业。在就业的吸纳程度上,三次产业有所不同,第二产业、第三产业在吸纳劳动力,而第一产业对劳动力则表现为排斥;其中,第二产业又是工业化的发展模式,属于资本密集型,就业弹性不如第三产业;第三产业的产业形态属于典型的劳动密集型,对就业有很大的贡献。

随着产业结构的不断优化升级,第三产业在 GDP 中的占比不断稳步提高,新业态和新商业模式的不断涌现、发展,为就业提供了更多渠道,也吸纳了越来越多的就业人员。我国就业结构从过去的"一、三、二"转变为现在的"三、二、一"。三次产业就业的比重从 2009 年的 38.1∶27.8∶34.1,演化为 2020 年的 23.6∶28.7∶47.7(见表 3.5)。

表 3.5 2009—2020 年三次产业就业人数以及占总就业人数的比重

(单位:万人、%)

年份	就业人员	第一产业		第二产业		第三产业	
		就业人员	占比	就业人员	占比	就业人员	占比
2009	75828.0	28890.5	38.1	21080.2	27.8	25857.3	34.1

续表

年份	就业人员	第一产业		第二产业		第三产业	
		就业人员	占比	就业人员	占比	就业人员	占比
2010	76105.0	27930.5	36.7	21842.1	28.7	26332.3	34.6
2011	76420.0	26594.0	34.8	22544.0	29.5	27282.0	35.7
2012	76704.0	25773.0	33.6	23241.0	30.3	27690.0	36.1
2013	76977.0	24171.0	31.4	23170.0	30.1	29636.0	38.5
2014	77253.0	22790.0	29.5	23099.0	29.9	31364.0	40.6
2015	77451.0	21919.0	28.3	22693.0	29.3	32839.0	42.4
2016	77603.0	21496.0	27.7	22350.0	28.8	33757.0	43.5
2017	77640.0	20944.0	27.0	21824.0	28.1	34872.0	44.9
2018	77586.0	20258.0	26.1	21390.0	27.6	35938.0	46.3
2019	75447.0	18652.0	24.7	21234.0	28.2	35561.0	47.1
2020	75064.0	17715.0	23.6	21543.0	28.7	35806.0	47.7

资料来源:根据相应年份《中国统计年鉴》的数据整理所得。

总的来说,我国投资结构、产业结构、就业结构呈现出相似的特征,即"三、二、一"的结构特征。这充分说明投资结构决定产业结构,而产业结构又决定了就业结构。

第三节　智能制造对就业结构的影响分析

制造业是世界上主要国家最重要的经济支柱之一。在世界制造业发展史上,智能制造(Intelligent Manufacturing,IM)概念和技术的提出无疑具有里程碑式的意义,是当前第四次工业革命的主要标志。智能制造的概念提出后,迅速在发达工业国家中得到推广和应用。当前,我国正处在"中国制造2025"实施的关键阶段,智能制造技术正在得到逐步推广和应用。正因如此,在《中国制造2025》的各项规划和配套政策中,《制造业人才发展规划指南》就显得格外重要,其对智能制造十大重点行业的人力资源需求情况进行了预测,具体见

表3.6。可以看出,到2025年,我国在新一代信息技术产业、高档数控机床和机器人、航天航空装备、海洋工程装备及高技术船舶、先进轨道交通装备、节能与新能源汽车、电力装备、农机装备、新材料、生物医药及高性能医疗器械领域的人才缺口分别将达到950万人、450万人、47.5万人、26.6万人、10.6万人、103万人、909万人、44万人、400万人、45万人。

表3.6　2025年制造业十大重点领域人才需求预测　（单位:万人）

序号	行业 \ 数量 \ 年份	2015 人才总量	2020 人才总量预测	2020 人才缺口预测	2025 人才总量预测	2025 人才缺口预测
1	新一代信息技术产业	1050	1800	750	2000	950
2	高档数控机床和机器人	450	750	300	900	450
3	航空航天装备	49.1	68.9	19.8	96.6	47.5
4	海洋工程装备及高技术船舶	102.2	118.6	16.4	128.8	26.6
5	先进轨道交通装备	32.4	38.4	6	43	10.6
6	节能与新能源汽车	17	85	68	120	103
7	电力装备	822	1233	411	1731	909
8	农机装备	28.3	45.2	16.9	72.3	44
9	新材料	600	900	300	1000	400
10	生物医药及高性能医疗器械	55	80	25	100	45

资料来源:《三部门关于印发〈制造业人才发展规划指南〉的通知》,2017年2月24日,http://www.gov.cn/xinwen/2017-02/24/content_5170697.htm,2021年11月23日。

　　本节立足中国智能制造发展的现状和趋势,采用实地访问、问卷调查等方法,对智能制造人力资源需求的总量和结构进行分析预测,以期达到了解和把握我国智能制造人力资源需求基本规律和趋势的目的,为相关部门提供决策参考。

一、相关研究文献综述

(一)国外关于智能制造发展对人力资源需求影响的文献综述

以古典经济学和新古典经济学为基础,国外学者对技术进步和人力资源需求的关系进行了大量研究,总结起来可分为两类研究方向:一方面,学者们对技术进步之于人力资源需求的数量变化进行了研究;另一方面,学者们对技术进步之于人力资源需求的结构变化进行了研究。

部分学者认为,技术进步对人力资源需求数量有着消极的影响,即产生替代效应。波斯特维奈(Postel-Vinay,2002)认为,技术进步对就业的影响以直接破坏为主,导致出现所谓的"技术性失业"。[1] 扎格勒(Zagler,2007)对英国、法国、德国、意大利四国的技术创新与就业情况进行定量研究,发现除20世纪80年代的英国外,其余国家在创新发展较快的时期,失业率都出现上升趋势。[2] 阿西莫格鲁和雷斯特雷波(Acemoglu 和 Restrepo,2020)基于1990—2007年美国劳动力市场使用机器人的状况进行估算,预计在每千个劳动力中增加1个机器人就会降低0.18%—0.34%的就业率,同时劳动力工资也会减少0.25%—0.5%。[3] 但也有很多学者认为,技术进步会推动人力资源需求数量的增加,即产生创造效应。经济合作与发展组织发布的分析报告指出,技术进步在直接破坏就业的同时,也通过各种途径间接促进就业增加,因而总体上促进就业增长。[4] 皮安塔(Pianta,2000)对意大利、芬兰、挪威、德国和丹麦的

① F. Postel-Vinay,"The Dynamics of Technological Unemployment",*International Economic Review*,Vol. 43,No. 3,2002,pp. 737-760.

② M. Zagler,"Growth and Unemployment:Theory,Evidence and Policy",*International Journal of Economic Perspectives*,Vol. 1,No. 4,2007,p. 228.

③ D. Acemoglu and P. Restrepo,"Robots and Jobs:Evidence from US Labor Markets",*Journal of Political Economy*,Vol. 128,No. 6,2020,pp. 2188-2244.

④ OECD,"Technology,Productivity and Job Create",*OECD Analytical Report*,1996.

21 个部门的相关数据进行了分析,发现企业的创新活动对扩大就业具有积极影响。[1] 阿西莫格鲁则提出了"技能加速"理论,即认为技术进步带来了更多的技能供给,继而使得技能劳动力的价格下降,从而导致企业对技能劳动力需求的增加,也就是技能加速。[2] 博利亚奇诺等(Bogliacino 等,2012)以专利数量为代理变量对技术进步的影响进行分析,通过对德国的四个主要工业部门技术进步与就业关系的实证研究发现,在 1999—2005 年,德国的医疗和光电子设备制造业中的创新与就业间存在显著正相关,而传统部门——化学设备和运输设备制造业的创新与就业间则不存在相关关系。[3]

国外的学者们在研究中发现,智能制造不仅会对人力资源需求数量造成影响,也会影响人力资源需求的结构。在针对企业层面的研究中,梅钦等(Machin 等,1996)[4]及多姆斯等(Doms 等,1997)[5]认为技术进步会促进高技能劳动力的就业,抑制低技能劳动力的就业。依据行业层面的研究结果,豪厄尔和沃尔夫(Howell 和 Wolff,1992)认为技术进步对涉及认知技能的工作有促进作用,而对涉及运动技能的工作有抑制作用。此后他们通过进一步研究,得出技术进步能促进复杂工作就业增加的结论。[6] 同时,奥托等(Autor 等,1998)认为 20 世纪 70 年代以后,技术进步加速了高技术就业者的熟练程度。[7] 此外,韦斯(Weiss,2008)以技能工人和非技能工人的工资相互联系为

---

① M. Pianta, "The Employment Impact of Product and Process Innovation", *Archives of Biochemistry & Biophysics*, Vol. 400, No. 2, 2000, pp. 258–264.

② D. Acemoglu, *Introduction to Modern Economic Growth*, MIT Press, 2008.

③ F. Bogliacino, M. Piva and M. Vivarelli, "R&D and Employment: An Application of the LSDVC Estimator Using European Microdata", *Economics Letters*, Vol. 116, No. 1, 2012, pp. 56–59.

④ S. Machin, A. Ryan and J. V. Reenen, "Technology and Changes in Skill Structure: Evidence from an International Panel of Industries", *C. E. P. R. Discussion Papers*, 1996.

⑤ M. Doms, T. Dunne and K. R. Troske, "Workers, Wages, and Technology", *Quarterly Journal of Economics*, Vol. 112, No. 1, 1997, pp. 253–290.

⑥ D. R. Howell and E. N. Wolff, "Technical Change and the Demand for Skills by US Industries", *Cambridge Journal of Economics*, Vol. 16, No. 2, 1992, pp. 127–146.

⑦ D. H. Autor, L. F. Katz and A. B. Krueger, "Computing Inequality: Have Computers Changed the Labor Market?", *Social Science Electronic Publishing*, Vol. 113, No. 4, 1998, pp. 1169–1213.

观察线索,研究了两类工人的就业情况,认为如果技能工人的工资增加,并因此提高了最低生活标准,进而影响了非技能工人工资时,"技能偏向性效应"会导致非技能工人的失业。[①]

(二)国内关于智能制造发展对人力资源需求影响的文献综述

我国学者也就智能制造对就业影响这一问题展开了广泛的讨论,主要包括两个方面的内容:一是智能制造发展对人力资源需求数量的影响;二是智能制造发展对人力资源需求结构方面的影响。

1. 国内学者关于智能制造对人力资源需求数量影响的研究

关于智能制造发展产生的替代效应。彭绪庶和齐建国研究了美国半个世纪的数据,表明技术进步有较强的劳动替代特征,但是可以通过调整相应的就业制度来抵消由技术进步带来的就业压力。[②] 刘书祥和曾国彪指出,纯技术进步对就业具有比较显著的负效应,当期技术效率的改善对就业没有显著影响,而滞后期技术效率的改善却对就业量的增加具有负效应。[③] 马岚认为,劳动力市场的各个因素对工业机器人的普及有重要作用,中国在这个方面不仅具备了基本条件,更有自身独特的优势,很有可能出现机器人对人工的规模替代。[④] 王君和杨威的研究表明,目前人工智能、机器人等技术进步对就业的破坏效应有限,但长期就业破坏效应不容乐观。因此要"以创造平抑破坏",注重培育人工智能、机器人制造等新兴产业新业态,制定差异化的就业促进和社

———————

① M. Weiss, "Skill-biased Technological Change: Is There Hope for the Unskilled?", *Economics Letters*, Vol. 99, No. 3, 2008, pp. 439-441.

② 彭绪庶、齐建国:《对美国技术进步与就业关系的研究》,《数量经济技术经济研究》2002年第11期。

③ 刘书祥、曾国彪:《技术进步对中国就业影响的实证分析:1978—2006》,《经济学家》2010年第4期。

④ 马岚:《中国会出现机器人对人工的规模替代吗?——基于日韩经验的实证研究》,《世界经济研究》2015年第10期。

会保障政策,实现新兴产业发展和就业增长的双赢。[1] 曹静和周亚林则指出,目前大量的文献集中在人工智能对工作自动化、实现均衡就业和影响就业结构三个方面,但是接下来的政策制定中要着重考虑在推进智能制造的过程中如何缓解可能的负面影响。[2] 孙文凯等认为,虽然近十年技术进步并没有带来我国劳动参与率的明显下降,但随着人工智能的普及化,我国常规就业会受到一定的冲击。[3]

关于智能制造发展产生的创造效应。乔晓楠和郗艳萍的研究认为,人工智能的发展对生产力发展具有积极的促进作用,但是也要注意短期内产生就业减少的风险。[4] 咨询公司埃森哲发布的《人工智能:助力中国经济增长》报告认为,到 2035 年,人工智能将会拉动中国经济年增长率从 6.3% 提高到7.9%,其中制造业可能获益最多。[5]

2. 国内学者关于技术进步对人力资源需求结构影响的研究

国内研究中,也有学者就智能制造对人力资源需求结构影响进行过研究,普遍认为:技术进步对人力资源需求结构的影响主要体现在对不同类型劳动力的需求数量的改变,这与大多数国外学者的研究结论一致。姚先国等的研究证明,我国企业的技术变化在相当程度上表现为技能偏态性的特征,致使企业提高了对高技能劳动力的需求,并且增加了高技能劳动力所占的就业及收入比重。[6] 李扬洲在研究中国制造业的技术进步与收入分配关系时,也发现

---

① 王君、杨威:《人工智能等技术对就业影响的历史分析和前沿进展》,《经济研究参考》2017 年第 27 期。

② 曹静、周亚林:《人工智能对经济的影响研究进展》,《经济学动态》2018 年第 1 期。

③ 孙文凯、郭杰、赵忠、汤璨:《我国就业结构变动与技术升级研究》,《经济理论与经济管理》2018 年第 6 期。

④ 乔晓楠、郗艳萍:《人工智能与现代化经济体系建设》,《经济纵横》2018 年第 6 期。

⑤ 埃森哲:《人工智能:助力中国经济增长》,2017 年 8 月 17 日,http://www.sohu.com/a/165351202_505811,2021 年 11 月 20 日。

⑥ 姚先国、周礼、来君:《技术进步、技能需求与就业结构——基于制造业微观数据的技能偏态假说检验》,《中国人口科学》2005 年第 5 期。

我国制造业存在技能偏向性特征,即技术进步提高了对高技能劳动力的需求,降低了对低技能劳动力的需求。[①] 刘春燕使用面板数据分析认为,技术进步会促使产业结构调整,但是在这个过程中并没有促进相应就业数量的增加。[②]

(三)新技术革命对劳动力市场就业和工资的效应

对于新技术在多大程度上会取代工人,未来对就业的影响有多大,要准确预测有很大的难度,对经济学家而言要量化技术进步对工作岗位替代的影响仍然是一项挑战。但一些研究结果表明,人工智能及相关技术可以取代从事常规性工作任务和低技能工人,但伴随生产率的提升、技术应用及成本的降低,最终会创造出很多新的就业机会。技术进步不仅会直接在技术部门创造岗位,而且由于越来越多的人使用智能手机、平板电脑和其他便携式电子设备进行工作,那么技术通过在线工作或参与零工经济促进了工作岗位的创造。由于人口规模和完整的产业结构给中国提供了"海量数据"和巨大市场的潜力,中国已成为全球人工智能发展中心之一。

关于新技术变革对就业岗位替代的量化是一项困难的事情。尤其是中国劳动力规模巨大,区域之间发展阶段差异也很大,采用人工智能系统与人工成本密切相关,因此,人工智能引导传统产业彻底变革的速度难以准确估算。麦肯锡全球研究院预测,总体而言,中国目前从事可自动化工作的劳动力人口超过其他国家,中国有 51% 的工作内容有自动化的潜力,这相当于 3.94 亿全职人力工时的就业岗位将受到冲击。[③] 由于酒店、餐饮以及居民消费服务业、制造业和农业等部门在中国经济中占据了相当的比例,这些部门包含大量可重复、可自动化的工作任务,基于人工智能的自动化虽然会替代这些重复工作任

---

① 李扬洲:《技术进步与收入分配——基于我国制造业的技能偏向性效应检验》,《消费导刊》2009 年第 19 期。

② 刘春燕:《中国技术进步对就业影响的实证分析》,《金融与经济》2010 年第 8 期。

③ 《人机共存的新纪元:自动化、就业和生产力》,2017 年 1 月,https://www.mckinsey.com.cn/,2021 年 11 月 23 日。

务,但带来了生产效率的提升和增长。伴随着经济增长,人工智能技术将创造新的产品和服务,提供新的就业岗位。就像人们没有想到互联网经济催生新职业一样,人工智能也会带来相似的职业变革。人工智能释放的生产力和专业分工的细化,提供了新的就业机会。

我们根据中国企业与员工匹配调查(CEES)2015—2018 年的数据,基于规范的实证研究方法估计了机器人、智能机器应用对制造业就业的影响。①估计结果表明,机器人、人工智能的应用对中国制造业一线生产工人的就业需求产生了明显的替代效应,使用工业机器人、智能自动化机器的企业,对一线生产工人的就业岗位需求减少了 19.6%,但同时对中高层管理人员、研发人员、管理及办事人员的就业岗位需求分别增加了 3.4%、6.6% 和 6.8%。如果我们假设一线生产工人基本上都是以农民工为主体的产业工人,那么简单推算,机器人、人工智能可造成制造业的就业岗位损失大约 200 万个。需要说明的是,中高层管理人员、研发人员、管理及办事人员的就业岗位需求增加比例并不是简单地相加关系,因为各类职业基数和样本规模不同。以上实证研究结果表明,人工智能的应用在提高生产效率、扩大产出的同时,提供了新的工作岗位和工作任务需求。同样地,对一线生产工人就业岗位需求的减少,并不是冲击式的裁员,而是相对于以前在提高生产效率、增加产出的过程中,没有因为规模的增大而增加普通劳动力的投入。

新技术的需求和工作任务与劳动者技能之间的差距及其回报差异,是目前中国人力资本积累体系面临的最大挑战。与估计技术对就业的影响相比,估计技术如何影响技能需求和技能回报是相对容易的一件事。长远来看,人工智能最显著的影响是对价格的影响,因为节约劳动力成本的技术让企业得以用较低的成本生产出相同的产品。尽管由此产生的收入效应有希望提高平

① 具体的估计方法、结果及 CEES 数据说明参见 A. Park, X. C. Qian and X. B. Qu, "The Effects of Robotics and Automation on Wage Inequality and Employment: Evidence from the China Employer-employee Survey", *Working Paper*, 2019。

均收入水平,但收入分配将进一步向具备新技术变革偏好的技能集中,可能扩大不同群体的收入差距。同样,我们用 CEES 数据估算了机器人、AI 对中国劳动力市场不同技能群体工资的影响。

一是机器人、AI 对不同人力资本群体工资的影响。具有较高人力资本积累的大学及以上学历群体,会因机器人、AI 的使用获得明显高于其他人力资本水平群体的工资收入。如果我们以中高层管理者的平均工资收入作为参照可以看出,使用机器人或计算机数字控制(CNC)机器对大学及以上学历群体工资收入的溢价高过了资历较深的员工,因为制造业企业的许多生产部门的中层管理人员是从生产一线晋升上来的,懂技能和生产流程管理,受教育程度并不一定高于其他岗位,比如研发人员。但是,这里可能揭示了一个很有意思的现象,就是新技术创新和应用产生的工资溢价除了具有技术偏向型的特征外,可能同时还具有知识偏向性的特性,即可能会扩散到一般性知识人员的工资收益。

二是机器人、智能设备对不同认知要求岗位工资的影响。认知高要求的岗位获得技术溢价的收益明显高于其他两类认知要求的岗位。这本质上体现了技术偏向型技术进步使认知程度越高的工作岗位获得的工资溢价越高。

三是机器人、智能设备对不同职业或岗位工资的影响。机器人、人工智能技术带来的工资溢价,在不同职业类型或工作岗位之间的分配存在明显差异,也就是采纳新技术导致生产效率提升所带来的工资溢价不是均等地让所有劳动者获得。工资溢价高的是人力资本水平和技能水平高的岗位、职业,采纳新技术所产生的技术溢价使不同技能、职业间工资差距扩大的趋势加剧。

虽然新技术革命通过提高生产率在中国创造了大量的新工作机会,但新技术应用对劳动力市场产生的更深远的影响将会进一步显现,对就业的影响仍然具有相当的不确定性。

二、智能制造发展与人力资源总量和结构分析

（一）总体情况描述：基于宏观数据的分析

1. 智能制造发展状况

近年来，我国的制造业发展虽然增速有所下降，但制造业增加值依然稳步提高。随着智能制造概念的兴起和相关技术的应用和普及，作为制造业大国的中国并没有错失这次技术浪潮。我国正在进行智能制造试点示范，按照工业和信息化部印发的《关于开展 2015 年智能制造试点示范专项行动的通知》和下发的《2015 年智能制造试点示范专项行动实施方案》，已经确定好覆盖 38 个行业的 46 个试点示范项目，涉及智能装备、智能服务、智能化管理等 6 个类别。[①]

当前，中国智能制造已经进入成长期。第一，中国工业企业数字化能力提升，为未来制造系统的分析预测和自适应奠定了基础。第二，智能制造利润贡献率明显提升，利润来源包括生产过程中效率的提升和产品服务价值的提升。[②] 第三，在典型应用方面，中国已成为工业机器人第一消费大国，需求增长强劲。根据国家统计局数据，2015 年我国工业机器人产量为 32996 台，同比增长了 21.7%。截至 2018 年，中国工业机器人销量连续六年位居世界首位。与此同时，各级工信部门出台了一系列推动智能制造的政策措施。随着这一系列政策措施的颁布与实施，已经明确了我国智能制造发展的方向、目标，也已经形成了一个清晰的政策框架。[③]

---

① 闫伟：《浅谈国内外智能制造的现状和发展趋势》，2017 年第七届全国地方机械工程学会学术年会暨海峡两岸机械科技学术论坛论文集，2017 年 10 月。

② 董伟龙、屈倩如：《中国智造，行稳致远——2018 中国智能制造报告》，《科技中国》2018 年第 10 期。

③ 王友发、周献中：《国内外智能制造研究热点与发展趋势》，《中国科技论坛》2016 年第 4 期。

表 3.7　2020 年我国智能制造发展目标

主要目标	智能制造技术与装备实现突破	发展基础明显增强	智能制造生态体系初步形成	重点领域发展成效显著
具体指标	研发一批智能制造关键技术装备,具备较强的竞争力,国内市场满足率超过 50%。突破一批智能制造关键共性技术。核心支撑软件国内市场满足率超过 30%	智能制造标准体系基本完善,制(修)订智能制造标准 200 项以上,面向制造业的工业互联网及信息安全保障系统初步建立	培育 40 个以上主营业务收入超过 10 亿元、具有较强竞争力的系统解决方案供应商,智能制造人才队伍基本建立	制造业重点领域企业数字化研发设计工具普及率超过 70%,关键工序数控化率超过 50%,数字化车间/智能工厂普及率超过 20%,运营成本、产品研制周期和产品不良品率大幅度降低

资料来源:根据《智能制造发展规划(2016—2020 年)》整理。

参见《智能制造发展规划(2016—2020 年)》,2017 年 6 月 20 日,https://www.ndrc.gov.cn/fggz/fzzlgh/gjjzxgh/201706/t20170620_1196811.html? code=&state=123,2021 年 11 月 23 日。

从地区分布来看,东部地区的智能制造相对发达。东部发达地区实施智能制造有利于全国范围内的智能制造产业发展。[1] 总体上我国制造业的智能制造布局基本完成。智能制造首先在领先企业中实现,有利于探索不同行业的智能制造发展模式,中小企业可以凭借领先企业的经验降低自身实施智能制造的风险。[2]

2. 我国制造业人力资源现状

随着经济的发展,尤其是随着智能制造技术的广泛应用,我国制造业人力资源规模发生了明显变化,从业人员受教育水平逐步提高。智能制造技术的渗透使得传统上的制造业逐渐向智力和技术密集型行业转变,需要劳动者不断提升自身的创新能力,不断增加自身的知识储备。归根结底,制造业人力资源整体发展水平是决定制造业综合竞争力和可持续发展的重要因素,没有高素质的人力资源作支撑,智能制造技术水平的提升和国际竞争力的提高将失去动力与源泉,因此,培养与智能制造技术相匹配的人才至关重要。

---

① 吴阳芬:《"互联网+"时代制造业转型升级新模式、路径与对策研究》,《特区经济》2016年第 7 期。

② 黄群慧:《论中国工业的供给侧结构性改革》,《中国工业经济》2016年第 9 期。

《中国劳动统计年鉴》的数据表明,近十余年来,我国城镇单位制造业就业人员的规模呈现总数增加、占比明显下降的趋势,但就业人员的受教育程度显著提高。

就业人员规模明显缩减。我国城镇单位制造业在 2006 年时就业人员总数为 3351.61 万人,在城镇单位总就业人数中占 28.61%;到了 2011 年时,就业人员总规模为 4088.33 万人,至 2016 年又继续增加至 4893.84 万人,但在城镇单位总就业人数中的占比由原来的 28.36% 下降到 27.36%。十余年来,制造业人员规模保持平均每五年增加 771.12 万人的态势,然而,其占比则平均每五年下降 0.63%。因此,整体而言,我国近十年来城镇单位制造业就业规模呈现相对缩小趋势。从城镇单位制造业中的企业所有制性质来看,国有企业就业人员规模缩减速度尤其迅速,从 2006 年的 554 万人缩减到 2020 年的 46.6 万人,下降 91.59%;从城镇单位制造业就业人员的性别状况来看,女性就业人员总规模波动变化,从 2006 年的 1464 万人增长到 2014 年的 2119.3 万人,增长 44.76%。到 2020 年,女性就业人员为 1423.3 万,下降 32.84%。具体情况见图 3.2。

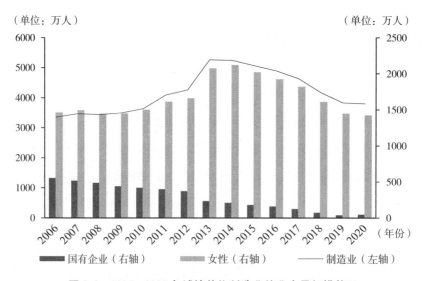

图 3.2　2006—2020 年城镇单位制造业就业人员规模状况

资料来源:根据相应年份《中国统计年鉴》的数据整理所得。

就业人员受教育程度明显提升。2006 年我国制造业就业人员人均受教育年限为 9.54 年,明显高于全国就业人员的人均受教育水平(8.28 年)。2011 年和 2020 年,制造业就业人员人均受教育年限分别为 10.07 年和 10.32 年,也分别高于全国水平的 9.56 年和 10.29 年。其中,制造业就业人员中,大学本科及以上受教育水平的人员占比从 2006 年的 2.4% 增长至 2011 年的 3.6% 和 2020 年的 10.9%,增长幅度分别为 50% 和 354%;大学专科及以上受教育水平的人员占比从 2006 年的 7.6% 增长至 2011 年的 10.5% 和 2020 年的 22.2%,增长幅度分别为 38.16% 和 192.10%。从就业人员的性别来看,制造业男性就业人员的受教育水平明显高于女性,且相差幅度比较稳定,即制造业就业人员人均受教育年限均呈现明显的增长趋势,性别差异比较稳定,均保持在男性比女性高出 0.6—0.7 年的水平。具体情况见图 3.3。可以看出,随着经济的发展,科学技术水平的提高,尤其是近几年来智能制造技术的发展和应用,对制造业的劳动者素质提出了更高的要求,其人力资本水平也随之增长。

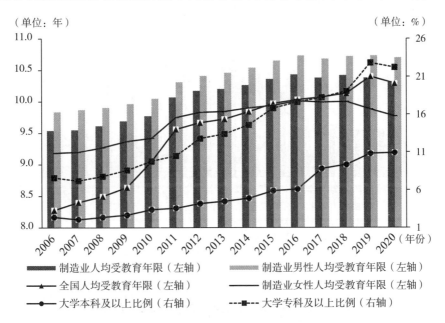

图 3.3　2006—2020 年制造业就业人员受教育程度状况

资料来源:根据相应年份《中国统计年鉴》的数据整理所得。

计算机、通信和其他电子设备制造业就业人员规模持续提升。从制造业主要类型看,2016年就业人员占比排名前三的行业按顺序分别为:计算机、通信和其他电子设备制造业,电气机械和器材制造业,汽车制造业。近十年来,计算机、通信和其他电子设备制造业就业人员占比基本都是排名首位(2006年除外,排在纺织业之后,位列第二),而且呈现快速增长态势。如图3.4所示,2006年,该行业就业人员占制造业人数比重为7.94%,2011年、2016年和2020年分别增长至10.52%、14.43%和18.17%,平均每五年增长3.59%。电气机械和器材制造业就业人员规模在近十年间呈现较为平稳的扩张趋势,而汽车制造业就业规模则呈现出先迅速扩张然后陡然缩减的趋势。由图3.4可知,2011年汽车制造业就业人员达到峰值,占比高达9.52%,但在2012年陡然下降至6.34%。

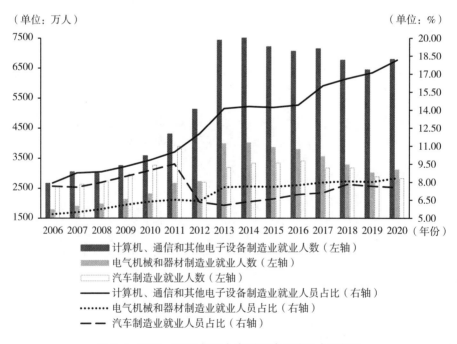

图3.4 2006—2020年三大类别制造业就业人员状况

资料来源:根据相应年份《中国统计年鉴》的数据整理所得。

（二）典型行业之一：汽车行业

随着我国制造业的迅速发展，工业机器人在我国的应用数量得以迅速提升。高精度、高效率、低风险的特点使得工业机器人在传统制造业尤其是劳动密集型产业的转型升级过程中发挥了关键作用。根据 OFweek 维科网提供的数据，截至 2017 年，工业机器人常见的应用领域主要覆盖了汽车行业、电气机械和器材制造业以及家电制造业。

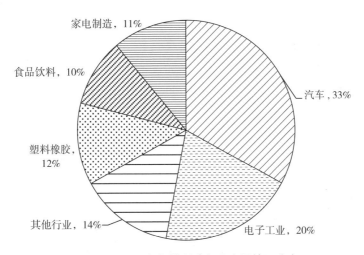

图3.5　2015 年智能制造行业应用情况分布

资料来源：根据 OFweek 维科网公布的数据整理所得。

由图3.5 可以看出，在机器人技术的具体应用行业中，汽车、电子工业仍为主要应用领域。以 2015 年工业机器人在各行业的销量占比数据为例，汽车行业占比 33%，电子工业位居第二。我国国内一些大型制造企业，如富士康、比亚迪已经大量使用工业机器人自动化生产线，利用机器人技术提高了生产水平。伴随着技术进步，工业机器人在未来更多领域的应用也将逐步展开，机器人技术将会显示出不可替代的作用和优势。

1.汽车行业智能制造发展状况

汽车工业自诞生以来，汽车制造逐渐由小批量手工生产向大批量流水线生产、柔性化、自动化、数字化精益制造转变。从 2012 年开始,工业互联网、工业 4.0、智能制造等理念掀起了一股工业创新与变革的浪潮,汽车制造业迅速成为智能制造领域的排头兵。

智能汽车是汽车产业面临的一场新的"革命"。目前,全球智能汽车产业市场规模已突破 300 亿元,发达国家加快发展智能汽车抢占技术及市场制高点,美国、日本、德国等国的智能汽车产业目前正在高速发展,沃尔沃、谷歌等部分世界上技术领先的企业已经开始对其研发的有条件的自动驾驶汽车进行路测。2020 年已经成为无人驾驶汽车的"商业化元年",此后将会进入爆炸式增长期。①

目前,中国乘用车市场进入稳健增长期。乘用车行业随着家用汽车的逐渐普及,已经基本上告别了 2000—2010 年这十年的高速增长时期,进入稳健增长期。我国汽车目前的普及度较发达国家相比仍有很大的差距,如美国、日本、韩国的千人汽车保有量分别达到 800 辆以上、350 辆以上、350 辆以上,但我国的千人汽车保有量仍在 150 辆以下,从长远来看,仍有很广阔的提升空间。

2.汽车行业人力资源需求现状与岗位变化

据《中国汽车工业年鉴》的统计结果显示,2001—2016 年,我国就业于汽车制造业规模以上整车和零部件企业的人数,从 150 万人增长至 483 万人。随着智能制造技术的发展,汽车行业也面临着人才短缺的问题。在汽车产业快速发展的今天,中国汽车产业崛起的背后是人才的崛起、成长与发展。

技术是我国汽车产业发展的核心,人才是我国汽车产业发展的关键。2016 年,教育部、人力资源社会保障部、工业和信息化部等部门共同编制的《制造业人才发展规划指南》指出,我国规模以上制造业所拥有的人才总人数为 809 万人,其中新能源汽车作为十个重点领域之一,其人才总数为 17 万人,

---

① 颜姜慧:《智慧交通系统自组织演化视角下智能汽车发展路径研究》,中国矿业大学 2020 年博士学位论文。

需求预测表明这一数字到 2025 年将达到 120 万人,缺口数将达到 103 万人。据汽车人才研究会和《中国工业汽车年检》的调研和统计,我国汽车行业的技术研发人员所占比重从 2001 年的不足 14% 提高到 2016 年的 23% 以上,新增加约 110 万的有关人才,涨幅很大,但人才总量仍然不足。

人才流动频繁是我国汽车行业面临的另一个挑战。行业整体的入职率自 2013 年起以年均 18% 的速率下降,与此同时离职率逐年递增。行业整体人员的入职、离职率在 2017 年基本持平,人员的扩张速率减缓。在合资乘用车和自助乘用车领域,出现了四年来首次行业整体人员入职率低于离职率的现象。这些都反映出行业核心领域人才竞争激烈、流动频繁的情况,相比 2014 年,2017 年研发离职率增加 50%、工艺离职率增加 49%、销售离职率增加 35%。①

(三)典型行业之二:电子行业

1. 电子行业智能制造的发展现状

伴随着"工业 4.0"成为全球制造业的发展趋势,中国正在成为全球电子制造的主要生产基地之一。工业互联网通过连接各生产环节,应用综合的智能生产技术,为电子产业生产中的供应、制造、销售等环节提供了信息数据化、智能化的更大可能。近年来,在国内电子产业市场中,许多更具适应性、实现高效配置资源的智能工厂在电子企业中不断出现,电子行业的整体智能化程度已经处于行业领先地位。以富士康为例。富士康科技集团作为当前我国电子产业发展中的领头企业,工厂主要以生产电子化产品为主,其智能制造发展水平在整个电子行业中具有较强的代表性。富士康作为全球最大的电子产业科技制造服务商,其智能制造水平发展有以下特征:

以点带线,逐步引入自动化生产技术。富士康在中国大陆的工厂已经将 4 万台机器人应用在生产上,在郑州的生产基地、昆山等地的电脑外设工厂也

---

① 《人才短缺成汽车行业常态　离职率递增等问题牵动业界神经》,2017 年 8 月 28 日,http://www.cnr.cn/chanjing/qiche/20170828/t20170828_523922066.shtml,2021 年 11 月 24 日。

投放了大量的机器人。在许多工厂车间中,已经有不同数量的机器人出现在生产加工线上,在不需要工人额外操作的情况下,机器人可以通过完成指定动作实现独立生产。工厂负责人则表示目前富士康的自动化应用现状主要表现为以点、线引入自动化生产技术。一方面,在现有生产线的基础上逐步引入新的机器人替代一部分岗位,提高自动化率;另一方面,通过进一步升级现有的机器人生产技术,实现柔性化生产,从而使产品质量和生产效率得到提升。

自主研制,不断增加机器人数量。富士康现有的机器人及自动化的发展由不同的产品制造流程需求驱动,其目的之一就在于持续提升产品品质。就整体的趋势来看,当前富士康工厂的机器人数量处于上升趋势,在未来,工业机器人的引入速度和规模将会进一步增加。

以人为本,针对性替换部分岗位。富士康航空港厂区主要以生产高端智能手机、消费性电子零组件为主。因此,生产线中的许多岗位在机器人使用方面还是具有局限性的。以手机配件组装为例,智能手机主板上的螺丝安装动作对灵活度和精准度要求非常高,机器人由于欠缺灵活性与精度,还很难完成这类操作,因此在短时间内此类岗位将很难被机器人替换。目前,机器人及相关创新设备主要运用在动作单调、重复性高甚至工作环境具有一定危险性的岗位。

2. 电子行业人力资源需求与岗位变化

智能制造对电子行业的人力资源需求产生了较大的冲击。以富士康航空港厂区为例,厂内在岗工人总数在 15 万左右,随着每年生产周期的变动,产量高峰时期的工厂工人最多可以达到 25 万人左右。厂区内工人中有 50% 为一线操作员工,高级技能人员占 20%、技术管理人员占 20%、其他人员占 10%。劳动者的平均学历为高中或中专,工人平均年龄为 25 岁,男女工人的比例为 6∶4。该厂的员工流失率大概在 10%,尤其是一线操作工人的流失率较高。

随着近些年智能制造设备的引入,富士康工厂内的部分岗位出现了"机器换人"的情况。但大部分由于"机器换人"而离开原有岗位的工人并未失业,而是通过工厂内部的教育培训系统实现二次转岗。富士康人力资源部门的统计数据显示,智能制造程度的提高和工厂生产自动化率的逐渐上升,所直接导致的替换岗位的工人失业人数增加并不明显,即直接由于机器人技术引入而导致的原岗位工人失业的员工数量不大。与此同时,为帮助内部员工实现转岗,富士康专门设立了教育培训平台,专门针对转岗工人进行再教育,提高个人的再就业水平和专业技能。

从未来的发展来看,电子信息产业是我国国民经济的重要支柱之一,也是吸纳就业的重要阵地。但是,电子行业人才短缺问题较为突出。《中国集成电路产业人才白皮书(2016—2017)》指出,我国目前就业于集成电路行业的总人数低于30万人,有近40万人的人才缺口。从业十年以上的人员数较欧美发达国家更低。制约我国集成电路产业发展的关键之一就是人才的短缺。[①] 软件人才短缺是电子行业人才短缺的另一个短板。目前国内IT软件研发人才缺口超过百万,其中软件应用类研发人才缺口至少60万人,各大招聘平台每天平均发布10万个左右的软件开发职位。据《2017年全球人工智能白皮书》报告显示,仅中国人工智能人才缺口就至少在100万人以上。

(四)典型行业之三:家电行业

1.家电行业智能制造发展情况

随着制造业转型升级的推进,家电行业作为传统制造业正在经历互联网新时代下的生产模式颠覆与升级。海尔、美的、格力等中国家电领军企业积极优化工厂布局,打造全新制造生产体系,坚定智能制造之路,建设了一批颇具代表性的智能工厂。我国家电产业在自动化、信息化方面经历了由点到线及面、由技术引进到技术研发的转变过程,智能制造水平也随着生产力水平提高进入新的重要发展阶段。以海尔为例,海尔集团以智慧采购、智能制造、智慧

---

① 《〈中国集成电路产业人才白皮书(2016—2017)〉发布》,2017年5月16日,http://www.smartmfg.org/sa_zx/shownews.phpΔLang=cn&id=588,2021年11月23日。

物流和智慧服务、智慧生活为核心,逐步搭建起企业智能制造平台。我国代表性家电企业的智能设备应用情况汇总见表3.8。

表3.8 我国代表性家电企业的智能设备应用情况

企业名称	智能设备应用情况
海尔	自2012年开始互联工厂的实践,海尔打造出了柔性选配产品、扩展加工能力的自动化生产线,目前企业拥有世界级工业互联网平台COSMOPlat。海尔佛山工厂自动化程度高达90%以上
美的	美的从2012年开始大举投入自动化改造用于减员增效,目前应用机器人近2200套,在工厂自动化领域的投资高达60亿元,促使生产效率每年提升15%以上。今后计划在工业机器人和生产自动化领域每年投资10亿元,到2022年旗下工厂安装7000个机器人
格力	在2003年开始引入自动化思想,对生产车间进行系列机器换人改造;2012年,格力进一步制定自动化发展规划,决定以"3至5年实现无人车间"为目标,重点突破,分期实施。计划通过三年时间投入38亿元对格力所有生产工厂进行自动化升级和改造
方太	方太于2015年在宁波工厂启用ABB自动化冲压线。打造供应链全网络信息协同制造模式,设计多款厨电行业首创的智能设备,生产效率提高20%、运营成本降低20%、产品升级周期缩短30%、单位产值耗能降低10%、数据自动化采集大于90%
万和	2016年11月,万和引进生产信息化管理系统MES,这是"智能制造"型中迈出的坚实一步。通过信息化、自动化的深度融合,打通企业在计划、采购、物流、制造、仓储等各个环节的业务数据链,打造一个具有更低成本、更高性能、更大柔性的生产制造能力的生产管理体系
海信	自2007年引进车间冲孔机器人,海信每年投入2亿—3亿元打造"智能工厂",2011年发布智能化产业战略,2012年开始系统推动工厂信息化再造、自动化及装备智能化进程,多环节采用自动化设备,如液晶模组翻转、整机外壳搬运、整机成品的包装实现人工代理,以黄岛工厂为例,三年累计节省人工费用超14亿元
创维	2012年提出并实施"机器人战略",2014年年底,家电行业第一条全自动线在创维正式投产,单线40人缩减至6—7人,至2015年5月就为企业节省1900名作业人员和20%人工成本,投资数额1.5亿元/年,机器人密度200台/万人

资料来源:新战略机器人网,http://www.xzlrobot.com/。

2.家电行业人力资源需求与岗位变化

目前,我国的家电制造业正在向智能家电转变,生产智能化、销售网络化已成为各家电企业发展的主攻方向。受到家电行业技术复杂程度相对较低的历史影响,家电行业的研发人才储备一直不太理想,家电行业的激烈竞争也让企业之间互相挖人的现象屡屡出现。随着人工智能技术的发展,多家大型企业如海尔、格力以及阿里等也都纷纷进军智能家居领域,整个行业发展迅速、竞争激烈,继而人才紧缺的问题也明显呈现。

考虑到传统家电业属于劳动密集型产业,崭露头角的机器换人大潮,为机器人产业带来了前所未有的机遇。机器人作为一个极具潜力的市场,随着市场进军并布局机器人产业,系统将深入完成对智能制造从机器人到智能产业链的垂直一体化布局。相应地,家电行业从业人员的结构也将进行相应的调整。

三、智能制造人力资源需求分析

(一)智能制造人力资源需求宏观预测

1.总量预测

2006—2016 年,我国城镇单位制造业就业人员数由 3351.61 万人增长到 4893.84 万人,增幅为 46.01%,年均增加 140.20 万人。在 2016—2025 年这一时期,我国的工业化进程仍将继续,制造业仍是国民经济的支柱产业,是产业转移人口和吸收青年劳动力的主力军。但受人口转变和第一产业人员转移规模缩小的影响,今后制造业就业的数量增长和增幅将小于 2006—2016 年。

我们运用灰色 GM(1,1)预测模型,对制造业人力资源需求总量进行了预测,原始数据来源于相应年份的《中国劳动统计年鉴》,指标为城镇单位制造业就业人数,具体包括国有单位、城镇集体单位,以及联营经济、股份制经济、外商投资经济、港澳台投资经济等单位就业人数。根据我们的估计结果,与 2016 年相比,2025 年城镇单位制造业就业人数将达到 8662.92 万人,净增 3969.08 万人(见表 3.9)。

表 3.9　2016—2025 年我国制造业人力资源需求及预测（1）

年份	人数（万人）	比上年净增长人数（万人）
2016	4893.84	—
2017	5669.89	+776.05
2018	5978.41	+308.52
2019	6303.72	+325.31
2020	6646.73	+343.01
2021	7008.41	+361.68
2022	7389.77	+381.36
2023	7791.87	+402.10
2024	8215.86	+423.99
2025	8662.92	+447.06

资料来源:本课题组预测。

2. 平均受教育年限

2006—2016 年,我国制造业从业人员平均受教育年限由 9.54 年增长到 10.07 年,增加了 0.53 年。而随着我国各级教育特别是高等教育规模的不断扩展,制造业从业人员的受教育程度提升幅度必将有所提高。按照《制造业人才发展规划指南》的预计,2025 年制造业从业人员的平均受教育年限将达到 12 年(见表 3.10)。

表 3.10　2006—2025 年我国制造业人力资源需求及预测（2）

年份	平均受教育年限（年）	受高等教育比例（%）	高技能人才占技能劳动者比例（%）	研发人员占从业人员比例（%）
2006	9.54	7.6	14.9	—
2016	10.07	17.6	21	—
2020	11	22	28 左右	6 以上
2025	12	27	35	10 以上

资料来源:根据历年《中国统计年鉴》《中国劳动统计年鉴》计算,2020 年为《制造业人才发展规划指南》的预测值。

3. 受高等教育比例

2006—2016 年,我国高等教育取得了迅速发展,制造业从业人员中具有大专及以上学历的劳动者数量增加明显,比重提升较快,十年间共提升了 10 个百分点。制造业从业人员中接受过高等教育的比重,2025 年将达到 27% 左右,这也意味着届时将有超过四分之一的制造业从业人员都接受过高等教育。

4. 高技能人才占技能劳动者比例

从 2006 年到 2016 年,我国高技能人才占技能劳动者比例从 14.9% 提高到 21%,增长了大约 6 个百分点。预计到 2025 年将达到 35% 的水平。相比之下,我国的高技能人才与发达国家仍存在着较大的差距,比如德国高技能人才在技能劳动者中的比重在 50% 以上,日本则为 40% 左右。[①]

5. 研发人员占从业人员比例

一份调查报告披露的数据表明,2015 年广东省和湖北省被调查制造业企业平均研发人员占比为 6.2%。[②] 根据我们对智能制造企业的调查,海尔集团现有的 6 万多名员工中,研发人员约有 1 万人,占比大约为 16%;宇通客车员工有 3.5 万人,研发人员超过 3000 人,占比接近 9%。考虑到这些企业在国内属于相对比较发达的制造企业,以此为依据,我们预测到 2025 年,我国智能制造企业研发人员占从业人员的比例至少应该达到 10% 以上的水平。

(二)智能制造企业人力资源岗位需求分析

为了解智能制造企业对人力资源需求的现状和未来的趋势,我们通过大型招聘网站一览英才网发布网络调查问卷,调查时间为 2018 年 8 月 20 日—9 月 10 日,参与调查的制造业企业共 62 家。按照各个岗位的职责不同,将岗位划分为研发、操作、监控检查、维修调试、数据分析及其他(见表 3.11)。其中,

---

[①]　王吉平:《别再"委屈"技能人才》,《中国电力企业管理》2017 年第 18 期。

[②]　程虹等:《中国制造业企业如何应对劳动力成本上升?——中国企业—劳动力匹配调查(CEES)报告(2015—2016)》,《宏观质量研究》2017 年第 2 期。

研发岗主要负责系统开发、产品开发、工艺设计及技术支持；操作主要为各生产线的一线工人；监控检查主要负责进度控制、设备安全防护、质量保证、产品检验；维修调试主要负责定期维修维护、设备故障维修、原因分析、参与改善对策的制定、新设备调试；数据分析负责数据的统计、分析、挖掘等。其他岗位如管理、规划等划分为其他。

表 3.11　智能制造企业岗位划分

岗位名称	岗位描述
研发	主要负责系统开发、产品开发、工艺设计及技术支持
操作	主要为各生产线的一线工人
监控检查	主要负责进度控制、设备安全防护、质量保证、产品检验
维修调试	主要负责定期维修维护、设备故障维修、原因分析、参与改善对策的制定、新设备调试
数据分析	负责数据的统计、分析、挖掘等
其他	除上述岗位的其他岗位,如管理、规划等

资料来源:本课题组自行整理所得。

人力资源满足情况:在全部调查企业中,38%的企业认为现有的人力资源可以满足企业发展需要,62%的企业认为存在着人力资源的缺口,其中21%的企业人力资源缺口在 10%以下,5%的企业人力资源缺口在 10%—30%,而30%的企业缺口在 30%—50%之间,还有 6%的缺口超过了 50%(见图 3.6)。这就意味着将近三分之二的制造企业存在着人力资源缺口,部分企业的用人需求缺口较大。

岗位需求:在参与到智能制造环节的各类岗位需求中,有 40%的企业对操作岗位需求所占比例最大,39%的企业对研发岗位需求占比最大,13%的企业对数据分析岗位需求所占比例最大(见图 3.7)。综合参与调查的所有企业进行整体分析,智能制造环节需求所占比例最高的三种岗位类型为操作岗、研发岗、数据分析岗。

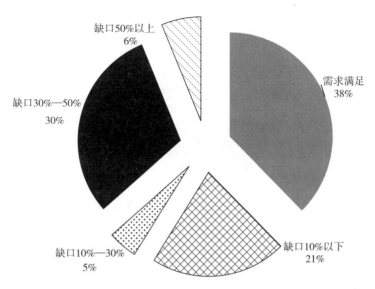

图 3.6　2025 年人力资源满足状况

资料来源:本课题组预测。

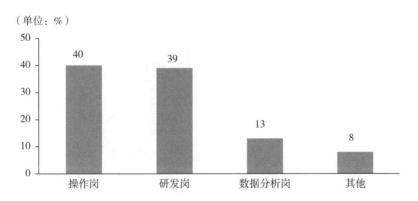

图 3.7　2025 年岗位需求比例

资料来源:本课题组预测。

岗位要求:在对自动化、智能化操作人员的学历要求上,69%的企业要求最低学历为本科,26%要求高职高专,5%要求最低学历为研究生(见图 3.8)。

图 3.9 显示出:在对智能制造人员的能力素质要求上,44%的企业认为有

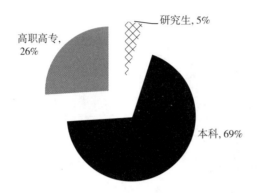

图 3.8　2025 年对员工学历要求

资料来源:本课题组预测。

相关工作经验最重要,24%的企业认为具有一定管理能力最重要,19%的企业认为生产线控制设计能力最重要,13%的企业认为智能机器操作能力最重要。智能制造人员的能力素质要求按重要性排序依次为:有相关工作经验、具有一定管理能力、具有生产线控制设计能力、智能机器操作能力强。

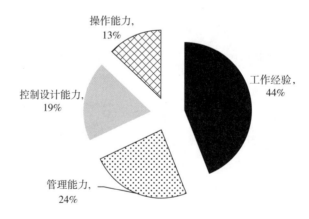

图 3.9　2025 年岗位能力需求

资料来源:本课题组预测。

　　下面,我们来总结一下智能制造企业人力资源需求的基本情况(见表3.12):

表 3.12　未来企业岗位需求状况及岗位要求

总体需求	近三分之二的制造企业存在着人力资源的缺口，部分企业的用人需求缺口较大
岗位需求（按需求比例排序）	1. 操作岗 2. 研发岗 3. 数据分析岗 4. 其他岗
岗位学历要求（按需求比例排序）	1. 本科 2. 高职高专 3. 研究生
岗位能力要求（按需求比例排序）	1. 有相关工作经验 2. 管理能力 3. 生产线控制设计能力 4. 智能机器操作能力

资料来源：本课题组根据预测结果自行整理。

四、智能制造发展中的人力资源问题与应对之策

根据以上分析内容，可以将我国智能制造发展中的人力资源问题大致总结归纳为五点：一是智能制造人力资源面临着数量与质量的双重挑战；二是教育与市场脱节使得人才培养不能适应智能制造发展的需求；三是培训体系不健全、项目不精准导致培训不足和培训效果不高；四是人员不稳定、跳槽现象严重影响了职工队伍稳定和人力资本提高；五是人才地区分布不平衡，中西部地区智能制造企业难以吸引到足够的人才。

有鉴于此，我们提出以下应对之策：

（一）加强智能制造人力资源队伍建设的顶层设计，突出预测的科学性和前瞻性

随着《中国制造2025》的实施和智能制造的不断发展，对智能制造行业人力资源的需求现状分析和未来预测就显得格外必要。目前，我国已经出台了包括《制造业人才发展规划指南》在内的《中国制造2025》配套文件，相关的

人才规划也基本形成体系,顶层设计基本成型。在具体工作中,如何将各项政策相互协调并落实到位,将是发挥政策效能的关键。

要突出预测的科学性和前瞻性。一方面,要紧跟智能制造发展的最新进展,密切跟踪产业发展趋势,并以此作为预测研判的基本依据。另一方面,必须从我国人口与劳动力的基本国情出发,准确把握人口与劳动力未来发展的趋势,通过政策干预和调节,使人口与劳动力形势变化适应产业发展的变化。劳动力需求是产业发展的引致需求,政府可以通过人口生育政策、产业转移政策、教育培训政策等,从数量和质量两个方面满足产业发展对人力资源的迫切需求。

(二)提高产业发展急需岗位培训的精准性,改变教育培训"撒胡椒面"的做法

目前,我国已经出台了一系列鼓励和扶持职业教育与培训的政策和措施,在实践中也取得了一定的效果。但总体来看,无论是劳动者还是企业,都对培训不太感兴趣,导致培训效果大打折扣。国家扶持的培训项目存在着面太广、项目太多、类型太杂的问题,这种"撒胡椒面"的做法并没有发挥出培训资金的最大效应。这就意味着如果要改善培训效果,关键还是提高企业和劳动者个人参与的积极性。因此,未来的培训政策应改变这种大面积撒钱的做法,围绕着智能制造发展过程中的急需岗位和工种,以部分补贴为主,充分调动企业和个人参与的积极性,实现培训效果的最大化。

(三)注重人力资源配置的地区平衡,大力扶持中西部地区智能制造的发展

人力资源是智能制造发展的基础和关键因素。针对我国人力资源分布不均衡的问题,国家应充分发挥"逆向调节"的作用,将更多的注意力集中到中西部地区的智能制造中去,实现人力资源配置均衡发展的目标。中西部地区

地方政府和企业应采取多种措施,增强本地企业的吸引力:一方面,在人才和科技实力上开展对接帮扶。由国家层面统筹协调,制订中长期的东中西部人才交流计划;另一方面,加大中西部地区扶持政策的灵活度和操作空间。比如在户口、住房分配、福利待遇、职称评审和技术等级鉴定等方面,给予更优厚的待遇。在科技创新激励政策上,给予科研人员更大的倾斜,吸引更多的人才到中西部地区入驻。

第四节 "十四五"时期就业结构变动的趋势与政策选择

一、"十四五"时期就业结构变动的趋势

"十四五"时期是我国开启全面建设社会主义现代化国家新征程的第一个五年。就业是最大的民生,是经济社会稳定发展的基石。准确把握未来我国就业结构的变化趋势和特征,特别是深刻理解和抓住就业结构变化的主线,对于做好就业工作,实现更充分更高质量就业,具有十分重要的意义。就业作为经济社会发展的引致性需求,受到产业结构、人口结构、技术进步等多方面的影响。因此,要把握未来就业结构变化的主线,就必须在科学预测经济社会发展趋势的基础上,对上述影响因素的变化特点进行深入分析,做到未雨绸缪,冷静应对就业领域可能出现的挑战和各种不确定性。

首先,从经济发展的态势来看,经济增长不确定性增强,就业总量与就业结构都将受到影响。我国仍然处于持续较快推进工业化、城镇化、信息化和农业现代化的历史时期,有必要也有能力保持持续稳定发展的态势。国内看,随着新型城镇化的持续推进,我国城镇化正在转入一个以城市群为主体形态,注重人的发展,注重城市基础设施、公共服务水平全面提高,注重规划布局科学合理的新阶段。城镇化与工业化、信息化会进入新一轮的良性互动,并支持经

济进入持续较快增长。但是,受到新冠肺炎疫情以及国际贸易保护主义抬头的影响,中国经济发展的不确定性大大提高。未来想要继续保持"十三五"时期的增长速度,难度确实不小。经济增长是拉动就业扩大的基本力量。如果经济增速减缓压力增大,那么稳就业的任务将更为艰巨。除了影响就业总量,就业结构优化升级的步伐也必将减缓。

其次,从产业结构来看,第三产业的比重将进一步上升。统计数据显示,2008 年,我国第三产业就业人数为 25087.2 万人,占比 33.2%。2018 年,第三产业就业人数为 35938.0 万人,占比 46.3%。我国第三产业就业人数占比上升了 13.1%,2019 年进一步提升到 47.4%。并且第三产业就业人数总量在 20世纪 90 年代超过了第二产业,在 2011 年又超过第一产业,成为我国三次产业中吸纳劳动力最多的产业,第三产业成为劳动力的最大的"蓄水池"。"十四五"时期,第三产业就业人数的占比将提升到 50% 以上,在吸纳就业方面的作用更加凸显。

再次,在人口结构方面,老龄化程度进一步加深,劳动年龄人口将持续减少。人口年龄结构的变化,不仅会使我国的人口红利进一步衰减,还会使人口负担进一步加重,社会保障压力持续增大。

最后,技术进步在提高经济增长质量的同时,也会对就业结构和劳动力市场产生明显的冲击。随着新技术的应用,新经济新业态不断涌现,而新技术对就业将会带来双重影响。新技术将会使大量传统就业岗位消失,造成更多的摩擦性失业。将大量传统就业岗位的员工排挤出来,推动产业结构优化升级,同时将使就业结构发生变化,特别是助推第三产业的就业比重持续上升,而且使第三产业内部的就业结构也将进一步优化。

二、抓住就业结构变动的主线推动实现更充分更高质量就业

基于上述分析,在"十四五"时期,针对就业结构将要发生的变化,必须切实采取有效措施积极应对。在就业结构优化升级的同时,努力实现更充分更

高质量的就业。

第一,必须紧紧抓住经济增长带动就业扩大和就业结构调整这条主线,在稳增长、保增长中实现稳就业、保就业。"十四五"时期,我国经济发展的内外环境面临的不确定性增多,面临着诸多的困难和挑战。同时,也存在着难得的发展机遇。为了应对这些挑战,中央提出要加快构建以国内大循环为主体、国内国际双循环相互促进的新发展格局,与此同时,我国经济发展的基本面并未发生根本性变化,各种经济新动能不断涌现。只要能够保持国民经济持续稳定和高质量发展,就业压力就会大大减轻,就业结构转型升级也就能够顺利实现。

第二,充分发挥第三产业吸纳就业的积极作用,同时也要注重巩固和发展第二产业在解决就业问题方面的积极作用。在"十四五"时期,就业于第三产业的劳动者比重仍将进一步上升,其作为吸纳劳动力就业主阵地的地位将得到进一步巩固。同时,也必须高度重视第二产业的发展,切忌出现第二产业虚化、空心化的趋势。作为一个发展中的大国,第二产业尤其是制造业的地位尤为重要,要避免出现一些发达国家和地区出现过的产业空心化现象。相应地,也要积极发挥第二产业在解决就业问题方面的积极作用。事实上,第二产业的健康发展和地位稳固,本身对第三产业的发展具有促进和带动作用。

第三,不断提高就业质量,加强新经济新业态中的劳动者保护力度。随着就业结构的进一步转型升级,越来越多的劳动者转移到新经济新业态中就业,灵活就业人员也迅速增加。与此同时,他们的劳动保护问题也日渐突出。只有不断完善社会保障体制,创新劳动保护的方式方法,探索新形势下保障劳动者权益的方式方法,才能将更多的灵活就业人员纳入"保护伞"。

第四章　经济增速减缓背景下失业预警与失业群体的精准识别研究

　　本章聚焦经济增速减缓背景下失业预警和失业群体的精准识别问题开展探索性研究。工业革命以来的全球经济史,尤其是 20 世纪以来一百多年来的国际经验表明,经济增长具有周期性规律,不管时间长短或波动程度大小,总能事后将一个经济周期总结划分为四个阶段:繁荣、衰退、萧条、复苏。在经济增速减缓背景下,劳动者的就业会面临巨大冲击,失业风险加大。这一经济规律,我国自然也无法逃避。新中国成立 70 多年来,尤其是改革开放以来的经验表明,历次经济增速减缓背景都对我国劳动者的就业状况造成了不小冲击。① 持续至今的本轮中国经济增速减缓,在经济增速减缓压力持续加大、结构调整深入推进的背景下,由于劳动力供给与需求的总量矛盾依然存在、结构性矛盾更加凸显、青年就业任务艰巨、结构调整中的职工安置任务繁重②,劳动力市场中潜在的失业风险无疑会大大增加。

　　基于上述理解和判断,按照逻辑顺序,本章首先要致力于回答一个会决定后续研究方向的基本问题:在本轮经济增速减缓背景下,是否出现了"增长与

---

　　① 赖德胜、李长安:《创业带动就业的效应分析及政策选择》,《经济学动态》2009 年第2 期。

　　② 尹蔚民:《在推动经济发展中促进就业稳定增加》,《就业与保障》2016 年第 8 期。

就业相背离"的现象？接着,我们将回到劳动经济学的经典理论中去,并最大限度吸纳那些扎根中国大地开展的理论和实证研究工作所取得的富有洞察力的思想观点,筛选并论证可以选择哪些指标来直接、直观地实现失业预警。同时,作为一种尝试,我们回归现实,最大限度地利用了中国现有统计系统发布的统计数据(从而确保了数据的可得性),建立了一个评价指标体系以间接实现对失业的预警;最后,我们归纳总结了与常规情形相比,在经济增速减缓背景下,可能主要有哪些因素会形成对就业的冲击,并依据失业影响机制的理论指导,基于可获得的最新微观抽样调查数据,对于哪些群体更容易跌入失业陷阱和面临失业危机进行了精准识别。更具体地说,本章将围绕以下四个问题展开讨论:

第一,"增长与就业相背离"现象及其可持续性的判断和解释。近几年来,伴随中国经济进入下行阶段,伴随中国经济增长由高速转向中高速,从官方公布的数据来看,总体就业形势却并未如预期那样恶化,反而表现尚好,以致有观点认为目前我国经济运行出现了"增长与就业相背离"的现象。其原因何在？劳动年龄人口结构变化,产业结构中第三产业比重上升,抑或我国政府秉持的积极就业政策,能在多大程度上对上述现象给予解释？更为重要的是,我们还需要对以下问题给出判断:即便在经济增速减缓初期出现了"增长与就业相背离"现象,那么这一现象可持续吗？会贯穿整个经济增速减缓期吗？

第二,判断在本轮经济增速减缓背景下,结构性调整、供给侧结构性改革以及技术进步等因素会对就业状况产生何种影响,会有多大可能及在多大程度上引发失业风险。如果经验观察和数据检验的结果都表明,"增长与就业相背离"现象是虚假的,或者只是暂时的、是不可持续的,那么在经济增速减缓压力持续加大、结构调整深入推进的背景下,劳动力市场中潜在的失业风险无疑就会增加。我们需要对失业风险发生的规模和程度给出事实判断。

第三,失业预警监测指标的构建研究。在本章中,我们将建立失业预警监测指标体系,从而对我国未来一段时期出现失业风险的可能性进行监测、评价和预判。我们将基于那些长期观察和研究中国劳动力市场演变规律的中国学者的重要理论和实证文献,尝试论证如果使用失业率指标作为主要指标来构建失业预警监测指标,会有哪些局限性。由此,我们会突出强调通过失业率指标、就业率指标和劳动参与率指标等指标的协同使用,来构建经济增速减缓背景下失业预警监测指标体系的合理性和比较优势;同时,作为一种探索,我们还将回归现实,最大限度地利用中国现有统计系统发布的统计数据(从而确保了数据的可得性),建立一个评价指标体系以间接实现对失业的预警,并检验这一间接性的失业预警监测体系应用于国家或地区层面,一方面究竟具有多大价值,另一方面还会衡量这些检验结果是否与我们通常的经验观察相符、是否违背了常识。

第四,失业群体的精准识别研究。在经济增速减缓和结构调整深入推进的背景下,除了要在总体和全局层面进行失业预警,还需要突出重点,对哪些细分群体更容易跌入失业陷阱和面临失业危机进行精准识别。例如,在我国以往的经济增速减缓背景下就更易遭受失业风险的群体而言,主要是受教育程度不高的低技能劳动者,那么,在本轮经济增速减缓背景下,还是如此吗? 有无可能出现中等技能者遭受失业风险最大的情况? 我们存在这种担心的理由如下:其一,就以大学毕业生为代表的高技能劳动者而言,即便出现因结构调整而失业的情况,在目前新经济形态、新业态迅猛发展的劳动力市场环境中,他们比较容易搜寻到匹配岗位;其二,就以新生代农民工为代表的低技能劳动者而言,如果其在第二产业的工作岗位由于结构性调整而消亡,那么由于第三产业尤其是低端服务业的劳动力需求依然旺盛,他们也比较容易实现重新就业。而对于以接受过高中阶段教育为代表的中等技能者而言,一旦出现失业,则很可能由于"高不成低不就"而无法顺利实现重新就业。当然,真实世界的情况是否如此,还需要我们利用抽样调查数据进行统计推断来印证。

第一节　本轮经济增速减缓背景下增长与就业相背离了吗？

一、研究背景和问题的提出

（一）中国经济最近一轮的增速减缓阶段

改革开放四十多年来，中国经济快速发展，取得了巨大成就，已成为世界第二大经济体，正在努力实现从中等收入国家向高收入国家的转变，同时，我们对自身发展质量也越来越关注。尤其是自 20 世纪 90 年代以来，中国经济出现了年均高达 10% 以上高速增长。但是，随着 2008 年开始的全球范围内的国际金融危机，在重创发达国家金融体系和实体经济后，也造成了中国经济的滑坡。2008 年中国经济增长率大幅度下跌，但中国政府迅速采取措施，在此后一段时间（2008—2012 年），有效稳定了经济增速减缓压力并呈现一定程度的复苏，这在国际上为中国政府赢得了应对及时和反应迅速的美誉。而自 2012 年以来，中国经济增长率呈现平稳下降趋势。因此，自 2008 年以来，中国经济分别经历了两个阶段但程度不同的增速减缓趋势（见图 4.1）。

（二）本轮经济增速减缓背景下就业情况分析

近几年来，伴随中国经济增长由高速转向中高速，从公布的城镇就业数、城镇登记失业率和城镇调查失业率来看，总体就业形势并未如预期那样恶化，反而表现尚好，以致有观点认为目前我国经济运行出现了"增长与就业相背离"的现象。其原因何在？劳动年龄人口结构变化，产业结构中第三产业比重上升，抑或我国政府秉持的积极就业政策，能在多大程度上对上述现象给予解释？更为重要的是，我们还需要对以下问题给出判断：即便在经济增速减缓

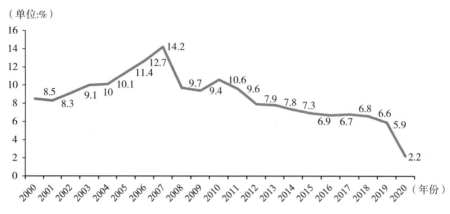

图 4.1　2000—2020 年中国经济增长速度

资料来源:国家统计局各年《中国统计年鉴》。

初期出现了"增长与就业相背离"现象,那么这一现象可持续吗? 为了回答以上问题,我们分别对经济增长速度与城镇登记失业率之间的变化关系和经济增长率与城镇就业人员数量变化率之间的关系进行了分析。

1.经济增长速度与城镇登记失业率变化之间的关系

城镇登记失业率,是中国特有的失业统计指标。城镇登记失业人员数与城镇单位就业人员(扣除使用的农村劳动力、聘用的离退休人员、港澳台及外方人员)、城镇单位中的不在岗职工、城镇私营业主、个体户主、城镇私营企业和个体就业人员、城镇登记失业人员之和的比。其中,城镇登记失业人员指有非农业户口,在一定的劳动年龄内(16 岁以上及男性 60 岁以下、女性 50 岁以下),有劳动能力,无业而要求就业,并在当地就业服务机构进行求职登记的人员。

一般认为,经济增长状况决定了就业状况,经济高速增长会带来就业规模的扩大,而经济增长速度快速下降则是引发高失业率的根本原因。但是如图 4.2 所示,我们发现自 2008 年国际金融危机以后,中国经济呈现了一定程度增速减缓趋势,然而城镇登记失业率基本稳定在 4.0%左右,城镇登记失业率并没有随着经济形势的变化而出现下滑趋势。这似乎表明经济增速的下滑并不会造成较高的失业率。

图 4.2　2008—2020 年经济增长速度与城镇登记失业率

注:中国经济增长数据来源于国家统计局《中国统计年鉴》;城镇登记失业率数据来源于《中国人口和
　　就业统计年鉴》。

2.经济增长速度与城镇就业人员数量变化率之间的关系

城镇就业人员变动数据是反映就业工作状况和政策落实情况的重要指标,根据 2004 年劳动和社会保障部、国家统计局、国家工商行政管理总局印发的《城镇就业人员变动数据测算暂行办法》,我们对城镇就业人员数量率变化进行了计算,具体的城镇就业人员数量变化率等于城镇新增就业人员除以上一期城镇就业人员的比值。① 如图 4.3 所示:我们发现城镇就业人员数量变化率在 2008—2012 年基本稳定在 3.5% 左右。而自 2012 年中国经济进入新一轮的增速减缓趋势后,城镇就业人员数量变化率出现了不断下降的态势,这符合了经济增长与就业之间呈正相关关系的理论预期。

---

① 城镇新增就业人员数等于报告期内城镇累计新就业人员数减去自然减员人数。自然减员人数是指报告期内按照国家政策规定办理正式退休手续人员和因伤亡减员的人数,包括城镇各类单位、私营个体经济组织、社区公益性岗位及灵活就业人员中的离退休人数及在职人员伤亡减员人数。

图 4.3　2008—2020 年经济增长速度与城镇就业人员数量变化率

注：中国经济增长数据来源于国家统计局《中国统计年鉴》；城镇登记失业率数据来源于《中国人口和
就业统计年鉴》。

（三）问题提出：经济增长与就业相背离了吗？

综上所述，自 2008 年国际金融危机以来，中国面临巨大的经济增速减缓压力，在出台相应的经济刺激措施后，从"四万亿计划"经济刺激到"GDP 保八"，再到近期有学者提出的"GDP 保六"，虽然对于稳定经济增长存在不同维度的理解和诠释，但是稳定经济增长始终伴随着稳就业的目标，从总需求管理的角度来看，合意的经济增速应该是与就业目标紧密相关的。

然而从以上数据我们发现，虽然城镇就业人员数量变化率与中国经济增长存在正相关关系，这与经济学教科书中的经典理论"奥肯定律"相符合。但是作为衡量就业关键因素的城镇登记失业率的变化却出现了与中国经济增长率的变化不一致的现象。城镇登记失业率的变化表明，在中国经济增速减缓压力下，就业市场似乎一直保持相对稳定，并没有出现之前的随经济增速减缓而就业下滑的情况。这与之前"GDP 保八"、保就业的历史时期形成了鲜明对比，也与"奥肯定律"不相符合。如何客观评估近年来我国劳动力市场的整体状况？如何理解经济增速减缓而就业却"异常"稳定的现象？对此，我们试图从不同途径公布的城镇调查失业率以及科学计算方法测度的中国城镇失业率等方面对问题进行深入的原因剖析,从而为科学探寻经济增长合意区间和正确把握政策力度等提供思路。

二、经济增长与就业相背离了吗?——不同来源城镇失业率指标的考察

(一)衡量就业(失业)指标的确定

单就失业率的计算方法看,是比较简单的。但何为就业人口、何为失业人口,则有不同的理解。国际劳工组织为规范世界各国劳动力市场统计,保证各国劳动力市场数据可以相互比较,制定了标准的就业、失业指标定义。

我国劳动力调查同样采用了国际劳工组织关于就业、失业的统计标准。根据我国法律规定,16 岁及以上才可以合法工作,所以就业人口是指在调查参考期内(通常为一周),16 周岁及以上,为了取得劳动报酬或经营收入而工作了至少 1 小时的人口,包括休假、临时停工等在职但未工作的人员。失业人口是指 16 周岁及以上,没有工作但在三个月内积极寻找工作,如果有合适的工作能够在 2 周内开始工作的人。由于采用了国际标准的就业和失业定义,保证了我国调查失业率数据与其他国家数据的可比性,在我国经济日益融入全球经济体系的今天,这一点尤为重要。此外,我国劳动力调查以 16 岁及以上的常住人口为统计对象,且不论其是否进行了失业登记,均按国际标准进行就业失业状态的认定,使得我国调查失业率数据可以更全面地反映劳动力市场的实际状态。

接下来,我们使用国家统计局公布的城镇调查失业率指标和一些学者的计算方法分别进行对比分析。

(二)使用不同来源的城镇失业率指标对我国就业情况及与经济增长的关系进行分析

1.国家统计局公布的城镇调查失业率指标的变化

按照吴要武和陈梦玫的细致考察,国家统计局在 2017 年以前并未公开城

镇调查失业率,但是可以从一些领导讲话以及各种文章中得到这样的数据信息,即 2013 年以来,城镇调查失业率稳定在 5%左右。人力资源和社会保障部也发出就业形势良好的信息,指出中国保持了比较充分的就业。[①] 因此可以认为,按照国家统计局的数据信息,经济增长与就业之间是相互背离的。

2. 一些学者估算出的我国城镇"真实"调查失业率

蔡昉和王美艳在 2004 年发表的一篇文章中认为,(当时的)中国劳动和社会保障部统计得出的城镇登记失业率,由于指标包含的年龄范围较窄(仅包括 16 岁到 50 岁的男性和 16 岁到 45 岁的女性),且没有把享受下岗生活补贴人员中的失业者,以及处于失业状况但并未进行登记的人员包括在内,这样大大低估了中国城镇的真实失业水平。而国家统计局根据城镇劳动力住户抽样调查数据估计得出的城镇调查失业率,虽然是按照国际上通行的就业定义,可以计算得到比较准确的调查失业率,但是该调查的结果并没有全部公布,因此,也不能获得实际失业率数字。[②] 于是,他们就尝试利用国家统计局关于城镇劳动力住户抽样调查数据中提供的信息估计调查失业率,即用城镇经济活动人口减去城镇就业人口(这样可得出失业人口数)。具体的城镇经济活动人口数,用国家统计局提供的城乡加总数,减去农村就业人口数得出。[③] 按照这一方法,他们估算出来 1995—2002 年中国城镇"真实"调查失业率水平。张车伟和蔡翼飞也采用了同样的方法,估算出来 1990—2009 年的中国城镇"真实"调查失业率水平[④],具体情况如表 4.1 所示。

---

① 吴要武、陈梦玫:《当经济下行碰头就业压力——对中国城乡劳动力市场状况的分析》,《劳动经济研究》2018 年第 3 期。

② 蔡昉、王美艳:《中国城镇劳动参与率的变化及其政策含义》,《中国社会科学》2004 年第 4 期。

③ 他们认为,由于农村家庭承包制保证了每个人拥有一块责任田,农村劳动力要么在非农产业就业,要么可以被视为在农业就业,失业率很低。所以,在不能获得农村真实失业率的情况下,假设农村经济活动人口的失业率为零,因而把农村就业人口与经济活动人口视为相等,不会产生很大误差。

④ 张车伟、蔡翼飞:《中国劳动供求态势变化、问题与对策》,《人口与经济》2012 年第 4 期。

表 4.1　1990—2009 年中国城镇劳动力市场主要指标

年份	城镇劳动年龄人口（万人）	城镇就业人员（万人）	城镇失业人员（万人）	城镇劳动参与率（%）	城镇就业率（%）	城镇调查失业率（%）
1990	25143.8	17041	574	70.06	67.77	3.26
1991	26176.9	17465	600	69.01	66.72	3.32
1992	26823.3	17861	630	68.94	66.59	3.41
1993	27526.2	18262	660	68.74	66.34	3.49
1994	28440.3	18653	680	67.98	65.59	3.52
1995	29167.0	19040	790	67.99	65.28	3.98
1996	31137.0	19922	815	66.60	63.98	3.93
1997	33159.4	20781	980	65.63	62.67	4.50
1998	35023.9	21616	1450	65.86	61.72	6.29
1999	36967.8	22412	1397	64.40	60.63	5.87
2000	38873.3	23151	1907	64.46	59.56	7.61
2001	40806.7	24123	1407	62.56	59.12	5.51
2002	42716.2	25159	1620	62.69	58.90	6.05
2003	44878.7	26230	1643	62.11	58.45	5.89
2004	46960.1	27293	1623	61.58	58.12	5.61
2005	48529.7	28389	2052	62.73	58.50	6.74
2006	50879.9	29630	1844	61.86	58.24	5.86
2007	53161.7	30953	1655	61.34	58.22	5.08
2008	55088.0	32103	1763	61.48	58.28	5.21
2009	57129.8	33322	1817	61.51	58.33	5.17

资料来源：张车伟、蔡翼飞：《中国劳动供求态势变化、问题与对策》，《人口与经济》2012 年第 4 期。

　　可以发现，1990—2009 年我国城镇失业人口规模在不断提高，由 1990 年的 574 万人提高到 2009 年的 1817 万人。观察城镇"真实"调查失业率在 1990—2009 年考察期间的变化，有一个明显的感受：在这 20 年中，与城镇登记失业率呈稳定、小幅变化相比，城镇"真实"调查失业率的变化幅度明显，尤其是 1997 年之后更是如此。而且，观察 1997 年之后的变化情况，可明显发现几个突变点与我国经济增长受到的几个国内国际冲击显著相关。1997 年的城镇"真实"调查失业率突然由之前的稳定变化跃升了 0.57 个百分点,达到了 4.50% 的水平,显然与当年的东南亚金融危机有关;2000 年的失业率水平达到历史高点(7.61%),则受到所积累的始于 1998 年的国企脱困、减员增效政策所导致的下岗失业职工大量增加影响,这一影响一直持续到 2005 年前后,才慢慢消散。[1] 另外,张车伟根据全国第五次人口普查资料所计算的 2000 年中国城镇失业率为 8.29%[2],这也进一步证明采用此方法估算的城镇失业率是较为准确的,而如果采用城镇登记失业率(2000 年中国的城镇登记失业率仅为 3.1%)来判断失业状况则会造成很大的偏差。

而且,更为重要的是,将城镇"真实"调查失业率的变化与同期的经济增长率变化进行对比,则可以发现其结果与通过观察城镇登记失业率的变化能得出的增长与就业之间是相互背离的结论截然相反。

综上所述,我们认同蔡昉、张车伟等学者的这一估算方法。接下来将遵循他们的估算方法计算城镇失业率,并重新考察增长与就业是否相背离的核心命题。

三、对我国城镇失业率水平的测算

首先,我们采用蔡昉和王美艳、张车伟和蔡翼飞的方法对 2008—2018 年近两轮经济增速减缓背景下城镇失业率进行估计。具体为:

---

① 国家统计局发布的一份报告指出,1998—2002 年,国企下岗职工累计为 2023 万人,再加上 1998 年以前累计的下岗人员,国有企业下岗人员总量达到 2715 万人。1998—2005 年,全国共有 1975 万国有企业下岗人员实现了再就业。到 2005 年年底,国企下岗人员存量已由最高峰的 650 多万人下降到 61 万人,国有企业职工集中下岗对我国城镇就业造成的冲击基本消除。参见《就业规模不断扩大 就业形势长期稳定——新中国成立 70 周年经济社会发展成就系列报告之十九》,2019 年 8 月 20 日,http://www.stats.gov.cn/tjsj/zxfb/201908/t20190820_1692213.html,2022 年 4 月 14 日。

② 张车伟:《失业率定义的国际比较及中国城镇失业率》,《世界经济》2003 年第 5 期。

城镇失业率=城镇失业人员/城镇经济活动人口

=（经济活动人口-乡村就业人员-城镇就业人员）/

（经济活动人口-乡村就业人员）

其中,乡村就业人员≈乡村经济活动人口。计算结果见表4.2。

表 4.2 2008—2020 年中国城镇失业率

年份	经济活动人口（万人）	城镇就业人员（万人）	乡村就业人员（万人）	城镇失业率（%）
2008	77046	32103	43461	4.41
2009	77510	33322	42506	4.81
2010	78388	34687	41418	6.18
2011	78579	35914	40506	5.67
2012	78894	37102	39602	5.57
2013	79300	38240	38737	5.73
2014	79690	39310	37943	5.84
2015	80091	40410	37041	6.13
2016	80694	41428	36175	6.94
2017	80686	42462	35178	6.69
2018	80567	43419	34167	6.42
2019	81104	44247	33224	7.59
2020	78392	46271	28793	6.71

注:相关数据来源于《中国人口和就业统计年鉴》,城镇失业率为笔者自己测算。

2008—2020 年中国城镇失业率趋势图见图 4.4。城镇失业率从 2008—2012 年呈现出先增后降变化,这与 2008—2012 年中国经济受到国际金融危机后的经济增长率的变化趋势相符。城镇失业率 2013 年以后在较高的区间运行,这也与中国从 2013 年后经济增长率下降的变化一致。尤其是 2019 年的失业率水平达到这一期间的最高点(7.59%),我们认为这与供给侧结构性改革中的去产能政策所导致的失业风险骤然加大有重要关联。

接下来,为了对结果的稳健性进行检验,我们还需要对城镇失业率的计算

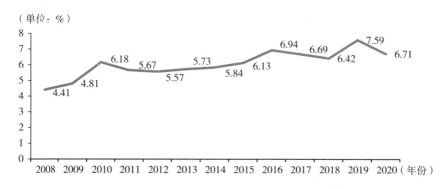

图 4.4　2008—2020 年中国城镇失业率

注：相关数据来源于《中国人口和就业统计年鉴》,城镇失业率为笔者自己测算。

方法的可靠性进行进一步考察。

　　与蔡昉和王美艳、张车伟和蔡翼飞等研究一致,我们同样从 1990 起开始估算城镇失业率,结果见表 4.3 和图 4.5。可以发现,我们的测算结果与这两篇文献所得结果基本一致。

表 4.3　1990—2020 年中国城镇失业率

年份	经济活动人口 （万人）	城镇就业人员 （万人）	乡村就业人员 （万人）	城镇失业率 （%）
1990	65323	17041	47708	3.26
1991	66091	17465	48026	3.32
1992	66782	17861	48291	3.41
1993	67468	18262	48546	3.49
1994	68135	18653	48802	3.52
1995	68855	19040	49025	3.98
1996	69765	19922	49028	3.93
1997	70800	20781	49039	4.50
1998	72087	21616	49021	6.29
1999	72791	22412	48982	5.87
2000	73992	23151	48934	7.61
2001	73884	24123	48674	4.31
2002	74492	25159	48121	4.60
2003	74911	26230	47506	4.29

续表

年份	经济活动人口 （万人）	城镇就业人员 （万人）	乡村就业人员 （万人）	城镇失业率 （%）
2004	75290	27293	46971	3.62
2005	76120	28389	46258	4.93
2006	76315	29630	45348	4.32
2007	76531	30953	44368	3.76
2008	77046	32103	43461	4.41
2009	77510	33322	42506	4.81
2010	78388	34687	41418	6.18
2011	78579	35914	40506	5.67
2012	78894	37102	39602	5.57
2013	79300	38240	38737	5.73
2014	79690	39310	37943	5.84
2015	80091	40410	37041	6.13
2016	80694	41428	36175	6.94
2017	80686	42462	35178	6.69
2018	80567	43419	34167	6.42
2019	81104	44247	33224	7.59
2020	78392	46271	28793	6.71

注：相关数据来源于《中国人口和就业统计年鉴》，城镇失业率为笔者自己测算。

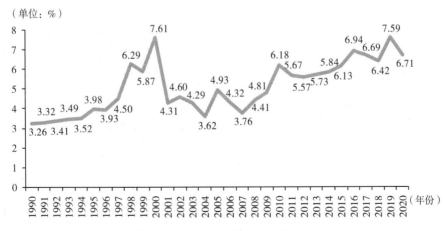

（单位：%）

图4.5　1990—2020年中国城镇失业率

注：相关数据来源于《中国人口和就业统计年鉴》，城镇失业率为笔者自己测算。

进一步,我们将时间向前提至 1978 年,看看改革开放 40 多年来城镇失业率的变化情况。通过 1978—2018 年中国城镇失业率的计算,以对方法的稳健性进行进一步的验证,具体结果见表 4.4 和图 4.6。重点看一下 1990 年之前的情况:从几个失业率高企的时间段,或突然由高到低或由低到高变化的时间点,例如 1978—1980 年、1984 年、1989 年,并凭借记忆将我们拉回到那几个中国经济社会发展的特殊时点,它们或者凸显了知青返城对城市劳动力市场带来的巨大冲击,或者反映了城市改革的启动或经济增长的波动对就业形成的直接影响,都与我们的经验判断相符。因此,一个初步判断是,我们所采用的估算方法是科学稳健的,同时,中国经济增长与就业具有显著的正相关性,增长与就业之间并不是相背离的。

表 4. 4　1978—2020 年中国城镇失业率

年份	经济活动人口（万人）	城镇就业人员（万人）	乡村就业人员（万人）	城镇失业率（%）
1978	40682	9514	30638	5. 28
1979	41592	9999	31025	5. 38
1980	42903	10525	31836	4. 90
1981	44165	11053	32672	3. 83
1982	45674	11428	33867	3. 21
1983	46707	11746	34690	2. 26
1984	48433	12229	35968	1. 89
1985	50112	12808	37065	1. 83
1986	51546	13292	37990	1. 95
1987	53060	13783	39000	1. 97
1988	54630	14267	40067	2. 03
1989	55707	14390	40939	2. 56
1990	65323	17041	47708	3. 26
1991	66091	17465	48026	3. 32

续表

年份	经济活动人口（万人）	城镇就业人员（万人）	乡村就业人员（万人）	城镇失业率（%）
1992	66782	17861	48291	3.41
1993	67468	18262	48546	3.49
1994	68135	18653	48802	3.52
1995	68855	19040	49025	3.98
1996	69765	19922	49028	3.93
1997	70800	20781	49039	4.50
1998	72087	21616	49021	6.29
1999	72791	22412	48982	5.87
2000	73992	23151	48934	7.61
2001	73884	24123	48674	4.31
2002	74492	25159	48121	4.60
2003	74911	26230	47506	4.29
2004	75290	27293	46971	3.62
2005	76120	28389	46258	4.93
2006	76315	29630	45348	4.32
2007	76531	30953	44368	3.76
2008	77046	32103	43461	4.41
2009	77510	33322	42506	4.81
2010	78388	34687	41418	6.18
2011	78579	35914	40506	5.67
2012	78894	37102	39602	5.57
2013	79300	38240	38737	5.73
2014	79690	39310	37943	5.84
2015	80091	40410	37041	6.13
2016	80694	41428	36175	6.94
2017	80686	42462	35178	6.69
2018	80567	43419	34167	6.42
2019	81104	44247	33224	7.59

续表

年份	经济活动人口（万人）	城镇就业人员（万人）	乡村就业人员（万人）	城镇失业率（％）
2020	78392	46271	28793	6.71

注：相关数据来源于《中国人口和就业统计年鉴》，城镇失业率为笔者自己测算。

（单位：％）

图 4.6　1978—2020 年中国城镇失业率

注：相关数据来源于《中国人口和就业统计年鉴》，城镇失业率为笔者自己测算。

四、估算结果的对比

第一，将我们估算的城镇调查失业率与其他相似研究进行比较。我们将估算结果分别与吴要武和陈梦玫、杨紫薇和邢春冰①的研究结果进行对比，发现我们的估算结果与吴要武和陈梦玫的研究结果相比，城镇失业率的走势和重要节点上的情形高度一致②，数据结构与杨紫薇和邢春冰的结果也高度一

---

① 吴要武、陈梦玫：《当经济下行碰头就业压力——对中国城乡劳动力市场状况的分析》，《劳动经济研究》2018 年第 3 期；杨紫薇、邢春冰：《教育、失业与人力资本投资》，《劳动经济研究》2019 年第 2 期。

② 吴要武和陈梦玫的计算失业率的方法如下：将《中国统计年鉴》所公布的经济活动人口数量和城乡就业者数量的差额，看作"失业者"，即被调查者在过去一段时间没有从事有收入的工作，有就业意愿并在劳动力市场上搜寻，一旦获得合适的工作机会，立即就能去工作。在失业率的统计定义上，这个"差额"是分子，"第二、第三产业的就业者"加上失业者是分母。更详细的方法说明和估计结果，见原文。

致(见表 4.5)。

表 4.5 1990—2015 年 22—55 岁中国城市劳动力失业率状况

变量 \ 年份	1990	2000	2005	2010	2015
年龄(周岁)	34.77	35.87	36.93	36.78	37.57
女性占比(%)	0.562	0.435	0.444	0.432	0.423
非农业户口占比(%)	0.885	0.666	0.626	0.609	0.719
教育水平					
小学及以下占比(%)	0.158	0.140	0.128	0.076	0.066
初中占比(%)	0.409	0.408	0.395	0.348	0.341
高中或中专占比(%)	0.326	0.292	0.275	0.260	0.268
大学专科占比(%)	0.065	0.107	0.122	0.152	0.162
本科及以上占比(%)	0.043	0.053	0.081	0.127	0.163
失业率(%)	0.014	0.083	0.055	0.056	0.066
样本量(个)	774138	134905	391296	187562	217196

资料来源:杨紫薇、邢春冰:《教育、失业与人力资本投资》,《劳动经济研究》2019 年第 2 期。

第二,将本方法估算的城镇失业率与国家统计局公布的城镇登记失业率进行比较,见表 4.6 和图 4.7。通过对比,我们发现 1978—1999 年本方法估算出的城镇失业率与城镇登记失业率高度一致,但是 2000 年以后,采用本方法估算出的城镇失业率与城镇登记失业率之间的差异明显,这可能主要是由于指标选取问题导致的。[①]

表 4.6 1978—2020 年中国城镇调查失业率与城镇登记失业率比较

年份	城镇失业率(%)	城镇登记失业率(%)
1978	5.28	5.3

---

① 参见蔡昉、王美艳:《中国城镇劳动参与率的变化及其政策含义》,《中国社会科学》2004 年第 4 期;张车伟、蔡翼飞:《中国劳动供求态势变化、问题与对策》,《人口与经济》2012 年第 4 期;任栋:《调查失业率与登记失业率之差异辨析》,《中国人口科学》2013 年第 2 期。

経済増速减缓与防范失业问题研究

年份	城镇失业率(%)	城镇登记失业率(%)
1979	5.38	5.4
1980	4.90	4.9
1981	3.83	3.8
1982	3.21	3.2
1983	2.26	2.3
1984	1.89	1.9
1985	1.83	1.8
1986	1.95	2.0
1987	1.97	2.0
1988	2.03	2.0
1989	2.56	2.6
1990	3.26	2.5
1991	3.32	2.3
1992	3.41	2.3
1993	3.49	2.6
1994	3.52	2.8
1995	3.98	2.9
1996	3.93	3.0
1997	4.50	3.1
1998	6.29	3.1
1999	5.87	3.1
2000	7.61	3.1
2001	4.31	3.6
2002	4.60	4.0
2003	4.29	4.3
2004	3.62	4.2
2005	4.93	4.2
2006	4.32	4.1
2007	3.76	4.0
2008	4.41	4.2

续表

年份	城镇失业率（%）	城镇登记失业率（%）
2009	4.81	4.3
2010	6.18	4.1
2011	5.67	4.1
2012	5.57	4.1
2013	5.73	4.1
2014	5.84	4.1
2015	6.13	4.1
2016	6.94	4.0
2017	6.69	3.9
2018	6.42	3.8
2019	7.59	3.62
2020	6.71	4.24

注:相关数据来源于《中国人口和就业统计年鉴》,城镇失业率为笔者自己测算。

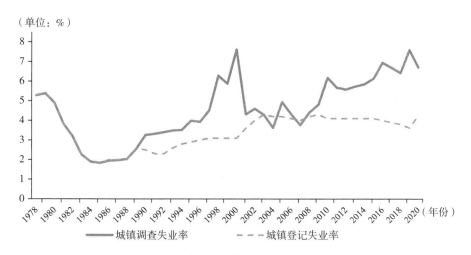

图 4.7　1978—2020 年中国城镇失业率和城镇登记失业率比较

注:相关数据来源于《中国人口和就业统计年鉴》,城镇失业率为笔者自行测算。

五、重新考察:增长与就业相背离了吗?

行文至此,我们就可以重新考察本节需要完成的中心任务了。如图 4.8 所示,如果依据城镇登记失业率指标,则中国经济增长与就业(失业)之间的关系并不符合经典理论对经济增长与就业之间关系的判断。一方面,这是由于国际社会比较公认的衡量就业的指标为调查失业率,而城镇登记失业率与城镇调查失业率本身在内涵、数据采集方法以及所得结果方面就存在巨大差异;另一方面,中国在城镇登记失业率数据核算方面存在一些误差,与国际社会就业核算指标之间还存在一定的差距。

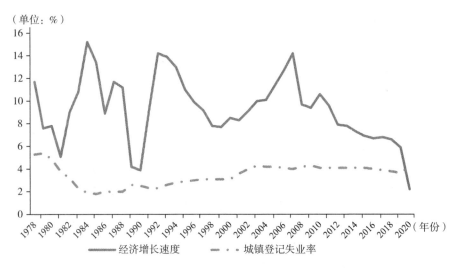

图 4.8　1978—2020 年中国经济增长速度与城镇登记失业率
注:相关数据来源于《中国统计年鉴》。

进一步,如图 4.9 所示,依据我们采用的估算方法所得到的城镇失业率,在 1978—1999 年,中国经济增长与就业(失业)之间的关系同样与经典理论对经济增长与就业之间关系的判断不符。但随着市场化改革的持续推进,2000 年以后,中国经济增长率与城镇失业率之间的变化逐步趋同,联系越来越紧密,即经济增长与失业变化呈现显著正相关关系,在经济增速减缓背景下更是如此。

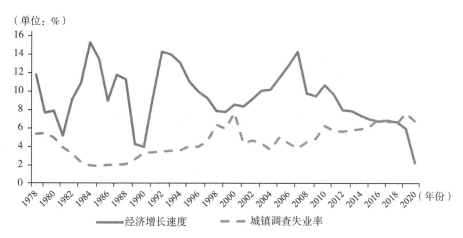

图 4.9　1978—2020 年中国经济增长速度与城镇调查失业率

注：相关数据来源于《中国统计年鉴》，城镇失业率为笔者自己测算。

综上所述，我们认为，在本轮经济增速减缓背景下增长与就业并没有相背离。与改革开放以来的绝大多数时期一样，经济增速的下滑不可避免地带来就业的困难，失业风险的增加，甚至失业状况的恶化。在持续至今的本轮经济增速减缓背景下，必须进一步按照中央的要求，坚持把稳定和扩大就业作为经济社会发展的优先目标，深刻理解将就业优先政策置于宏观政策层面、把稳就业作为"六稳"之首的重要意义，防范失业风险，尤其是要防范规模性失业风险，进一步增强政府决策部门对于失业问题的治理能力和治理水平。

第二节　经济增速减缓背景下的失业预警监测指标体系：讨论、构建及初步应用

在本节内容中，我们将首先讨论那些长期观察和研究中国劳动力市场演变规律的中国学者的重要理论和实证文献，从中汲取理论滋养和思想智慧，论证如果使用失业率指标作为主要指标来构建失业预警监测指标，会有哪些局

限性。由此,以经济增长率的变化来观察和判断失业状况为基准,我们会突出强调通过失业率指标、就业率指标和劳动参与率指标等指标的协同使用,来构建经济增速减缓背景下失业预警监测指标体系的合理性和比较优势,直接、直观地实现失业预警;与之并行,我们希望最大限度地利用中国现有统计系统发布的统计数据,建立一个评价指标体系以间接实现对失业的预警,并检验这一间接性的失业预警监测体系应用于国家或地区层面的实践价值如何。

一、如何观察和判断失业状况:基于既有文献的讨论

当前中国劳动力市场就业形势变化复杂,尤其是在本轮经济增速减缓背景下,如何准确观测和判断失业状况,成为政府和学界持续关注的重大现实问题。关于如何判断人口失业状况,是一个重要的跨学科问题,涉及人口流动、劳动力转移和失业等多个领域。已有研究分别从经济增长率的变化,以及失业率、就业率以及劳动参与率等方面对中国失业状况进行了判断分析,所得的结论也并不一致。因此,有必要首先基于既有文献对如何观察和判断失业状况进行一个梳理,从而使我们从理论角度对中国失业状况预测有一个更加清晰的认识,也为下一步构建失业预警监测指标体系打下坚实的理论基础。

(一)通过经济增长率的变化来观察和判断失业状况

对于奥肯定律是否适用于中国,已产出了大量实证研究,这些研究通过经济增长率的变化来观察和判断失业状况。[①] 然而随着研究的深入,关于奥肯定律是否在中国适用的问题,不同的学者给出不同结论。有的学者认为可以通过中国经济增长率的变化观察和判断失业状况,即奥肯定律在中国适用[②],

---

① 周长才:《经济增长与失业:奥肯定律在中国的存在性检验》,《学术研究》2001 年第 12 期;汪祥春:《解读奥肯定律——论失业率与 GDP 增长的数量关系》,《宏观经济研究》2002 年第 1 期;邹薇、胡翾:《中国经济对奥肯定律的偏离与失业问题研究》,《世界经济》2003 年第 6 期。

② 刘伟、蔡志洲、郭以馨:《现阶段中国经济增长与就业的关系研究》,《经济科学》2015 年第 4 期。

而有的学者认为中国经济增长率与失业率之间不存在简单的负向关系,即奥肯定律并不适用于中国①,还有的学者认为中国经济增长率与失业率之间的关系不是简单的线性关系,即奥肯定律是有条件地适用中国②。而近年来,随着中国经济进入下行阶段,有越来越多的研究认为,奥肯定律在中国"失灵",准确观察和判断中国失业状况,不能简单通过中国经济增长率的变化来进行。③ 不过,本章上一节的论述表明,在本轮经济增速减缓背景下经济增长与就业并没有相背离,经济增速的下滑带来了就业的困难和失业风险的增加。在当前,奥肯定律依然适用于中国。

(二)通过失业率的变化来观察和判断失业状况

失业率指标旨在衡量闲置中的劳动产能。作为国际劳工组织承认的衡量一个国家或地区失业状况的主要指标,通过失业率来观察和判断中国失业状况,也得到了国内学者的认可。④

长期以来,中国的失业率是通过在劳动社会保障部门进行失业登记后得到的,即城镇登记失业率。而现有研究普遍认为,城镇登记失业率不能准确反映中国的就业状况。虽然已有学者运用相关方法对中国城镇的调查失业率进行了计算⑤,但由于数据的可获得性以及计算方法的差别,不同研究的结果又

---

① 蔡昉:《为什么"奥肯定律"在中国失灵——再论经济增长与就业的关系》,《宏观经济研究》2007年第1期;尹碧波、周建军:《中国经济中的高增长与低就业——奥肯定律的中国经验检验》,《财经科学》2010年第1期;方福前、孙永君:《奥肯定律在我国的适用性检验》,《经济学动态》2010年第12期;李焱璐、丁福兴:《奥肯定律的"中国悖论"及其在新时代的借鉴意义》,《当代经济》2018年第13期。

② 陈宇峰、俞剑、陈启清:《外部冲击与奥肯定律的存在性和非线性》,《经济理论与经济管理》2011年第8期。

③ 卢锋等:《劳动力市场与中国宏观经济周期:兼谈奥肯定律在中国》,《中国社会科学》2015年第12期。

④ 张车伟:《失业率定义的国际比较及中国城镇失业率》,《世界经济》2003年第5期;蔡昉、王美艳:《中国城镇劳动参与率的变化及其政策含义》,《中国社会科学》2004年第4期。

⑤ 关于这方面内容详细论述,可参见本章第一节。

并不完全一致。因此,仅仅从城镇登记失业率的变化来观察和判断中国失业状况,可能会造成理论与现实的偏差。[①]

(三)通过失业率指标、就业率指标和劳动参与率指标等指标的协同使用来观察和判断失业状况

早在 2004 年的一篇文献中,蔡昉和王美艳就突出强调了通过协同观察劳动参与率指标和失业率指标变化来实现失业预警的重要作用,他们认为,"同失业率一样,劳动参与率也是反映就业状况的一个重要指标。在失业严重的情况下,那些年龄偏大、文化水平偏低的劳动者,因长期找不到工作而丧失信心,退出劳动力市场;同时,本拟进入劳动力市场的新生劳动力可能推迟或放弃寻找工作。这种劳动参与率的降低造成一种隐蔽性失业现象"[②]。

在之后的很多研究中,尤其是以蔡昉、张车伟、吴要武、王美艳、都阳为代表的中国社科院人口与劳动研究所的一批学者,更是多次强调协同使用失业率指标、就业率指标和劳动参与率指标等进行失业预警的重要价值。例如,张车伟和蔡翼飞认为,"仅从失业率的变化并不能完全说明劳动力市场的真实状况。全面了解劳动力市场情况,还必须观察就业率和劳动参与率的变化"。他们考察了 2000—2009 年这两个指标的变化,发现一致出现了下降趋势:城镇劳动参与率从 64.5% 下降到 61.3%,下降超过 3 个百分点;就业率从59.6%下降到 58.3%,下降超过 1 个百分点。他们认为,"劳动参与率的下降意味着更多的人退出了劳动力市场,而就业率下降意味着劳动年龄人口中有工作人口的比重下降。由此可见,在我国目前的城镇劳动力市场上,虽然并没有出现高的失业率,但劳动参与率和就业率下降仍然揭示了劳动力市场的严

[①] 即使使用从 2018 年 4 月开始每月定期公布的中国城镇调查失业率数据来评价失业状况,也存在很多问题。参见吴要武、陈梦玫:《当经济下行碰头就业压力——对中国城乡劳动力市场状况的分析》,《劳动经济研究》2018 年第 3 期。

[②] 蔡昉、王美艳:《中国城镇劳动参与率的变化及其政策含义》,《中国社会科学》2004 年第4 期。

峻形势"①。在后续都阳和贾朋的研究工作中,他们也发现 2015 年的劳动参与率比 2010 年降低了 4.7 个百分点,而且,在 16—65 岁劳动年龄人口的几乎每个队列上,劳动参与率均显著下降。② 吴要武和陈梦玫使用国家卫计委2010—2016 年全国流动人口动态监测调查数据的研究结果显示,全国"各个省份的劳动参与率与失业率呈现显著的负相关。劳动参与率越高的省份,失业率也越低。这个结果与 2000 年人口普查数据完全一致,就业困难从失业率和劳动参与率两个维度显示出来"③。

劳动参与率和就业率的降低,大大减少了有效劳动供给,进而拉低了实际经济增速。2010—2015 年,劳动参与率下降了 4.7 个百分点,相当于在其他条件不变的情况下,减少中国有效劳动供给 4669 万人,GDP 增长减少了19.8%。④ 而近年来失业率上升和就业率下降导致大约 1/10 的劳动力资源没有被充分利用,实际产出水平低于资源禀赋所决定的生产水平,这是近年来经济增长速度低于潜在最优增长速度的一个重要原因。⑤

也就是说,如果仅仅依据城镇登记失业率(哪怕是城镇调查失业率)指标来观察和判断失业状况,而不结合就业率、劳动参与率指标,就会低估就业困难,往往会得出就业状况比较好的乐观估计。

我们认为,以经济增长率的变化来观察和判断失业状况为基准,通过城镇调查失业率指标、就业率指标和劳动参与率指标等的协同使用来构建经济增速减缓背景下失业预警监测指标体系,具有很大的合理性和比较优势,不但能直接、直观地实现经济增速减缓背景下失业预警监测,而且这一指标

①　张车伟、蔡翼飞:《中国劳动供求态势变化、问题与对策》,《人口与经济》2012 年第 4 期。
②　都阳、贾朋:《劳动供给与经济增长》,《劳动经济研究》2018 年第 3 期。
③　吴要武、陈梦玫:《当经济下行碰头就业压力——对中国城乡劳动力市场状况的分析》,《劳动经济研究》2018 年第 3 期。
④　都阳、贾朋:《劳动供给与经济增长》,《劳动经济研究》2018 年第 3 期。
⑤　吴要武、陈梦玫:《当经济下行碰头就业压力——对中国城乡劳动力市场状况的分析》,《劳动经济研究》2018 年第 3 期。

体系也是适合当前及未来一段时期我国城乡劳动力市场变化特点最理想的指标体系。

（四）当前通过构建协同指标体系来观察和判断失业状况存在的问题

通过以上文献梳理可以发现，随着研究的深入，现有研究普遍认为，通过失业率指标、就业率指标和劳动参与率指标等指标的协同使用，来构建经济增速减缓背景下失业预警监测指标体系，是很理想的。然而，理想与现实之间毕竟永远存在或宽或窄的鸿沟，总体而言，目前存在的困难主要表现在以下几个方面：

第一，缺乏相关实践应用。城镇调查失业率指标、就业率指标和劳动参与率指标等指标的协同使用，是一项理论和技术性都较强的工作，各个数据的指标的设计开发以及技术分析都需要较强的理论基础和科学方法的支持。特别是应用到现实中，指导观察和判断中国失业状况，需要各方面的通力合作。然而目前相关研究也仅仅是停留在理论探讨阶段，在实践层面的应用还较少。

第二，缺乏完善的数据。指标是失业预警工作的基础，而失业预警模型的开发和应用，有赖于长期、连续数据的支持。[①] 但是，很多数据在获取方面都存在很大困难，比如失业率的关键指标——城镇调查失业率，在 2018 年之前未公开发布。虽然国家统计局于 2018 年 4 月 17 日正式向社会公开发布了中国城镇调查失业率的情况，但是这一指标仅仅存在月度和年度数据，对于行业和地区层面该指标也不可获得。而其他指标——就业率指标和劳动参与率指标，其计算方式方法、关键数据的获取都存在很大的困难。因此，相关关键数据的缺乏，成为构建协同指标体系来观察和判断失业状况的一项短期无法解

---

① 鲍春雷：《失业预警系统的构建与模拟应用》，《中国劳动》2019 年第 2 期。

决的难题。

第三,缺乏相关机制。构建协同指标体系来观察和判断失业状况,属于一项综合、复杂的工作。需要各方通力合作,例如数据汇总分析、建立失业状况分析机制、失业状况分析报告以及失业处理机制等方面。但是,目前我国相关机制建设还处于探索阶段。[①]

二、劳动力市场平衡性指数的构建

在上述一些核心指标在短时期内无法公开或无法连续获得的局限条件下,我们需要转换思路,回归现实,看能否最大限度地利用中国现有统计系统发布的统计数据,立足实际,同时还要符合基本的理论逻辑,建立一个整体性的劳动力市场评价指标体系以实现对失业的预警。

党的十九大报告指出,中国特色社会主义进入新时代,我国社会主要矛盾已经转化为人民日益增长的美好生活需要和不平衡不充分的发展之间的矛盾。在中国特色社会主义新时代,劳动力市场的发展同样也存在不平衡不充分问题。而且,劳动力市场的平衡性状况会影响或反映就业数量、就业质量和就业结构的状况,因此,通过观察和评价劳动力市场的平衡性状况,就能够在一定程度上对失业风险的发生概率形成预测。

劳动力市场的平衡性,可以从劳动力市场的供给需求、劳动力市场的价格、劳动力市场的流动性和劳动力市场中的政府治理这四个方面来反映。也就是说,如果在一个劳动力市场中,劳动力供给需求实现了动态平衡、工资作为价格信号能敏锐反映供需波动情况并能引发就业调整、劳动者可以自由有序合理流动实现劳动力要素的合理配置、政府有能力妥善解决劳动力市场失灵治理失业问题,劳动力市场就能够快速实现从非均衡到均衡的调整,即劳动力市场的供需平衡、价格平衡、劳动者合理流动、政府治理水平和效果良好,则

---

①　曾湘泉:《完善失业统计指标体系　实现更高质量和更充分就业》,《中国劳动保障报》2018年4月21日。

这个劳动力市场的平衡性状态就达到了较高水平。

我们认为,这四个二级指标不但可以从各自维度来反映劳动力市场某一方面的平衡性状况,而且,这四个二级指标或者可以直接衡量失业状况(例如劳动力市场供给需求的平衡性),或者可以从某一侧面间接地评价和反映失业状况,更为重要的是,如果基于这四个二级指标并依据合理的方法能合成一个简单易行的劳动力市场平衡性指数,就可以通过这个劳动力市场平衡性指数从整体、全局层面反映劳动力市场的平衡性状况,从而可以在很大程度上实现对失业的预警,尤其是在经济增速减缓背景下更是如此。因为从逻辑上讲,当劳动力市场出现局部性或低水平的不平衡时,潜在的失业风险或局部性、摩擦性的失业就可能会出现;而一旦劳动力市场出现全局性或高度的不平衡,则出现显性失业或爆发大规模失业风险的概率就会大为增加。

由此,我们围绕劳动力市场的供给需求、劳动力市场的价格、劳动力市场的流动性和劳动力市场中的政府治理这四个方面,来构建劳动力市场平衡性指数。通过这一指数,我们希望不但能评价劳动力市场平衡性状况,进而也能够评价劳动力市场中的就业(失业)状况,从而能在很大程度上实现对失业状况的监测和预警。

(一)劳动力市场平衡性指数指标体系的构建说明

基于上述理解,我们选取了四个二级指标,分别为劳动力供需指标、价格指标、流动性指标和政府治理指标,并最终合成劳动力市场平衡性指数(见表4.7)。首先,对二级指标的选取原因、目的、指标基本特征进行说明。[①]

———————

① 更为详细的指数构建、各级指标选取情况的说明,参见赖德胜、高春雷、孟大虎、王琦:《中国劳动力市场平衡性特征分析》,《中国劳动》2019年第2期。

表 4.7　劳动力市场平衡性指数指标体系

一级指标	二级指标	三级指标	权重	数据来源
劳动力市场平衡性指数（Labor Market Balance Index, LMBI）	供需	城镇登记失业率(%)	15%	2008—2017 年《中国统计年鉴》
		求人倍率	15%	2008—2017 年《中国劳动统计年鉴》
	价格	城乡收入比	10%	2008—2017 年《中国统计年鉴》
		不同所有制企业劳动者工资化	10%	2008—2017 年《中国人口和就业统计年鉴》，年鉴中，2009 年后为平均工资，2009 年前为平均劳动报酬
		不同部门间劳动者工资化	10%	
	流动性	流动人口占总人口（当地常住人口）比例(%)	20%	全国数据中，十年的总人口数据以及 2010—2016 年流动人口数据均来自《中国统计年鉴》，而 2007—2009 年的流动人口数据来自《国民经济和社会发展统计公报》；分省份数据中，当年跨省流动人口数据来自国务院发展研究中心信息网数据
	政府治理	养老保险覆盖率(%)	10%	2008—2017 年《中国就业统计年鉴》
		工伤保险覆盖率(%)	5%	
		失业保险覆盖率(%)	5%	

1. 供需指标

判断劳动力市场是否处于平衡状态的首要指标是供给和需求,它能直接反映劳动力市场的就业(失业)状况。劳动力供需指标权重为 30%,包括城镇登记失业率和求人倍率,二者权重各为 15%。

首先,分析城镇登记失业率。

城镇登记失业率 = 报告期末城镇登记失业人数/(期末城镇从业人员总数 + 期末实有城镇登记人数)

短期看,城镇登记失业率较为平稳,不过,作为长期以来一直使用的指标,城镇登记失业率可以在一定程度上反映劳动力市场受到冲击状态下的波动情

况,在经济危机发生的时候能体现劳动力供需变化的突变,具有一定的研究价
值。① 失业率是反映劳动力市场就业失业结构特征的重要指标,因为历史数
据不足、指标存在缺陷,将城镇登记失业率排除在指标体系之外,显然也是核
心信息的损失。因此,我们还是把城镇登记失业率作为测度供需指数的三级
指标,当然,在未来的指数构建过程中可以用调查失业率逐步替代城镇登记失
业率并重新调整权重,使计算更加科学合理。另外,从历史数据来看,城镇登
记失业率也能在很大程度上反映几次明显的就业冲击(见图 4.10)。

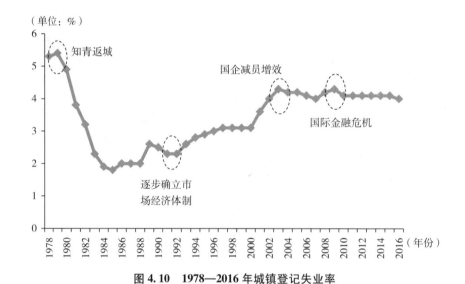

图 4.10 1978—2016 年城镇登记失业率

资料来源:1999—2017 年《中国劳动统计年鉴》。

第二,求人倍率。求人倍率=有效需求人数/有效求职人数。求人倍率是
居中型指标,即指标值越接近 1,则劳动力市场越均衡;指标值与 1 的差距大,
说明供需不均衡。随着国家劳动力市场统计工作的进展,2001 年之后出现求
人倍率的统计并形成常态。从历史数据来看,求人倍率出现过两次较为明显
的波动,一是 2001—2003 年,受国有企业解困、减员增效的影响,国有企业下

---

① 杨宜勇、顾严:《我国扩大就业潜力的对策研究》,《宏观经济管理》2007 年第 6 期。

岗再就业职工骤然增多,对城镇劳动力市场产生了大规模冲击,求人倍率一度小于0.9,劳动力的供给大于需求,相应地,失业率较高。① 二是2008年受国际金融危机影响,求人倍率再次降至0.9以下。显然,劳动力市场均衡性受国内外各种冲击的影响。为了更清晰地反映求人倍率的波动情况,图4.11给出了从2001年到2016年各季度指标值。

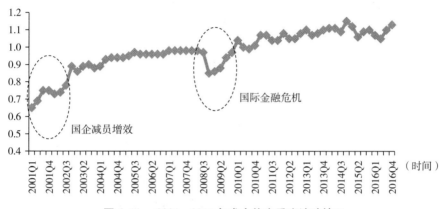

图4.11　2001—2016年求人倍率季度波动情况

资料来源:人力资源和社会保障部。

如前文所述,与调查失业率相比,城镇登记失业率存在一些缺陷。为了验证数据的可应用性,这里结合求人倍率指标,再次印证调查失业率进入指标体系是有一定研究价值和意义的。从图4.12中不难发现,在国内外冲击发生的时候,城镇登记失业率和求人倍率的波动具有一致性,即登记失业率高的时

---

① 随着市场经济体制的逐步建立,国企冗员问题日益突出,减员增效成为国企解困的重要方式。1998—2002年,国企下岗职工累计为2023万人,再加上1998年以前累计的下岗人员,国有企业下岗人员总量达到2715万人。党和政府在保障下岗职工基本生活的同时,制定实施了税费减免、小额担保贷款、培训补贴、就业服务等一系列政策,促进下岗失业人员再就业。1998—2005年,全国共有1975万国有企业下岗人员实现了再就业。到2005年年底,国企下岗人员存量已由最高峰的650多万人下降到61万人,国有企业职工集中下岗对我国城镇就业造成的冲击基本消除。参见《就业规模不断扩大　就业形势长期稳定——新中国成立70周年经济社会发展成就系列报告之十九》,2019年8月20日,http://www.stats.gov.cn/tjsj/zxfb/201908/t20190820_1692213.html,2022年4月14日。

候,求人倍率较低,两者呈现逆向波动特征,这表明,市场用人需求量大的时候,失业率也低。城镇登记失业率和求人倍率可以分别作为失业、就业劳动者结构特征指标和就业岗位相对竞争强度指标共同体现劳动力市场的供需水平。

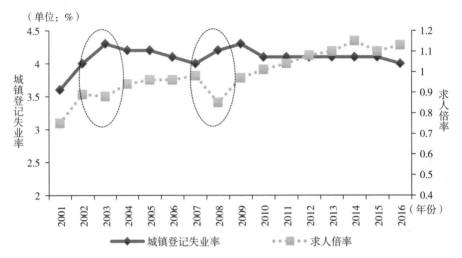

图4.12　2001—2016年城镇登记失业率指标和求人倍率指标变化的对比

资料来源:相应年份《中国劳动统计年鉴》。

2.价格指标

如果说收入是劳动力市场价格信号的传递者,收入差距则是劳动力市场平衡性水平的"显示器",其短期和长期波动情况在一定程度上体现了劳动力市场的"健康"状况。在此,我们综合考虑城乡因素、所有制因素和部门因素,设置劳动力价格指标权重为30%,包括三级指标城乡收入比、不同所有制企业劳动者工资比、不同部门间劳动者工资比,三者权重均为10%。

其中,城乡收入比=城镇居民人均收入/农村居民家庭人均收入

不同所有制企业劳动者工资比=城镇国有单位就业人员平均工资/城镇其他(私营)单位就业人员平均工资

不同部门间劳动者工资比=城镇金融行业就业人员平均工资/城镇制造

业就业人员平均工资

其中,平均工资指单位就业人员在一定时期内平均每人所得的货币工资额。它表明一定时期职工工资收入的高低程度,是反映就业人员工资水平的主要指标。平均工资=报告期实际支付的全部就业人员工资总额/报告期全部就业人员平均人数。

从图 4.13 可以看出,尽管整体态势向好,但中国仍是收入差距较大的国家。从三级指标来看,2007—2016 年这 10 年间,各指标变化略有差异,不过,劳动力市场价格不平衡问题在逐渐改善的趋势依然可以从数据特征上表现出来。

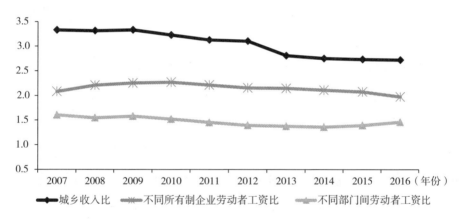

图 4.13　2007—2016 年城乡收入差异、部门和所有制间工资差异对比

资料来源:2007—2016 年《国民经济和社会发展统计公报》、2008—2017 年《中国统计年鉴》。

3. 流动性指标

流动性,能够在一定意义上反映劳动力市场的运行状况。如果劳动者可以实现自由有序合理流动,那么实际上就实现了劳动力要素的合理配置,从而会促进就业规模的扩大、就业质量的提高和就业结构的优化,自然,也会相应降低劳动者的失业风险。改革开放四十多年的经验也表明,大量的农村劳动力向城镇部门转移、向第二产业转移、向第三产业转移,显著改善了劳动力资源的配置效率,劳动力从低生产率部门向高生产率部门转移创造的资源再配置效率,提高了全要素生产率①,推动了中国经济增长,同时,也大大降低了城乡劳动者的失业风险。

具体而言,在劳动力市场平衡性指数构建中,流动性指标权重为20%,这里在计算劳动力市场平衡性指数的过程中,分全国指标和分省指标来计算,其中,全国指标的计算方法如下:

流动人口占总人口的比=当年全国流动人口总数/当年年末总人口数

分省(自治区、直辖市)指标计算方法如下:

流动人口占当地常住人口的比=当年跨省(自治区、直辖市)流动人口总数/当年末省(自治区、直辖市)常住人口数。

分省(自治区、直辖市)指标的分母是年末常住人口,这是和全国指标的差异。

《2007年国民经济和社会发展统计公报》数据显示,全国流动人口1.47亿人,其中跨省流动人口4779万人。之后,流动人口规模连续七年递增,在2014年达到顶峰,为2.53亿人;2016年年底,流动人口规模为2.45亿人,比2015年年末减少了171万人,这是中国流动人口连续第二年下降(见图4.14)。可以预见,在未来一段时期,人口和劳动力流动仍然是我国经济社会发展过程中不可逆转的趋势。伴随中共中央办公厅、国务院办公厅印发的《关于促进劳动力和人才社会性流动体制机制改革的意见》等政策的进一步落实,劳动力市场的流动性必将进一步增强,这也会进一步稳定和扩大就业,降低失业风险。

4.政府治理指标

政府治理指标,反映了中央及地方各级政府妥善解决劳动力市场失灵问题的能力。在当前的经济增速减缓背景下,中央尤其强调要坚持把稳定和扩大就业作为经济社会发展的优先目标,创造性地提出将就业优先政策置于宏

---

① 蔡昉:《出清无效产能　实现增长动能转换》,《新金融》2018年第6期。

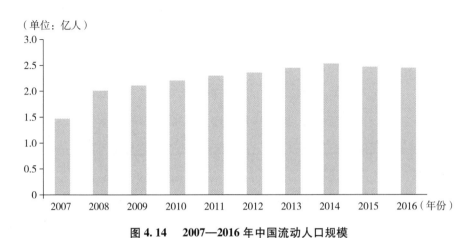

图 4.14　2007—2016 年中国流动人口规模

资料来源:2007—2016 年《国民经济和社会发展统计公报》、2008—2017 年《中国统计年鉴》。

观政策层面,并把稳就业作为"六稳"之首。因此,虽然说政府治理指标反映了中央及地方各级政府妥善解决劳动力市场失灵问题的能力,但是这一指标实际上更为突出地反映了我国政府治理失业问题的能力和治理水平。同时,根据我们既往的研究,至少从 1998 年开始持续至今的从消极就业政策到积极就业政策的转变[①],再到就业优先政策的推出,都标志着中国政府不断以更为积极的姿态来处理就业问题。

为了衡量劳动力市场中的政府治理能力和治理水平,我们选择养老保险覆盖率、工伤保险覆盖率和失业保险覆盖率作为三级指标,三个指标的权重分别为 10%、5% 和 5%。具体计算方法如下:

养老保险覆盖率=城镇参加养老保险人数/年末总人口

工伤保险覆盖率=参加工伤保险人数/年末总人口

失业保险覆盖率=参加失业保险人数/年末总人口

之所以选择养老保险覆盖率、工伤保险覆盖率和失业保险覆盖率作为三

---

① 　赖德胜、孟大虎、李长安、田永坡:《中国就业政策评价:1998—2008》,《北京师范大学学报(社会科学版)》2011 年第 3 期。

级指标,是因为从市场规制的视角来看,这三个指标综合考虑了劳动者社会属性和经济属性,有利于提升劳动力市场平衡性水平的治理手段一般会关注三个问题:第一,利于构建基本的社会价值规范体系;第二,能够满足基本的人权保障;第三,审慎对待冲击可能导致的市场稳定性和灵活性双降的措施。

基于以上理论研究基础,我们首先选取养老保险覆盖率作为代表基本社会价值规范层面的指标。从家庭养老到社会辅助养老是传统价值观的继承与革新。孝道是中国古代社会的基本道德规范,在现代化的中国,这一基本道德规范有了新的表现形式。宪法中不仅将赡养父母列为儿女的义务,而且在公共福利事业中体现,养老保险则是体现这一基本社会价值规范的落脚点之一。其次,选取工伤保险覆盖率作为代表基本人权保障的指标。从本质上看,工伤保险与劳动契约关系的发生有关,是当劳动者基本生命健康权、生存权和劳动权受影响时的救助、补偿与保障措施,是有关劳动安全的基本劳动保护措施,属于基本的人权保障范畴。再次,选取失业保险覆盖率作为代表防范外部冲击的指标。当受到冲击时,如经济危机、技术革新、政策变更,劳动者面临失业风险,劳动力市场稳定性水平下降。如果失业的劳动者彻底失去生活保障,无机会流动或恢复原有岗位,劳动力市场可能出现人力资本闲置造成的"死角",不稳定压力固化,市场灵活性降低。失业保险包括两个基本层面:一是为失业劳动者及家庭提供基本生活保障;二是通过专业训练、职业介绍等途径为劳动者再就业创造条件。前者体现了失业保险的社会功能,后者则体现了其经济功能。

描述性统计结果表明,2007—2016 年,我国劳动者参加保险人数呈现增加趋势,养老保险增幅最大(见图 4.15)。从总体趋势上看,年末参加养老、工伤和医疗保险的人数均呈现增长趋势,年平均增长速度分别为 17.9%、6.7% 和 5.0%。参加社会基本养老保险人数增加较快,其中,2010 年、2011 年和 2012 年成为集中参保年,参保人数环比增速分别达到 52.8%、71.1% 和 30.0%。

（单位：万人）

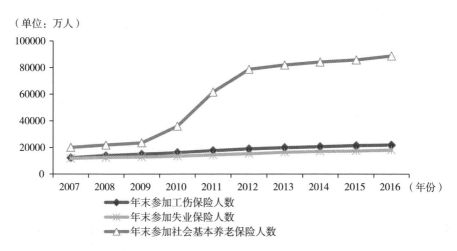

图 4.15　2007—2016 年中国参加基本养老、工伤和失业保险人数

资料来源：2008—2017 年《中国统计年鉴》。

5.指标的特性及计算方法

劳动力市场平衡性指数的指标构成和使用方法有以下几点特性：

第一，综合性。劳动力市场平衡性指数覆盖面较宽，二级指标由四个指标构成，为供需指数、价格指数、流动性指数和政府治理指数，它们分别代表了劳动力市场供需状况、工资价格稳定性、劳动力配置情况以及劳动力市场的政府治理效应，即关乎劳动力市场的数量、价格差异、流动与治理。三级指标从不同角度支撑二级指标，满足综合性原则，形成了一个较为完整的综合模型。

第二，简明性。劳动力市场平衡性指数为测度劳动力市场的平衡性水平提供了一个综合性的描述，一方面，剔除了个别指标的干扰；另一方面，三级指标的选取最大限度地利用了中国现有统计系统发布的统计数据、省（自治区、直辖市）有统计记录的 9 个变量，遵循了数据可得性强、真实性强、指标数量适中、可比性强的原则。

第三，针对性。劳动力市场平衡性指数中，供需指标、价格指标两个二级指标的权重较高，原因在于数量和价格是体现劳动力市场平衡性的核心，其组成的二维坐标系内，两个指标动态稳定在某一点即表现为市场均衡。而流动性和政府治理是劳动力市场从不平衡到平衡这一动态过程的重要推力和实现路径。

第四,趋势性。劳动力市场平衡性指数公布的是一定时间内的动态波动值,而非水平值。比如在确定劳动力市场供需这个二级指标的子指标过程中,会考虑传统指标的缺陷,选择求人倍率且增加其权重来解决城镇登记失业率低估真实失业程度、反映总体失业状况敏感度弱的问题。

数据可得性是本书遇到的难点问题,尤以求人倍率为甚,我们为了从全国和省级两个层面计算指数,同时为后续研究提供参考,特别选取了两类官方数据分别进行指数计算。全国数据来自人力资源和社会保障部网站①,省级数据来自人力资源和社会保障部就业司。全国层面和省级层面均有持续的调查记录,但是省级层面只有 11 个省(自治区、直辖市)的数据。

计算劳动力市场平衡性指数的具体方法如下:

第一步,将逆指标和区间型指标都转化为极大型指标。其中,逆指标取倒数;区间型指标正向化方法为②:

$$x_j^{'} = \frac{1}{|x_i - k| + 1}$$

其中,x_i 为三级指标值,为了规避极端值的影响,这里对集中趋势指标的选取进行了调整,计算供需指标时,求人倍率 k 为 1,计算流动性指标时,流动人口比率 k 为中位数。

第二步,用功效系数法对数据进行无量纲化处理。

第三步,根据指标的重要程度确定权重。具体地,采用专家赋权法确定指标权重,我们邀请了国内外 20 名劳动经济领域专家对该指标进行赋权,最终讨论达成一致意见。这里不再赘述。

第四步,用加权平均法计算评价总指数。计算出来的劳动力市场平衡指

① 参见 http://www.mohrss.gov.cn/SYrlzyhshbzb/zwgk/szrs/sjfx/。
② 邱东:《多指标综合评价方法的系统分析》,中国统计出版社 1991 年版,第 32—43 页。

数是一个正指标,该数值越大,说明劳动力市场平衡性越好。

(二)劳动力市场平衡性指数指标体系构建结果

通过上述过程,我们最终形成了劳动力市场平衡性指数指标体系(见表4.7)。劳动力市场平衡性指数指标体系,有一个一级指标(劳动力市场平衡性指数);在一级指标之下有四个二级指标,分别为供需指数、价格指数、流动性指数和政府治理指数,权重分别为 30%、30%、20%、20%;在二级指标之下,共计有九个三级指标。具体而言,供需指数下,有两个三级指标:城镇登记失业率和求人倍率,权重各为 15%。价格指数下,有三个三级指标:城乡收入比、不同所有制企业劳动者工资比、不同部门间劳动者工资比,权重各为10%。流动性指数下,有一个三级指标:流动人口占总人口(当地常住人口)比例,权重为 20%。政府治理指数由三个三级指标合成——养老保险覆盖率、工伤保险覆盖率、失业保险覆盖率,权重分别为 10%、5%、5%。

三、劳动力市场平衡性指数作为一种失业预警监测指标在国家及地区层面的应用实例

如上文所述,我们认为,劳动力市场的平衡性状况会影响或反映就业数量、就业质量和就业结构的状况,因此,通过观察和评价劳动力市场的平衡性状况,就能够在一定程度上对失业风险的发生概率形成预测。由此,我们围绕劳动力市场的供给需求、劳动力市场的价格、劳动力市场的流动性和劳动力市场中的政府治理这四个方面,构建了劳动力市场平衡性指数。通过对这一指数及二级指标、三级指标的详细解释,尤其是通过论证各级指标与就业(失业)之间的关系,我们比较有把握地认为,劳动力市场平衡性指数指标体系不但能反映劳动力市场平衡性状况,也能够评价和观察劳动力市场中的就业(失业)状况,从而能在很大程度上实现对失业状况的监测和预警。

下面,让我们实际观察劳动力市场平衡性指数作为一种失业预警监测指

标在国家及地区层面的应用情况如何。

（一）劳动力市场平衡性指数作为一种失业预警监测指标在国家
层面的应用

劳动力市场平衡性指数作为一种失业预警监测指标在国家层面的应用体现在三个方面：一是整体趋势的预判和影响程度的测量；二是价格特征、供求关系、流动情况和政府治理情况的刻画；三是对影响持续期的估计和测度。

首先，我们采用劳动力市场平衡性指数测度了2007—2016年跨越十年的中国劳动力市场平衡性及其变化情况，发现：该指数基本能刻画劳动力市场波动整体趋势。2007—2016年，中国劳动力市场平衡性指数呈现上升趋势，从2007年的53.6上升至2016年的64.7(见图4.16)。[①] 受国际金融危机的影响，2008年指数值下降，并在2010年恢复，以后年份虽然略有波动，但整体呈现稳步上升趋势。这与中国劳动力市场发展态势及对失业情况的经验观察基本吻合。

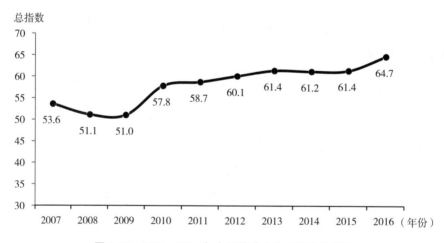

图4.16　2007—2016年中国劳动力市场平衡性指数

资料来源：本课题组自行测算。

---

① 这里借助综合评价方法求得百分制的劳动力市场平衡性指数，但是指标值只是一个相对水平，基于排序的比较是可以的，不能简单地进行绝对量对比或做差。

同时,劳动力市场平衡性指数对经济、政策冲击反映较为敏感,其上升趋势是非线性的,劳动力市场平衡性指数可以刻画这些冲击。具体地,2007—2016年十年间出现了两次波动。一次是较为明显的国际冲击,2008年国际金融危机爆发,企业用人需求降低、各行业失业率上升、靠失业救济和失业保险维持生活的劳动者数量增加,劳动力市场平衡性指数下降,2009年探底,之后缓步回升。另一次是国内冲击,劳动力市场平衡性指数从2013年的61.4下降到2014年的61.2,这一次,政策因素占主导。2013年,《国务院关于化解产能严重过剩矛盾的指导意见》发布,意见要求重点推动山东、河北、辽宁、山西等地产业结构调整,充分发挥地方政府的积极性,优化产业空间布局。重点行业和重点区域劳动力市场受到政策冲击,总指数略有下降,但并不显著。不过从供需指数、价格指数以及流动性指数的变动中可以抓捕到其影响效应。

其次,从二级指标来看,部分产业的产能退出导致劳动力市场局部供需不平衡,供需指数下降,从2013年的55.6下降到2014年的52.1。与此同时,岗位黏性和工资黏性效应凸显,价格指数和流动性指数比供需指数的波动滞后。供需决定价格,价格指数从2014年的66.0下降到2015年的61.5。前期国际市场冲击的负面影响需要消化期,2011年以后,国际金融危机对中国劳动力市场的滞后影响开始逐渐减弱。其次,政策层面对劳动力市场趋向均衡的负向效应减弱,其减弱力量源自两重因素:一方面是政策落实期的结束;另一方面是新政策调整的逆向作用。尽管收入差距仍在不合理区间,但是已经在各个指标上呈现缓步收窄的特征。与此同时,流动是实现新的均衡的有效途径,部分劳动者需要流动到其他岗位需求量大的地区才能找到新工作,劳动力市场流动性增强,流动性指数从2014年的65.7上升到2014年的68.3。

最后,从波段来看,冲击发生之后,劳动力市场平衡性指数及二级指标回复到冲击前的时间在1—3年之间。2007—2016年的两次冲击中(见图4.17),以2008年国际金融危机的影响最为显著,劳动力市场平衡性指数在2008年降到谷底,为50.4,之后在2010年回复到58.8,与2007年的水平基本

经济增速减缓与防范失业问题研究

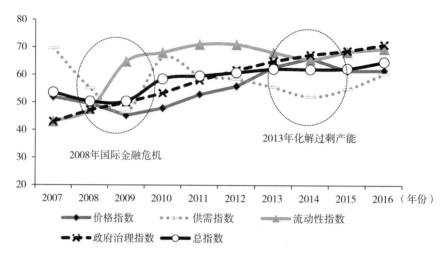

图 4.17　2007—2016 年中国劳动力市场平衡性指数及各二级指标的变化趋势
资料来源:本课题组自行测算。

持平。第二次冲击持续时间更短,劳动力市场平衡性指数在 2014 年略有下降,之后回复到冲击前的水平,波动不显著且波动期只有一年。从二级指标来看,对冲击反应最为敏感的供需指数在 2009 年降至最低,为 46.4,在 2010 年基本回复到危机前水平,为 68.1,与总指数一样,也是两年回复至原有水平。第二次冲击对供需指数的影响在 2015 年回复到 2013 年以前的水平,回复期为两年。价格指数受到 2008 年国际金融危机冲击之后的第三年回复到原有水平,而从第二次冲击中回复到原有水平的时间为两年。流动性指数和政府治理指数受非市场因素的影响较为显著,而且总指数的平滑效应主要靠流动性指数和政府治理指数拉动,或者说总指数之所以较供需指数和价格指数更加平缓,原因在于有序流动和高质量政府治理有利于提升劳动者应对冲击的能力。通过图 4.18,可以对总指数、供需指数和价格指数的回复周期进行对比。

当市场遇到冲击时,劳动力市场平衡性指数在短期内出现下降趋势,不过劳动者能很快通过职位搜寻获得新的就业机会,行业间、区域间劳动力流动性增强,政府通过各种渠道促进就业,为失业人群提供基本生活保障,劳动力市场平衡性指数回复。通过简单的国际对比不难发现,2008 年国际金融危机对

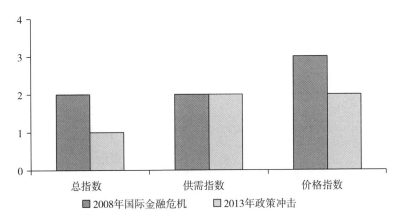

图 4.18　2007—2016 年中国劳动力市场平衡性指数遇到
冲击后回复到原有水平所需年限

资料来源:本课题组自行测算。

中国劳动力市场平衡性指数的影响持续了 2—3 年,2011 年之后,劳动力市场的供需、价格指数均回复到危机前水平。而希腊等很多西欧发达国家就业不景气的现状都持续了 4—6 年。尽管中国劳动力市场存在局部灵活性偏高和安全性不足的现象[1],但是整体向好趋势是显著的[2],因为中国劳动力市场凭借产业布局广、产业链延展程度高、区域协调空间大、保障基础有力等优势可以迅速从危机中走出来。

(二)劳动力市场平衡性指数作为一种失业预警监测指标在地区层面的应用

劳动力市场平衡性指数作为一种失业预警监测指标在地区层面的应用主要体现在以下两个方面:其一,试图发现利用单一指标难以度量的区域劳动力市场风险,并对未来发展趋势进行综合研判;其二,对不同区域劳动力市场平

---

[1]　张原、沈琴琴:《平衡中国劳动力市场的灵活安全性——理论指标、实证研究及政策选择》,《经济评论》2012 年第 4 期。

[2]　王章佩:《中国劳动力市场的灵活性与安全性平衡研究》,人民出版社 2017 年版,第 21—36 页。

经济增速减缓与防范失业问题研究

衡性水平进行排序,动态对比不同区域劳动力市场的表现,旨在对被调查区域进行分类、分层,找到典型区域的发展短板,为未来政策制定提供参考依据。

我们依据人力资源和社会保障部提供的数据以及可公开获取的国家统计局数据,分别计算了全国和 11 个省(自治区、直辖市)的劳动力市场平衡性指数,尽管存在数据可得性限制,但是全国和部分地区的指标计算结果仍反映了诸多借助单一指标难以发现的劳动力市场及就业方面的特征和问题。

在 11 个省(自治区、直辖市)中,广东、江苏、上海、浙江的劳动力市场平衡性指数较高,且 2012—2016 年这五年的数据呈现小幅波动或者上升趋势。这些地区经济发展水平好、产业结构相对合理、人民收入基本达到中等发达国家水平、社会民生问题得到了较好解决,其劳动力市场吸纳力强、价格信号敏感、开放度高、流动性强、政府治理水平高。但是,四省市劳动力市场平衡性指数在时间上的波动特征迥异。广东较为平稳,指数值在 64 和 69 之间波动;江苏、浙江呈现上升趋势,江苏从 2012 年的 54 上升至 2016 年的 61,浙江则从 2012 年的 42 上升至 2016 年的 54;虽然上海的指数值较高,但是呈现下降趋势,从 2012 年的 74 下降到 2016 年的 57(见表 4.8)。上海的劳动力市场平衡性指数的走势特征与其劳动力市场求人倍率上升有直接关系:2013 年 12 月,上海的求人倍率为 1.03,而到了 2014 年同期,该指标已经上升至 1.65。高端人才需求旺盛是导致这一现象的主要原因之一,高端人才特别是拥有国际化背景的领军人才数量严重不足。与此同时,近年来,上海旨在通过减少流动人口解决"大城市病"政策的实施,导致了劳动力市场低技能劳动人口减少,甚至难以满足高技能劳动者对一般技能劳动者在生活和工作方面的基本需求。

表 4.8　2012—2016 年部分省(自治区、直辖市)劳动力市场平衡性指数

年份	2012	2013	2014	2015	2016
广东	67	69	69	64	67
江苏	54	64	61	59	61

续表

年份	2012	2013	2014	2015	2016
上海	74	73	60	54	57
浙江	42	45	45	50	54
山东	57	57	57	51	51
福建	44	53	52	49	50
河南	50	50	50	52	46
安徽	40	46	46	44	45
江西	47	50	45	45	44
陕西	34	34	41	37	35
重庆	37	30	33	30	29

资料来源:本课题组自行测算。

中西部地区劳动力市场平衡性指数较低,不过大部分地区呈现上升态势。劳动力市场的平衡性和经济发展水平相关,这些地区经济发展水平弱于粤、苏、沪、浙,但各具特色,主要有以下几种发展模式:一是依靠承接第一梯队产业转移获得新的发展机会;二是借力"中国制造2025""长江经济带战略"等新的发展机会崛起;三是依靠自有禀赋优先发展旅游、服务等优势产业。殊途同归,不同发展模式均带动了当地劳动力市场用人需求扩张和劳动者收入水平的提高,向好的发展态势有助于政府获得资源并提升治理水平。

重庆、陕西、江西等省份是劳动力市场平衡性指数较低的地区,其劳动力市场对人才吸纳能力略弱。部分省份的禀赋不足、资源匮乏;部分省份与国家接轨的战略调整尚未真正开始,劳动力市场开放度低。这些地区大多属于脱贫攻坚战重点关注地区,劳动力市场不够成熟,甚至处于疲软状态,量、价信号不敏感。另外,河南等地的劳动力市场平衡性指数出现了小幅下降趋势,原因在于这些省份曾经一度依靠资源垄断或重工业优势获得发展机会,然而近年来,随着国家战略调整,很多产业被整合,新的产业格局在构建之中,劳动力市场稳定性不够。总之,经过改革开放四十多年的发展,中国的劳动力市场更加成熟,但是由于我国是一个广土众民的国度,人口、资源分布及经济发展水平差异大,各地劳动力市场发展不平衡。我们的这一研究也与田永坡对中国劳动力市场的观察一致,他发现,中国劳动力市场呈现一种金字塔型的结构,少数地区的劳动力市场成熟度高,大多数省份处于中等或者中等以下水平。[①]

需要说明的是,为了验证指数计算结果的科学性和稳健性,我们从人力资源和社会保障部官方网站、各省(自治区、直辖市)人社部门网站以及新闻网站中搜索数据再次进行指数计算[②],研究发现,用全国 31 个省(自治区、直辖市)劳动力市场平衡性指数判断各地区劳动力市场情况,按照平衡性程度由强到弱,大致可分为四个梯队:第一梯队:劳动力市场平衡性强,包括北京、天津、广东、上海、江苏、浙江等。其平衡性指数在 50 以上。借助官方数据计算的劳动力市场平衡性指数较高的几个省(自治区、直辖市)均在此梯队中。第二梯队:劳动力市场平衡性较强,包括海南、辽宁、湖北、山东、河北、福建、湖南等。其平衡性指数在 40—50 之间。第三梯队:劳动力市场平衡性一般,包括甘肃、内蒙古、河南、山西、陕西、宁夏、黑龙江、广西。其平衡性指数在 30—40 之间。第四梯队:劳动力市场平衡性较弱,包括四川、青海、西藏、新疆、云南、贵州。其平衡性指数在 30 以下。官方和非官方数据相互印证,得到的结果相对稳健。这一结果,不但与我们大多数人的经验观察相符,而且也与近年来的一些实证研究发现一致。例如,吴要武和陈梦玫利用 2010 年全国人口普查数据和 2010—2016 年国家卫计委全国流动人口动态监测调查数据计算发现,东北三省、内蒙古、山西、甘肃、青海、新疆等地的外来人口失业率居于全国最高序列。[③]

从以上分析可以看出,我们所构建的劳动力市场平衡性指数,也可以作为一种失业预警监测指标应用在地区层面。

---

① 田永坡:《中国劳动力市场的成熟度测度:2000—2014》,《改革》2016 年第 10 期。
② 这种计算存在一定问题,各网站求人倍率数据计算口径、计算方法是有差异的,在没找到更好方法的前提下,用该数据进行稳健性检验也不失为一种途径。
③ 吴要武、陈梦玫:《当经济下行碰头就业压力——对中国城乡劳动力市场状况的分析》,《劳动经济研究》2018 年第 3 期。

第三节　本轮经济增速减缓背景下潜在失业风险和失业群体的精准识别

沿着本章前两节内容所形成的研究脉络,在本节中,我们将首先归纳总结与常规情形相比,在经济增速减缓背景下,可能主要有哪些因素会造成对就业的冲击,以在理论逻辑上形成经济增速减缓背景下失业风险的影响和传导机制,并依据失业风险的影响和传导机制的理论逻辑指导,基于可获得的最新微观抽样调查数据,对哪些细分行业、区域、群体更容易跌入失业陷阱和面临失业危机进行精准识别。

一、哪些因素造成了对就业的冲击:失业风险影响机制的理论逻辑

从根本上说,经济增长状况决定了就业状况,经济高速增长会带来就业规模的扩大,而经济增长速度快速下降则是引发高失业率的根本原因。本章第一节内容对中国经济增长与失业率之间关系的检验结果,也很好地证明了这一点。

除此之外,从理论层面而言,我们认为,劳动力供给、劳动力需求、经济结构、技术进步、基本公共服务、制度(政策)是影响就业(失业)状况的六大主要因素。关于劳动力供给、劳动力需求、制度(政策)这三大因素对失业风险的影响和传导机制,在本书的相关章节已有重点讨论,不再赘述。① 这里,我们仅重点讨论经济结构、技术进步和基本公共服务这三个因素。

(一)经济结构调整和不平衡对就业(失业)的影响

我国正处在转变发展方式、优化经济结构、转换增长动力的攻关期,结构

---

① 关于这方面更详细的内容,可参见本书导论部分的文献综述和观点归纳方面的内容。

性、体制性、周期性问题相互交织,"三期叠加"影响持续深化,经济增速减缓压力加大。在本轮经济增速减缓背景下经济结构调整过程中,一个典型事实是以制造业为代表的实体经济发展遇到了很大困难,实体经济与非实体经济之间发展的不平衡已成为影响中国经济高质量发展的一个重大问题①,并引发以制造业为代表的实体经济部门失业风险加大。其理由如下:

第一,实体经济和非实体经济的发展速度不同。非实体经济部门开展的大多是围绕货币流通和信用制度的经济活动,资本积累快,交易成本低,易于形成蓄水池效应。实体经济部门则主要是提供人类生存和发展资料,"以物生物",交易环节较多,交易成本相对高昂。因此,通常情况下,非实体经济部门发展速度快于实体经济部门。然而,非实体经济的产业链条短,不利于盘活宏观经济,不利于资金流向实体经济的产品研发和技术创新环节。长期来看,非实体经济脱离实体经济发展会导致经济结构失调和经济环境不振,进而影响整体就业需求。

第二,实体经济和非实体经济的就业容纳空间不同。随着全球范围内第四次工业革命的开展和结构再平衡政策的推行,技术进步的技能偏向性特征更加显著,有利于提升高技能劳动力的边际生产率和就业,降低对中低技能劳动力的需求,一定程度上产生就业挤出效应。非实体经济部门则能够提供大量就业机会,持续产生新的业态和行业,为中低技能劳动力提供合适的就业机会和就业岗位。

第三,实体经济和非实体经济的恢复、调整周期不同。实体经济部门对宏观经济响应相对迟缓,一旦出现结构性问题和产品积压,则对就业需求产生较大影响。非实体经济部门呈现波动较大、短期溢出、恢复较快的特征,因此产生的就业震荡不明显。

第四,收入分配不平等加剧实体经济和非实体经济的不平衡发展。收入

___

① 黄群慧、贺俊:《未来30年中国工业化进程与产业变革的重大趋势》,《学习与探索》2019年第8期。

分配不平等加剧资本积累的扭曲,伤害实体经济的投资收益,恶化生产性资本和非生产性资本的关系,进而影响两大部门的就业收益和就业选择。收入不平等程度的提升造成了总量需求不足,削弱生产性投资的收益,使资本从实体经济部门转移到非实体经济部门,进而产生了产能性资本与非产能性资本的不平衡,这也势必会引发以制造业为代表的实体经济部门失业风险加大。①

我们认为,就业的平衡发展是应对经济结构调整、实现经济高质量发展的重要环节。就业平衡并非意味着行业间、区域间的就业总量相等,而是指劳动力可以依据市场发出的信号来配置和调节自身的就业行为,劳动力能够在劳动力市场上选择合适的工作,且无论就业或流动到何种工作岗位上,都能够获得相对均衡合理的劳动收益。实体经济与非实体经济之间的就业平衡有利于提升劳动力市场的流动性和行业收益的均衡发展,减少非实体经济脱离实体经济呈现增速虚高的系统性风险,进而促进各行业的健康发展,推动就业质量的全面提升。

可以看出,实体经济和非实体经济就业的不平衡性发展不仅不利于劳动力市场的良性发展,也会对产业结构和经济结构的长期发展造成危害,为经济可持续发展埋下隐患。因此,必须重视实体经济和非实体经济的就业平衡,通过政策干预促进两大部门的就业平衡发展,进而降低实体经济部门的失业风险。

(二)以人工智能为代表的技术进步对就业(失业)的影响

以人工智能为代表的新一轮的技术进步,将持续推动中国劳动力市场向技能偏向型方向转变,这也必将对就业(失业)产生新的巨大冲击。可以预期,一些常规性的工作将被替代,而新的工作岗位也会被创造出来,高技能人才的需求将会大幅增加,更多灵活就业形式将出现。总体而言,人工智能对劳

---

① 关于这方面问题的更详细分析,可参见李飚、孟大虎:《如何实现实体经济与虚拟经济之间的就业平衡》,《中国高校社会科学》2019 年第 2 期。

动力市场影响的一个主要特征是出现高、低技能需求增加,"中等技能被挤压"的就业极化现象。

一方面,很多现有的工作将会被成本更低、效率更高的技术所取代,从而造成大量工人失业。世界银行《2016世界发展报告》披露的数据表明,经济合作与发展组织成员有57%左右的就业将因技术水平较低而被自动化或人工智能取代,印度劳动力市场上被技术替代的就业比例在43%—69%,而中国则可能高达55%—77%。由于不同行业以及行业内不同职位的工作内容和智能化发展潜力存在较大差异,人工智能对劳动力的替代不尽相同。最先被人工智能替代的是一些常规的、可标准化的工作,而具有创造性、灵活性大的工作,以及带有情感色彩或艺术创作类别的工作在核心经验和技艺上很难被替代。

另一方面,尽管一些工作被取代,新技术也在创造新的就业机会。机器自动化的目标是提高工作效率而不是代替现有职业,它本质上会形成新类型的工作任务。因此很多职业不会消失,只是工作内容会发生改变,其中一些相关任务变得更加可自动化。王君等认为尽管人工智能、机器人等技术进步短期内对就业的破坏效应有限,但长期就业效应不容乐观。[1] 而邓洲的观点相对乐观,认为未来更多新的岗位将被创造。[2] 王君和杨威则认为由于替代效应和补偿效应同时存在,技术进步对就业的总效应存在不确定性。[3]

本次以人工智能为代表的技术进步的另一个重要影响,是劳动力市场呈现出以"中等技能被挤压"为代价,高技能和低技能的就业率增加的就业两极化现象。如世界银行《2016世界发展报告》指出,很多新兴经济体如南非、印度、马来西亚、菲律宾等国的中等技能劳动者就业呈现了显著的负增

① 王君、张于喆、张义博、洪群联:《人工智能等新技术进步影响就业的机理与对策》,《宏观经济研究》2017年第10期。
② 邓洲:《工业机器人发展及其对就业影响》,《地方财政研究》2016年第6期。
③ 王君、杨威:《人工智能等技术对就业影响的历史分析和前沿进展》,《经济研究参考》2017年第27期。

长。尽管中国目前仍然是低技能劳动者就业量下降、中等技能劳动者就业量增加的情况,但根据大部分国家已然出现的就业极化的趋势来看,未来很可能同样出现"中等技能被挤压"、高技能和低技能的就业率增加的就业两极化现象。

此外,人工智能创造的一系列新型工作与传统朝九晚五的工作模式大不相同。就劳动需求而言,企业不再采用单一的劳动合同用工;就劳动供给而言,个体有多样的就业方式。自我雇佣、独立承包、众包等一系列新型灵活就业大量出现。灵活就业模式在吸纳青年群体、消除就业歧视、增加劳动者就业收入方面互补了劳动力市场的不足。就劳动者人口特征而言,网络平台的灵活性和细分化服务拓宽了劳动力市场半径,并具有极大的包容性,为已婚女性、流动人口等就业困难群体提供了公平、灵活的就业机会和获得更高收入的机会,降低了失业风险、稳定了社会基础。

总体而言,以人工智能为代表的本轮技术进步,具有更加明显的技能偏向性特点,一些常规性工作将被替代,而新的工作岗位也会被创造出来,更多灵活就业形式将出现,高技能人才的需求将会大幅增加,"中等技能被挤压"的就业极化现象将日趋明显。可以预期,如果不能与时俱进地为被人工智能所替代的劳动者再就业提供精准培训,不能为多样化灵活就业提供制度保障,中国劳动力市场就难以充分应对人工智能带来的挑战,则以人工智能为代表的技术进步就会对中国劳动力市场造成巨大冲击。[①]

(三)基本公共服务因素对女性劳动参与率和失业风险的影响

基本公共服务水平对中国劳动力市场中的就业参与具有重要影响,尤其是对女性就业具有更为关键的影响:基本公共服务水平越高,女性劳动参与率

[①]　实际上,人工智能给劳动力市场带来的机遇和挑战还不止于此。这方面更详细的内容,可参见朱敏、纪雯雯、高春雷、孟大虎:《人工智能与劳动力市场变革:机遇和挑战》,《教育经济评论》2018年第2期。

越高;基本公共服务水平越低,女性劳动参与率越低。① 基本公共服务水平越高,女性投入于家庭劳动的时间越少,相应地投入于工作的时间越多,从而提高了就业竞争力,降低了失业风险;基本公共服务水平越高,企业预期女职工岗位流失的可能性越低,即企业预期的女性人力资本成本损失风险降低,因此,女性劳动者在面试、晋升等环节中面对的"岗位歧视"就会越少,降低了失业风险。

基本公共服务水平在区域间分布的不平衡,同样影响女性劳动者就业参与和就业质量。分地区来看,农村比城市基本公共服务水平低,其差异越大,农村女性劳动者从农业生产部门释放越困难,女性劳动者参与服务乡村振兴工作的意愿越低。已有研究证实,照管儿童对中国农村已婚女性劳动力非农就业具有重要且显著的阻碍作用,而农村存在的可以部分替代已婚女性儿童照管的幼儿园等公共服务则有助于缓解这一阻碍作用。② 分人群来看,非正规就业女性劳动者获得的基本公共服务水平低,其差异越大,就业质量差异越大,非正规就业释放的红利越低。随着互联网的兴起,很多女性出于照料家庭等原因,选择平台就业、网络就业等非正规就业模式,这在一定程度上缓解了正规就业压力,同时为当前的基本公共服务短缺问题提供了解决机会和时间,但是,如果基本公共服务水平在两类就业群体之间的差异过大,就会引发弱势一方就业质量下降,甚至引发就业公平问题,最终影响劳动力市场稳定和社会和谐。

事实上,基本服务水平不高、不平衡与女性劳动参与率和失业风险之间是双向、叠加影响关系,一环失误会造成循环链条的恶化。特别是在生育政策逐渐宽松的背景下,生育问题会不断加重女性负担,降低女性在劳动力市

① 赖德胜、孟大虎、李长安、王琦等著:《2016 中国劳动力市场发展报告——性别平等化进程中的女性就业》,北京师范大学出版社 2016 年版,第 35—36 页。
② 熊瑞祥、李辉文:《儿童照管、公共服务与农村已婚女性非农就业——来自 CFPS 数据的证据》,《经济学(季刊)》2016 年第 1 期。

场中的有效工作时间,生养、看护、保健、入托、教育等一系列问题与医疗、保健、教育等多个公共服务部门挂钩,如果基本公共服务水平原地踏步或参差不齐,女性生育意愿就会受到负面影响,进而未来劳动力市场劳动年龄人口的供给将会进一步减少,如此一来,会对中国劳动力市场的持续、动态平衡造成潜在隐患。

依据上述失业风险的影响和传导机制的理论逻辑指导,下面,我们将基于可获得的最新微观抽样调查数据,对在本轮经济增速减缓背景下哪些群体更容易跌入失业陷阱和面临失业危机进行精准识别。

我们使用的是2017年和2010年国家卫计委全国流动人口动态监测调查数据,基于这两波数据进行经济增速减缓前后中国劳动力市场失业状况的对比分析,以便更加有效地形成对经济增速减缓背景下失业情况的判别。中国流动人口动态监测调查数据(China Migrants Dynamic Survey,CMDS),是国家卫计委自2009年起一年一度大规模全国性流动人口抽样调查数据,该数据是为了解流动人口生存发展状况及公共卫生服务利用、计划生育服务管理等情况,在全国开展流入地监测调查的问卷结果。根据流动人口卫生计生服务管理工作和政策研究的需要,按照随机原则在中国大陆31个省(自治区、直辖市)和新疆生产建设兵团流动人口较为集中的流入地抽取样本点,采取分层、多阶段、与规模成比例的PPS方法进行抽样。在保持对全国、各省有代表性的基础上,增强对主要城市、均等化重点联系城市的代表性。每年样本量近20万户,内容涉及流动人口及家庭成员人口基本信息、流动范围和趋向、就业和社会保障、收支和居住、基本公共卫生服务、婚育和计划生育服务管理、子女流动和教育、心理文化等。此外还包括流动人口社会融合与心理健康专题调查、流出地卫生计生服务专题调查、流动老人医疗卫生服务专题调查等。数据调查对象面对的是在流入地居住一个月以上,非本区(县、市)户口的15周岁及以上流入人口。基于此调查数据进行统计分析,我们获得了以下一些研究发现。

二、经济下行造成劳动力市场的整体失业风险增大

2010 年和 2017 年流动人口问卷中关于就业的问题设计有所不同,因此,我们根据问卷的具体情况,对失业人口的界定进行了分别操作。其中,2010 年的问卷中,有专门针对被调查者就业状况进行调查的问题,设置的答案包括"就业""操持家务""在学""学龄前""离退休""无业失业"等,我们在研究中将最后一项"无业失业"答案的选择作为失业人口的界定准线;而 2017 年的问卷中并未设置专门的区分失业的就业状况问题,我们选取问卷中"您未工作的主要原因是什么?"一题选择"企业/单位裁员""企业/单位倒闭""因单位其他原因失去工作""因本人原因失去工作""临时性停工或季节性歇业""没找到工作"等 6 种答案的人群,界定为失业人口。在失业率的统计定义上,则是以失业人口作为分子,以现有就业者加上失业者的总数作为分母。其中,对就业人数的确定,2010 年根据选择"就业"一项答案作为标准进行界定,2017 年则根据问卷中"您现在的就业身份属于哪一种?"问题的回答结果进行测量。

根据以上对失业人口以及失业率的定义,如表 4.9 所示,2010 年流动人口失业人数共计 2480 人,失业率为 2.36%,2017 年流动人口失业人数共计 4466 人,失业率为 3.09%;2010 年流动人口失业群体中农民工占比 78.59%,2017 年农民工占比 82.51%。2010 年农民工群体失业率为 2.2%,低于城镇户籍劳动者失业率(3.21%),而这种情形到 2017 年发生了反转——农民工群体失业率为 3.24%,明显高于城镇户籍劳动者(2.55%)。可见,随着经济进入增速减缓阶段,农民工就业情况受到较明显的影响,其流动至城镇的失业风险增强。分性别来看,经济进入下行阶段前后,流动人口中失业群体性别占比出现逆转。2010 年,流动人口失业群体中男女性别比为 0.81∶1,女性占比明显高于男性;到了 2017 年,呈现出了完全相反的样态,流动人口失业群体中男女性别比为 1.47∶1,男性占比明显高于女性。这表明,随着经济形势走低,男性失业风险在一定程度上有所增长。同时,失业率的性别比差异也发生了逆

转。2010 年的数据结果显示,男性流动人口的失业率(1.85%)明显低于女性(3.04%),而 2017 年女性流动人口的失业风险只有男性的 91%。

表 4.9　2010 年和 2017 年流动人口就业状态与城乡、性别分布的列联表

（单位:人、%）

就业状态		农村	城镇	男性	女性	总体
2010 年	就业	86711	15991	58943	43759	102702
		84.43	15.57	57.39	42.61	100
		97.80	96.79	98.15	96.96	97.64
	失业	1949	531	1110	1370	2480
		78.59	21.41	44.76	55.24	100
		2.20	3.21	1.85	3.04	2.36
	总体	88660	16522	60053	45129	105182
		84.29	15.71	57.09	42.91	100
		100	100	100	100	100
2017 年	就业	110014	29828	79823	60019	139842
		78.67	21.33	57.08	42.92	100
		96.76	97.45	96.78	97.07	96.91
	失业	3685	781	2655	1811	4466
		82.51	17.49	59.45	40.55	100
		3.24	2.55	3.22	2.93	3.09
	总体	113699	30609	82478	61830	144308
		78.79	21.21	57.15	42.85	100
		100	100	100	100	100

注:每三行为一个维度,第一行均表示人数,第二行、第三行都表示百分比;根据中国流动人口动态监测调查数据整理所得。

综合城乡和性别的失业状况分析可知,无论是在城镇户籍劳动者还是在农民工群体中,随着经济进入增速减缓阶段,失业群体中,男性占比均在增大,风险均高于女性。通过 Stata 进一步计算可知,2010 年,城镇和农村失业人口中,男性占比分别为43.50%和45.10%,到 2017 年该比例已经分别为59.45%和 57.08%。对流动人口失业原因进行深入分析,结果发现,超过一半(58.69%)的流动人口处于失业状态是因为没有找到工作,其次是遭遇到临时性停工或季节性歇业(28.1%)。也就是说,整体而言,流动人口往往面临的是被动失业。进一步对进入经济增速减缓背景下后失业率水平更高一些的农民工群体的受教育水平进行统计分析,结果发现失业农民工受教育水平普遍偏低,仅有初中及以下受教育程度的失业农民工占农民工总数的 76.39%(见表 4.10),这也在一定程度上解释了上述流动人口大多是被动失业的现象。

表 4.10　2017 年流动人口失业人员城乡和性别、受教育程度分布的列联表

(单位:人、%)

城乡	性别		受教育程度							总体
	男性	女性	未上过学	小学	初中	高中/中专	大学专科	大学本科	研究生	
农村	2209	1476	193	912	1710	610	187	73	0	3685
	59.95	40.05	5.24	24.75	46.4	16.55	5.07	1.98	0.00	100
	83.2	81.5	94.61	91.38	85.89	72.97	64.04	51.77	0.00	82.51
城镇	446	335	11	86	281	226	105	68	4	781
	57.11	42.89	1.41	11.01	35.98	28.94	13.44	8.71	0.51	100
	16.8	18.5	5.39	8.62	14.11	27.03	35.96	48.23	100	17.49
总体	2655	1811	204	998	1991	836	292	141	4	4466
	59.45	40.55	4.57	22.35	44.58	18.72	6.54	3.16	0.09	100
	100	100	100	100	100	100	100	100	100	100

注:每三行为一个维度,第一行均表示人数,第二行、第三行都表示百分比;根据中国流动人口动态监测调查数据整理所得。

三、区域间经济增长不平衡加剧了失业风险差异

通过对 2010 年和 2017 年流动人口动态监测调查数据进行东、中、西三大

经济区域以及省际间差异分析可知,经济增速较慢的地区具有相对更高的失业率,无论是 2010 年还是 2017 年,均显示出东部地区、中部地区、西部地区依次递增的失业率趋势;与 2010 年相比,处于经济增速减缓的 2017 年具有更高的失业率水平,其中,西部地区失业率具有最高的增长幅度,从 2010 年的 3.04%升至 2017 年的 4.33%。在失业人口占比上,东部地区在进入经济增速减缓的过程中,扭转了 2010 年失业占比最高的形势,与中部地区一起呈现出了失业人口比重下降的结果,而西部地区则呈现出了失业人口占比从 2010 年的 35.2%升至 2017 年的 46.62%的明显增长态势(见图 4.19)。需要特别注意的是,虽然东部地区流动人口失业率在三大区域中是最低的,但是就其失业人数占全国失业总数的比重而言,却位于第二的水平,如果从这个角度来看,则东部地区仍有相当规模的失业者需要关注和解决。

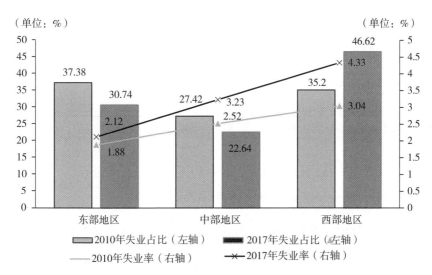

图 4.19　2010 年和 2017 年流动人口失业状况的经济区域分布

资料来源:根据中国流动人口动态监测调查数据整理所得。

四、分年龄段和流动时长对失业风险的分析结果

为了深入了解流动人口失业风险的年龄分布情况,我们继续对 2010 年和

2017 年 16—60 岁流动人口的年龄进行 10 年等距划分,并对每个年龄段人口进行失业状况的统计分析,结果见图 4.20。可以看出,流动人口的失业风险有从中青年向前后两端递增的趋势,其中失业率最高的年龄段为 56—60 岁,2010 年和 2017 年分别高达 6.56% 和 7.18%;失业率最低的年龄段为 26—35 岁,2010 年和 2017 年非常巧合地均为 1.93%,失业风险远低于 56—60 岁年龄段。35 岁之前年龄段的群体就业状况并未随着经济形势走低而受到明显影响,而在 35 岁之后的各个年龄段,则表现出随着经济增速减缓失业率明显提高。

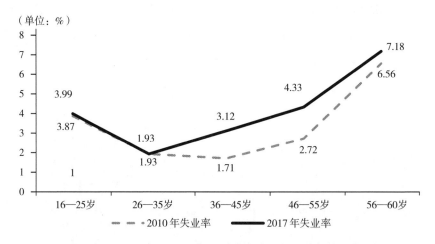

图 4.20　2010 年和 2017 年流动人口失业状况的年龄分布

资料来源:根据中国流动人口动态监测调查数据整理所得。

　　进一步,我们对 2010 年和 2017 年流动人口中失业群体按照外出流动时长进行统计分析,结果如表 4.11 所示:失业规模呈现中间大两头小的"橄榄球"变化形态,占比较高的集中在流动累计时间 5—15 年的群体,然后分别向两个方向显现规模递减态势。此外,随着流动人口流动累计时间的增加,其失业发生的概率基本呈现上升趋势。例如,2017 年,流动累计时间不到一年的流动人口中,失业率为 3.18%,而流动累计时间 30 年以上的流动人口失业率则高达 7.07%。

表 4.11　2010 年和 2017 年流动人口就业状态与流动累计时间的列联表

（单位：人、%）

流动累计时间	2010 年			2017 年		
	就业	失业	总体	就业	失业	总体
不到 1 年	3	1	4	50266	1652	51918
	75.00	25.00	100	96.82	3.18	100
	0.00	0.04	0.00	35.94	36.99	35.98
1—2 年	1499	36	1535	13940	424	14364
	97.65	2.35	100	97.05	2.95	100
	1.46	1.45	1.46	9.97	9.49	9.95
3—4 年	2798	63	2861	13452	313	13765
	97.80	2.20	100	97.73	2.27	100
	2.72	2.54	2.72	9.62	7.01	9.54
5—9 年	7990	152	8142	24791	709	25500
	98.13	1.87	100	97.22	2.78	100
	7.78	6.13	7.74	17.73	15.88	17.67
10—14 年	7780	101	7881	21712	710	22422
	98.72	1.28	100	96.83	3.17	100
	7.58	4.07	7.49	15.53	15.90	15.54
15—19 年	4088	49	4137	9715	366	10081
	98.82	1.18	100	96.37	3.63	100
	3.98	1.98	3.93	6.95	8.20	6.99
20—29 年	2465	43	2508	5506	257	5763
	98.29	1.71	100	95.54	4.46	100
	2.40	1.73	2.38	3.94	5.75	3.99
30 年以上	76079	2035	78114	460	35	495
	97.39	2.61	100	92.93	7.07	100
	74.08	82.06	74.27	0.33	0.78	0.34

流动累计时间	2010 年			2017 年		
	就业	失业	总体	就业	失业	总体
总体	102702	2480	105182	139842	4466	144308
	97.64	2.36	100	96.91	3.09	100
	100	100	100	100	100	100

注:每三行为一个维度,第一行均表示人数,第二行、第三行都表示百分比;根据中国流动人口动态监测调查数据整理所得。

五、人力资本水平较低的劳动力面临着较高的失业风险

我们对 2010 年和 2017 年流动人口进行受教育程度的划分,并进行相应失业率的统计分析,结果如图 4.21 所示。可以看出,与经济增速减缓之前相比,劳动者自身的人力资本水平成为影响其失业风险的关键变量。2010 年,不同受教育水平下的失业率水平并没有呈现出规律性走向,整体而言,具有倒"U"型的走势,即未上过学和研究生层次的劳动者面临着更高的失业率。对2017 年数据的分析结果显示,伴随经济增速减缓,受教育程度与失业率水平之间呈现出此消彼长的线性关系,即随着受教育程度的增加,流动人口失业率明显降低。小学及以下受教育水平的流动人口失业率超过 5%,而大学专科及以上受教育水平的流动人口失业率均未达到 2%,失业风险较前者而言降低至少一倍。可见,人力资本是影响流动人口就业状况的关键变量,在技术进步不断加速的劳动力市场环境中,人力资本变量显示出越来越重要的价值。

六、失业保险等社会保障措施的失业风险防范作用有待加强

经验表明,在致力于减轻失业给劳动者带来损失和伤害的各种政策干预中,失业保险无疑是一个重要手段。为了解失业保险对失业风险的防范作用,我们将失业保险的缴纳情况与流动人口的就业情况进行了关联分析。不过,

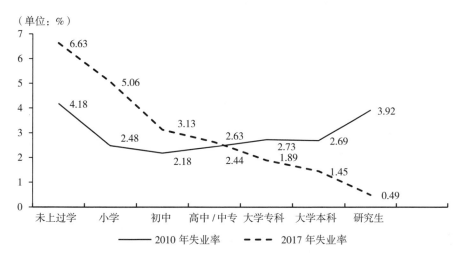

图 4.21 2010 年和 2017 年流动人口失业状况的受教育程度分布

资料来源:根据中国流动人口动态监测调查数据整理所得。

碍于 2017 年问卷中剔除了失业保险缴纳的问题,因此,我们选择对 2016 年流动人口动态监测调查数据相关指标进行统计分析,并与 2010 年的情况进行了对比。经对比可知,我国失业保险在流动人口中的覆盖面明显增加,由 2010 年的 7.89%增加至 2016 年的 19.23%水平。而失业群体中失业保险的参保情况在这两个年度更是形成鲜明对比,2010 年,失业劳动者均没有得到失业保险的补偿,而 2016 年,失业者中有 4.88%的个体可以享受失业保险的补偿。2016 年,没有失业保险的劳动者失业率为 3.33%;有失业保险的劳动者,失业率只有 0.72%,失业风险不到前者的 1/4(见表 4.12)。那些没有参加失业保险的群体,不仅失业风险高,而且一旦失业,享受不到失业救助。参加并缴纳失业保险的劳动者,岗位稳定、失业风险低,其结果就是失业基金账户持续积累盈余。

但是,失业保险的覆盖仍然存在一定的问题。利用失业保险基金支持企业稳定就业岗位,是“稳就业”的重要举措。设立失业保险基金,初衷是为了保障失业者基本生活需要。近年来,随着经济增速减缓和就业压力增大,失业保险金的用途进一步扩展,特别是在稳就业方面发挥了越来越重要的作用。在这个过程中应该关注流动人口等群体的失业保险覆盖问题,发挥其在防范失业风险当中的重要作用。

表 4.12　2010 年和 2016 年流动人口就业状态与失业保险是否参保的列联表

(单位:人、%)

就业状态	2010 年				2016 年			
	是	否	不清楚	总体	是	否	不清楚	总体
就业	8299	91012	3391	102702	32261	130504	1456	164221
	8.08	88.62	3.30	100	19.64	79.47	0.89	100
	100	97.45	97.27	97.64	99.28	96.67	97.13	97.17
失业	0	2385	95	2480	233	4501	43	4777
	0.00	96.17	3.83	100	4.88	94.22	0.9	100
	0.00	2.55	2.73	2.36	0.72	3.33	2.87	2.83
总体	8299	93397	3486	105182	32494	135005	1499	168998
	7.89	88.8	3.31	100	19.23	79.89	0.89	100
	100	100	100	100	100	100	100	100

注:每三行为一个维度,第一行均表示人数,第二行、第三行都表示百分比;根据中国流动人口动态监测调查数据整理所得。

另外,虽然由于数据不可得,我们在这里无法精准识别实体经济部门(尤其是制造行业)和农村劳动力市场中的失业风险,但是,鉴于近期已有一些实证研究特别强调要关注制造业中的失业风险和农村失业风险[1],而且,中国经济发展的实践演进路径也在提醒我们需要特别关注这两个重点领域的失业风险问题:一方面,目前实体经济和非实体经济发展的不平衡,很可能会导致制造业失业风险加大,再加上受中美贸易摩擦等外部冲击的影响,尤其是要重点

---

① 吴要武、陈梦玫:《当经济下行碰头就业压力——对中国城乡劳动力市场状况的分析》,《劳动经济研究》2018 年第 3 期。

防范由工厂倒闭所导致的规模性失业风险;另一方面,随着中国城镇化进程的加速进行,以及城市尤其是大城市将在高质量发展进程中发挥关键作用,而我国中西部地区大部分村庄的产业结构依然以农业为主,无工业化乡村的村民为寻求高于农业的收入大量外出务工,村庄空心化等问题严峻①,这可能会引发农村失业风险的加大,因此,在这里,我们强调需要特别重视农村劳动力市场中的失业风险问题。

---

① 李骎、董磊明:《半工业化乡村与劳动力的"碎片整理"——工业化潮流冲击下的乡土社会的存续》,《北京师范大学学报(社会科学版)》2019 年第 6 期。

第五章　经济增速减缓对重点群体就业的影响

　　本章的研究任务是分析和讨论经济增速减缓对代表性重点群体就业的影响。这些代表性重点群体包括高校毕业生、流动人口和残疾人群体。在第一节中,我们利用北京大学教育经济研究所于 2003 年、2005 年、2007 年、2009 年、2011 年、2013 年、2015 年、2017 年和 2019 年进行的九次全国高校毕业生的抽样调查数据,对我国高校毕业生的就业结构状况进行比较分析,以期发现我国高校扩招后毕业生的就业结构特点与变化趋势;经济增速减缓必然对就业产生巨大的影响,尤其是就业不稳定、社会保障覆盖不完整、社会保护薄弱的流动人口首当其冲,因此在经济增速减缓背景下,流动人口的就业发生了什么样的变化,这些变化又对经济社会发展带来了怎样的冲击,如何应对这些变化,是第二节研究的主要问题;第三节则集中分析了残疾人群体的就业问题。我们认为,由于身体功能受限或缺失,残疾人在劳动力市场上处于劣势,他们通常属于"最后被雇佣,最先被解雇"的群体。在经济增速减缓和新冠肺炎疫情的叠加影响下,如何减少残疾人失业、优化残疾人的就业结构,是政府和社会面临的难题。保住残疾人传统就业的岗位还是拓展新的就业领域,孰轻孰重,需要深入分析。同时,当前数字经济正成为我国高质量发展的强劲引擎,带动了各种新业态的产生。如果残疾人就业始终停留在传统领域,其就业不随科技进步、社会经济形势的发展进行调整,残疾人将很难适应时代的变化,可能导致失业风险增大。只有适应这些新形势,融入这些新变化,残疾人才能实现充分和高质量的就业。

第一节　我国高校毕业生就业结构的趋势分析

自 1999 年高校扩招以来,我国高等教育取得了显著的飞跃性发展,高等教育毛入学率快速、大幅度上升。2002 年,高等教育毛入学率首次超过 15%,高等教育进入大众化阶段。2019 年,高等教育毛入学率达到 51.6%,高等教育从大众教育阶段进入普及化发展阶段。我国高等教育规模已经超过美国,位居世界第一,标志着我国提前实现了国家教育规划纲要确定的到 2020 年达到 40% 的目标。[①]

伴随着高校扩招,毕业生数量大幅度增加。教育部公布的数据表明,高校毕业生数从 1999 年的 90 万人猛增到 2020 年的 874 万人,再创历史新高,年均增速高达 11.4%。而城镇就业人员增幅(当年城镇就业人数减上一年城镇就业人数),从 1999 的 336 万人增长到 2019 年的 1352 万人,年均增速为 6.95%。相比之下,高校毕业生的平均增速显著高于城镇就业人员增幅的平均增速,而且已就业的高校毕业生换工作的现象普遍存在,高校毕业生的就业情况似乎一年更比一年难。高校扩招以来,毕业生的就业状况究竟如何,存在什么变化趋势,需要用统计数据进行分析。北京大学教育经济研究所于 2003 年、2005 年、2007 年、2009 年、2011 年、2013 年、2015 年、2017 年和 2019 年进行了九次全国高校毕业生的抽样调查数据,每次调查的样本量在两万人左右,截至 2019 年,共调查了约 17 万名高校毕业生。我们拟对高校毕业生的就业结构状况进行比较分析,以期发现高校扩招后毕业生的就业结构特点与变化

---

① 王家源:《这 5 年我国教育事业全面发展》,《中国教育报》2017 年 10 月 23 日。

趋势。

这九次调查的数据具有很好的时间代表性。第一,样本包含了 1999—2019 年的高校学生信息。调查针对的虽然是 2003—2019 届毕业生,但是由于 2003 年的本科毕业生是 1999 年入学的,2019 年两年制的专科生和硕士生是 2017 年入学的,因此样本数据包含了 1999—2017 年入学的学生信息。第二,1999 年开始的高校扩招实际上只有 1999—2005 年的扩招速度达到两位数,2006 年之后都是以个位数的速度增长。而 1999—2005 年扩招入学的本科生于 2003—2009 年毕业,因此样本数据包含了大幅度扩招进入高校的学生信息。第三,在 2001—2010 年,我国 GDP 的年均增速仍高达 10.5%,是我国改革开放以来发展最快的时期。2001 年我国人均 GDP 首次超过了 1000 美元,之后经济发展进入起飞阶段,2006 年人均 GDP 超过 2000 美元,2008 年超过 3000 美元,2010 年超过 4000 美元,在这一年我国超过德国成为世界第一出口大国,超过日本成为世界第二大经济体。第四,在 2010—2019 年,我国经济发展逐渐呈现出新常态,表现为经济增长从高速转为中高速,产业结构优化升级,经济增长模式从要素驱动转向创新驱动。在经济增长上,2015 年是我国“十二五”规划的收官之年,经济增长速度出现新低,仅为 6.9%。这一数字不仅是“十二五”时期最低的,也是 1991 年以来最低的。从产业结构来看,第一产业增加值的比重不断下降,第三产业增加值的比重不断上升。三次产业在增加值中的比重从 1978 年的 27.9∶47.6∶24.5,转变为 2012 年的 9.5∶45.0∶45.5,2012 年第三产业的占比首次超过第二产业,成为占比最大的产业。2015 年又是特殊的一年,第三产业在国内生产总值中的占比首次超过半壁江山,达到 50.5%,第三产业成为拉动中国经济增长的重要源泉。从驱动要素来看,劳动力成本持续上升,大量资金游离在实体经济之外,创新驱动不再是经济发展的一种选择,而是不得不面临的现实和挑战。第五,2019 年又是具有特殊意义的一年。这一年,我国人均 GDP 首次超过 1 万美元,经济发展进入到一个新的、更高的阶段;我国高等教育毛入学率超过 50%,进入普及化发展阶段;2019年是我国高校扩招20周年;2019年是新中国成立70周年。

产业结构的调整伴随而来的是就业结构的改变。三次产业的就业人员比例从1978年的70.5∶17.3∶12.2,转变为2016年的27.7∶28.8∶43.5,第三产业成为吸纳劳动力就业最多的产业。第三产业又是吸纳高校毕业生就业能力最强的产业,尤其是金融、IT、科技、教育、卫生、公共管理等高校毕业生求职青睐的行业。从这一角度看,我国产业升级换代为高校毕业生提供了更加广阔的就业空间。另外,我国大力实施创新驱动发展战略、促进经济社会转型升级迫切需要一些高技能人才。大学生作为技术创新、技术吸收、技术应用的关键要素,这一转型对我国大学生的知识结构和技术能力提出了新的要求。从这一角度看,我国产业升级换代对高校毕业生就业而言提出了新的挑战。在经济新常态的背景下,对高校毕业生就业而言,机遇和挑战并存。2003—2019年既是高等教育规模和毕业生总量迅速扩张的重要阶段,也是我国经济腾飞和经济结构调整升级的关键时期,对这一时期高校毕业生的就业结构状况和变化趋势进行分析对实施更加积极的就业政策、创造更多适合大学生的就业岗位、提高就业质量具有重要的现实意义。

一、高校毕业生就业结构的总体趋势(2003—2019年)

为及时准确地了解我国高校扩招后的毕业生就业状况,为教育决策和毕业生就业提供更丰富有效的信息,从2003年开始,北京大学教育经济研究所每隔一年对全国高校毕业生的就业状况进行问卷调查。迄今为止,北京大学教育经济研究所于2003年、2005年、2007年、2009年、2011年、2013年、2015年、2017年和2019年进行了九次大规模的调查。问卷调查对象是当年的应届毕业生,调查时间是当年的6月。每次调查都参照我国高等教育的地区结构、学校类型结构、学历结构、专业结构、性别结构等进行抽样,努力使得调查样本具有较好的代表性。在发放问卷时,对每所抽样高校根据毕业生学科门类和学历层次按一定比例发放 500—1000 份问卷,每所高校调查数据并不能代表该校的毕业生总体,但是对全部调查高校的汇总数据作为全国高校毕业生的样本具有代表性。问卷包括高校毕业生的基本信息、求职过程、就业状况、接受高等教育状况四部分。表 5.1 给出了九次调查的样本数据说明。在问卷调查实施过程中,抽样中的个别高职院校由于某些特殊原因未能完成调查,使得样本中的学历结构波动较大。在进行与学历相关的均值计算时我们将按照全国总体数据中的学历结构进行加权平均。

表 5.1　2003—2019 年样本数据说明

年份	2003	2005	2007	2009	2011	2013	2015	2017	2019
东部高校(所)	16	14	17	21	10	11	13	15	14
中部高校(所)	8	9	9	5	9	7	8	9	8
西部高校(所)	21	11	2	3	11	12	7	9	10
"985"高校(所)	4	5	3	3	3	5	4	5	6
"211"高校(所)	8	4	1	6	4	4	5	5	4
一般本科院校(所)	16	19	11	14	9	9	10	11	9
高职大专院校(所)	15	3	8	7	7	7	5	5	9
民办高校(所)	2	1	3	0	4	2	1	2	2
独立学院(所)	0	2	2	1	3	3	3	1	2
专科生(%)	39.3	16.6	38.5	26.3	38.9	22.4	20.5	27.9	23.4
本科生(%)	57.0	78.5	53.9	61.9	55.3	68.0	66.7	62.8	62.6
硕士生(%)	3.0	4.1	6.6	11.2	5.5	9.2	11.5	8.5	13.0
博士生(%)	0.6	0.7	1.0	0.6	0.3	0.4	1.2	0.8	1.0
男性(%)	57.9	56.7	54.6	53.6	49.1	52.7	49.8	50.0	49.0
女性(%)	42.1	43.3	45.4	46.4	50.9	47.3	50.2	50.0	51.0
样本学校数(所)	45	34	28	29	30	30	28	33	32
样本学生数(人)	18723	21220	16388	21753	19768	15060	15421	18076	16571

资料来源:2003—2019 年北京大学全国高校毕业生调查数据。

（一）就业去向

对于毕业生毕业时的状况，九次调查的分类有所不同（见表 5.2）。2003
年和 2005 年的分类与 2007 年之后的分类是不一样的。为了便于与教育部要
求各高校上报的毕业生去向分类进行比较，从 2007 年开始，问卷将毕业生被
调查时的状况分为 10 类。

表 5.2　2003—2019 年高校毕业生的基本就业状况　　　（单位:%）

年份	2003	2005	2007	2009	2011	2013	2015	2017	2019
（1）已确定单位	40.7	47.2	40.4	34.5	43.3	43.5	33.3	38.8	37.4
（2）升学（国内）	15.1	16.8	14.1	18.3	13.7	14.0	18.6	20.4	25.3
（3）出国、出境		2.3	2.7	3.2	2.6	2.8	5.8	5.9	4.9
（4）自由职业			4.1	3.3	4.3	2.6	4.7	5.0	3.7
（5）自主创业	4.0ᵃ	3.6ᵃ	3.2	2.4	3.2	2.1	4.6	4.7	2.3
（6）其他灵活就业			6.6	5.4	5.1	7.0	16.1	9.7	6.6
（7）待就业	35.8	22.4	22.6	26.4	21.9	23.4	12.8	10.1	12.3
（8）不就业拟升学	1.7	4.8	2.9	3.1	2.4	2.0	2.2	3.0	3.8
（9）其他暂不就业			2.4	2.2	2.1	1.8	1.3	1.4	2.3
（10）其他	2.7	3.0	1.1	1.2	1.5	0.9	0.7	0.9	1.4

注:a 表示该数字为（4）、（5）、（6）三项之和;2003—2019 年北京大学全国高校毕业生调查数据。

从九次调查的统计结果来看，"已确定单位"的比例在 40%上下波动。在
2013 年及以前，除了受国际金融危机的影响，2009 年高校毕业生"已确定单
位"的比例仅为 34.5%，其他年份的"已确定单位"的比例均保持在 40%以上
的水平。而 2013 年以后，该比例滑至 40%以下，尤其是 2015 年的高校毕业生
"已确定单位"的比例降至最低点，仅为 33.3%。

随着我国经济的快速发展和居民收入水平的日益提高，人们对于继续接
受教育和出国留学的需求一般会更大。统计数据验证了这一现象，在九次调
查中，高校毕业生"升学"和"出国、出境"的合计比例在总体上呈现出上升趋

势,从 2003 年的最低点 15.1% 上升至 2019 年的最高点 30.2%。其中国内升学的比例上升趋势显著,2019 年达到 25.3%,成为缓解就业压力的稳定器。"自由职业""自主创业""其他灵活就业"在毕业生就业中已经成为不可忽视的重要组成部分,2007 年及以后这三项的合计比例都达到两位数,2015 年更是达到最高值,占比合计 25.4%,这说明高校毕业生的毕业去向愈加分散化。

如果将表 5.2 中第(1)—(6)项均视为"落实去向"的话,则高校学生毕业时的"落实率"总体上呈现上升趋势。2003 年,受"非典"疫情的不良影响,"落实率"只有 59.8%;2005—2013 年的"落实率"维持在 70% 上下;2015 年、2017 年和 2019 年,"落实率"都超过了 80%,分别达到 83.1%、84.6%、80.2%(见图 5.1)。其原因在于:首先,我国产业升级和结构变化、创新创业政策有利于"自由职业""自主创业""灵活就业"的占比增加;第二,研究生规模扩大和居民收入水平提升有利于"升学"和"出国、出境"的占比增加。因此,尽管这两年的"已确定单位"的占比都不足 40%,但"落实率"却能超过 80%。

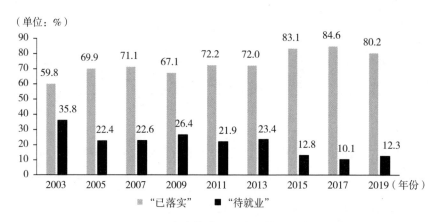

图 5.1　2003—2019 年高校毕业生中已落实和待就业的比例

资料来源:2003—2019 年北京大学全国高校毕业生调查数据。

"待就业"指标更能反映出就业难的程度,此项只包括那些有就业意愿却在离校时没有找到工作的毕业生。从九次调查的"待就业"比例来看,就业形势与"落实率"所反映的形势是完全一致的。在 2003 年的"非典"时期,"待就业"比例最高,为 35.8%。其次是在 2008 年的国际金融危机时期,"待就业"比例为 26.4%。2017 年的"待就业"比例最低,为 10.1%。数据表明,高校毕业生"无业可就"的问题得到极大改善,高校毕业生的就业问题应该从就业数量转移到提高就业质量层面。

2019 年的就业难度显著高于 2017 年。从已落实比例看,2019 年比 2017年低 4.4 个百分点;从待就业比例看,2019 年比 2017 年高 2.2 个百分点。2020 年,受新冠肺炎疫情影响,使得原本难度就很大的高校毕业生就业雪上加霜。各级政府采取各种措施应对,增加研究生招生、增加专升本规模、招收第二学位学士、推出"国聘计划"、增加"特岗教师"规模等,这些措施有力减缓了就业压力。

（二）就业分布

根据已经确定就业单位者的回答,高校毕业生的就业分布状况如下:

1.八成以上的毕业生在大中城市就业,体现出我国经济发展以城市为主的特点

表 5.3 显示,在九次调查中,就业于大中城市所占比例都在七成以上,2005年比例最低,为 70.7%;2013 年最高,为 86.0%;最近七次调查的比例都在八成以上。尽管我国政府出台了很多就业政策,引导毕业生到城乡基层就业,但是从调查结果来看,吸纳毕业生就业的主要地点还是大中城市。这一现象符合我国经济发展以城市为重点的特点。改革开放以来,我国经济发展速度很快,城镇化率不断提高,但是从结构来看,城市发展快于农村,大中城市发展快于中小城市。因此,对于在县城和乡村工作的毕业生应在政策上给予更多的激励措施。

表 5.3　2003—2019 年按地点分的就业分布　　　　（单位:%）

年份	2003	2005	2007	2009	2011	2013	2015	2017	2019
大中城市	76.6	70.7	80.2	83.7	80.2	86.0	85.5	83.6	81.0

续表

年份	2003	2005	2007	2009	2011	2013	2015	2017	2019
县城	17.1	21.9	14.1	12.1	15.5	11.2	12.2	13.5	14.1
乡镇	5.3	5.5	4.4	3.4	3.8	2.2	1.6	2.0	3.2
农村	1.0	1.9	1.3	0.8	0.5	0.6	0.7	0.8	1.7

资料来源:2003—2019年北京大学全国高校毕业生调查数据。

2.企业成为毕业生就业的最主要单位

按工作单位性质分,就业分布有以下特点:第一,民营企业后来居上,成为吸纳毕业生就业的最主要单位。民营企业所占的比例增长显著,由2003年的10.7%上升到2011年的45.8%,随后经历了略降再升的过程。但是不管怎样,2011年以后该比例一直稳居第一。第二,国有企业始终是毕业生就业的重要去向。2003年和2009年,在"非典"时期、国际金融危机时期和经济增速较慢的2013年,国有企业都承担着吸纳毕业生就业的最主要任务,三分之一左右的毕业生都进了国有企业。而在其他年份,国有企业所占的比例也都在两成以上。第三,"三资"企业在解决毕业生就业方面也发挥着积极的作用。九次调查中,"三资"企业所占的比例平均为7.8%,在不同的年份比例略有波动。第四,党政机关、学校、科研单位的作用逐渐减弱,以上三项合计比例从2003年的39.6%大幅下降到2017年的13.4%,2019年略有反弹,达到14.4%,上升了1个百分点(见表5.4)。

表5.4　2003—2019年按工作单位性质分的就业分布　(单位:%)

年份	2003	2005	2007	2009	2011	2013	2015	2017	2019
党政机关	12.4	9.2	12.7	10.9	4.8	5.8	5.6	5.6	5.6
学校	23.1	19.3	5.4	6.0	7.5	2.6	8.3	6.5	7.6
科研单位	4.1	4.7	1.1	1.7	1.0	1.6	1.6	1.3	1.2
国有企业	34.5	29.7	23.5	34.5	23.1	30.2	28.0	23.5	28.4
民营企业	10.7	16.3	34.2	31.0	45.8	38.2	36.7	40.7	35.6

续表

年份	2003	2005	2007	2009	2011	2013	2015	2017	2019
"三资"企业	8.3	9.5	9.5	6.8	7.2	7.6	8.9	7.5	5.1
其他	6.9	11.3	13.4	9.2	10.6	11.9	11.0	14.9	16.5

资料来源:2003—2019 年北京大学全国高校毕业生调查数据。

企业是吸纳毕业生就业的最主要单位,在九次调查中,国有企业、民营企业、"三资"企业的合计比例都在 50% 以上,并且呈现出上升的趋势,2019 年三项的合计比例达到 69.1%(图 5.2)。2001 年我国加入了世界贸易组织,外资外贸额增长显著,与之相关的民营企业和"三资"企业得到快速发展,同时也带动了国有企业的发展。

（单位：%）

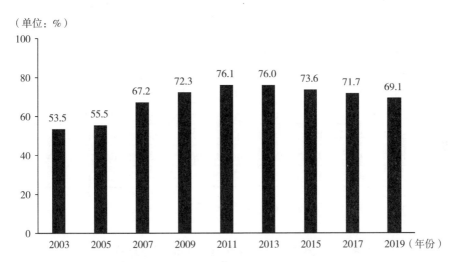

图 5.2　2003—2019 年在国有企业、民营企业、"三资"企业就业的合计比例

资料来源:2003—2019 年北京大学全国高校毕业生调查数据。

3. 毕业生的工作类型趋于多样化

按工作类型划分,就业分布有以下特点:第一,与技术相关的工作所占的比例最大,但是出现显著的下降趋势。专业技术和技术辅助两项的合计比例由 2003 年的 69.4% 下降到 2011 年的 38.0%,之后出现回升的态势,但是上升的幅度不大,基本保持在40%左右(见表5.5)。第二,与管理相关的工作所占的比例也很大,一直保持在两成以上。行政管理和企业管理两项的合计比例由2003年的20.3%上升到2017年的32.4%。第三,从事生产和服务的工作所占的比例不大,但是服务工作出现了先显著上升后平缓下降的趋势,从2003年的6.5%上升至2011年的20.2%,再下降至2017年的13.4%。从事一线工业和农业生产的比例一直很低,合计比例的最大值为2015年的6.9%。数据表明,毕业生就业的工作类型趋向多样化,表现出技术类、管理类、服务类三足鼎立的特征。

表5.5 2003—2019年按工作类型分的就业分布 （单位:%）

年份	2003	2005	2007	2009	2011	2013	2015	2017	2019
专业技术	51.9	45.2	34.3	43.4	29.2	37.7	29.8	27.5	35.0
技术辅助	17.5	17.3	20.8	8.7	8.8	10.9	11.2	12.4	17.0
行政管理	14.0	14.8	17.7	14.1	12.8	12.4	16.7	16.7	16.8
企业管理	6.3	10.5	8.6	13.6	13.3	11.6	14.1	15.7	9.5
服务工作	6.5	6.5	11.4	9.6	20.2	16.2	14.3	13.4	8.0
一线工业	2.2	1.6	5.0	3.3	3.7	4.7	5.1	4.1	2.9
农业生产	0.2	0.4	0.1	0.8	0.9	0.9	1.8	1.7	1.9
其他	1.3	3.6	1.9	6.6	11.1	5.6	7.0	8.5	8.9

资料来源:2003—2019年北京大学全国高校毕业生调查数据。

4.教育、金融、IT和制造业是毕业生最主要的行业选择

按行业类型划分(见表5.6),就业分布有以下特点:第一,金融业就业比例呈现明显上升趋势,从2009年的6.3%上升至2015年的15.2%,成为毕业生就业占比最大的行业,2017年略微下降,为12.9%,但仍然稳居第一。2019年,金融业降为第二位。第二,进入IT业的平均比例都在10%以上,2015年、2017年和2019年的占比均位居第二位。第三,制造业比例存在明显下降趋势,从2009年的18.2%下降至2015年的10.4%,六年间下降了7.8个百分

点,之后略有上升,升至 2017 年的 11.2% 和 2019 年的 11.8%。我国经济发展仍处于工业化阶段,以制造业为主的第二产业是就业规模增长幅度最大的产业,而毕业生更偏好的党政机关、事业单位、金融和 IT 业的增长幅度却比较有限。因此,制造业就业比例的下降需要引起高度重视。第四,教育行业占比波动较大,但占比一直较高,2019 年排名第一。数据表明,教育、金融、IT 和制造业成为当前高校毕业生最主要的行业选择。

表 5.6 2009—2019 年高校毕业生行业分布的趋势变化 （单位:%）

年份	2009	2011	2013	2015	2017	2019
农林牧渔	2.7	2.5	3.0	5.4	3.9	3.7
采矿业	2.6	2.3	2.2	1.9	2.2	2.2
制造业	18.2	16.6	13.9	10.4	11.2	11.8
电力、煤气和水的生产和供应业	9.1	4.7	5.5	4.5	3.4	3.4
建筑业	7.0	6.7	11.5	6.7	9.8	9.8
交通运输、仓储和邮政	2.8	3.8	3.1	4.0	2.9	2.4
信息传输、计算机服务、软件业	10.7	11.6	11.1	10.8	11.8	12.4
批发零售	2.6	3.3	3.1	4.1	3.5	3.1
住宿餐饮	1.4	3.2	1.5	1.9	2.2	1.7
金融业	6.3	11.3	13.0	15.2	12.9	10.6
房地产	1.4	2.9	3.3	2.7	3.3	2.3
租赁和商务服务业	2.2	3.0	2.0	2.7	3.3	2.6
科学研究、技术服务、地质勘查	6.1	2.1	3.6	4.0	3.5	4.6
水利环境公共设施管理	0.7	0.3	0.7	1.0	0.7	0.7
居民服务	1.1	0.9	0.9	1.0	1.2	1.2
教育	8.1	9.6	5.0	9.1	9.2	12.6
卫生、社会保障与福利	2.9	2.3	4.9	2.3	2.3	2.3
文化体育娱乐	1.2	1.9	2.0	2.1	3.4	4.3
公共管理与社会组织	5.1	2.3	3.0	3.1	4.1	3.8

资料来源:2009—2019 年北京大学全国高校毕业生调查数据。

二、"十三五"时期高校毕业生就业结构状况分析(2015—2019 年)

我们将高校毕业生的毕业去向划分为已确定单位、国内升学、出国出境、自由职业、自主创业、其他灵活就业、待就业、不就业拟升学、其他暂不就业和其他共 10 项,据此对 2015—2019 年我国高校毕业生毕业去向进行描述统计,结果如表 5.7 所示。若将选择了前 6 项的毕业生视为落实了毕业去向,则可将前 6 项占比之和定义为该年毕业生的就业落实率。

表 5.7　2015—2019 年我国高校毕业生毕业去向分布　　　(单位:%)

毕业去向	2015 年	2017 年	2019 年
已确定单位	33.3	38.8	37.4
升学(国内)	18.6	20.4	25.3
出国、出境	5.8	5.9	4.9
自由职业	4.7	5.0	3.7
自主创业	4.6	4.7	2.3
其他灵活就业	16.1	9.7	6.6
#落实率	83.1	84.6	80.2
待就业	12.8	10.1	12.3
不就业拟升学	2.2	3.0	3.8
其他暂不就业	1.3	1.4	2.3
其他	0.7	0.9	1.4

资料来源:2015—2019 年北京大学全国高校毕业生调查数据。

从落实率来看,2015 年、2017 年和 2019 年分别为 83.1%、84.6% 和 80.2%。具体而言,已确定就业单位的学生比例呈总体上升趋势,由 2015 年的 33.3% 升至 2019 年的 37.4%,其中,2017 年为 38.8%。

为分析"十三五"时期高校毕业生的就业结构,我们选取各年已确定就业单位的学生,从毕业生的就业地区、城市级别、行业类型、单位性质和职业类型五个方面进行考察。

（一）地区结构

从就业地区①来看,东部地区最受高校毕业生青睐,2015—2019 年毕业生在东部地区就业的比例均达到 50% 以上;在西部地区就业的比例逐渐升高,由 2015 年的 21.2% 增加至 2019 年的 25.9%,而在中部地区就业的比例总体呈下降趋势(见表 5.8)。

表 5.8 2015—2019 年我国已确定就业单位毕业生就业地区分布

(单位:%)

年份	2015	2017	2019
东部	58.0	52.4	56.6
中部	20.8	26.4	17.5
西部	21.2	21.1	25.9

资料来源:2015—2019 年北京大学全国高校毕业生调查数据。

从不同学历层次来看,专科生与本科生的地区分布较为类似,在东部地区就业的比例在 50% 左右,而研究生在东部地区就业的比例远高于本专科生,2019 年硕士生和博士生在东部地区就业的比例分别达到 70.6% 和 81.9%(见表 5.9)。

表 5.9 2015—2019 年我国已确定就业单位毕业生分学历层次的就业地区分布

(单位:%)

学历	地区	2015 年	2017 年	2019 年
专科	东部	40.4	49.1	53.3
	中部	33.1	26.6	15.8
	西部	26.6	24.3	30.9

① 东部地区包括北京、天津、河北、辽宁、上海、江苏、浙江、福建、山东、广东、海南 11 个省(直辖市);中部地区包括山西、吉林、黑龙江、安徽、江西、河南、湖北、湖南 8 个省;西部地区包括内蒙古、广西、重庆、四川、贵州、云南、西藏、陕西、甘肃、青海、宁夏、新疆 12 个省(自治区、直辖市)。

学历	地区	2015 年	2017 年	2019 年
本科	东部	56.8	47.4	52.1
	中部	18.9	30.7	18.9
	西部	24.3	21.9	29.0
硕士	东部	82.4	83.1	70.6
	中部	10.1	8.5	17.1
	西部	7.5	8.4	12.3
博士	东部	75.6	68.4	81.9
	中部	18.0	18.4	8.3
	西部	6.4	13.2	9.7

资料来源:2015—2019 年北京大学全国高校毕业生调查数据。

从趋势看,专科生在东部地区和西部地区就业的比例均呈上升趋势,而在中部地区就业的比例逐渐下降,由 2015 年的 33.1%降至 2019 年的 15.8%。本科生在东中西部地区的分布虽有所波动,但总体变化不大。硕士生在东部地区就业的比例呈下降趋势,而在中部地区和西部地区就业的比例明显上升。博士生在东部地区就业的比例由 2015 年的 75.6%上升至 2019 年的 81.9%,在中部地区就业的比例波动下降,而在西部地区就业的比例波动上升(见表 5.9)。

从不同性别来看,男女性在不同地区的分布差异不大,2019 年的就业分布均呈现东部地区比例最高,西部地区次之,而中部地区比例最低的格局。

从趋势来看,尽管男性和女性在东部地区的就业比例有所波动,但一直在 50%以上;男性和女性在中部地区的就业比例均呈先上升再下降的趋势;在西部地区就业的比例方面,男性呈持续上升趋势,而女性则先降后升(见表 5.10)。

表 5.10　2015—2019 年我国已确定就业单位毕业生分性别的就业地区分布

（单位:%）

性别	地区	2015 年	2017 年	2019 年
男性	东部	58.4	50.1	57.7
	中部	24.0	28.7	19.2
	西部	17.6	21.3	23.1
女性	东部	57.7	54.7	55.6
	中部	17.3	24.3	15.8
	西部	25.0	21.0	28.7

资料来源:2015—2019 年北京大学全国高校毕业生调查数据。

从不同学校类型来看,在东部地区就业方面,2019 年一流大学建设高校毕业生比例最高,为 71.4%,其次是普通本科高校(56.9%),高职高专院校最低,为 49.1%。在中部地区就业方面,一流学科建设高校毕业生比例最高,为 35.0%,其次是民办院校和独立学院(18.6%),一流大学建设高校最低,为 14.5%。在西部地区就业方面,高职高专院校毕业生比例最高,为 36.3%,其次是普通本科高校(26.6%),一流大学建设高校最低,为 14.1%(见表 5.11)。

表 5.11　2015—2019 年我国已确定就业单位毕业生分学校类型的就业地区分布

（单位:%）

学校类型	地区	2015 年	2017 年	2019 年
一流大学建设高校	东部	84.5	74.5	71.4
	中部	7.9	16.6	14.5
	西部	7.6	8.9	14.1
一流学科建设高校	东部	62.2	34.4	49.9
	中部	17.7	47.3	35.0
	西部	20.0	18.3	15.2

续表

学校类型	地区	2015 年	2017 年	2019 年
普通本科高校	东部	54.7	65.2	56.9
	中部	23.6	15.4	16.6
	西部	21.7	19.4	26.6
高职高专院校	东部	54.5	62.0	49.1
	中部	44.3	30.0	14.6
	西部	1.3	8.1	36.3
民办院校和独立学院	东部	46.5	12.3	56.4
	中部	1.0	43.2	18.6
	西部	52.6	44.5	25.1

资料来源：2015—2019 年北京大学全国高校毕业生调查数据。

从趋势来看，一流大学建设高校毕业生的就业展现出以下特点：在东部地区就业的比例逐渐下降，西部地区就业的比例逐渐上升，中部地区就业的比例则先升后降、总体上升。一流学科建设高校毕业生在东部地区就业比例先降后升、总体下降，在中部地区就业比例先升后降、总体上升，但在西部地区就业比例则单调下降。再看普通本科高校毕业生的情况，这一群体在东部地区就业比例先升后降，在中部地区先降后升、总体下降，在西部地区则先降后升、总体上升。高职高专院校毕业生在东部地区就业的比例呈先升后降、总体下降趋势，在中部地区就业的比例逐渐下降，而在西部地区就业的比例逐渐上升趋势，由 2015 年的 1.3%升至 2019 年的 36.6%。民办院校和独立学院毕业生在东部地区就业的比例先降后升、总体上升，在中部地区就业的比例先升后降、总体上升，而在西部地区就业的比例呈逐渐下降趋势。

从不同学科类型①来看，在东部地区就业方面，2019 年理科学生中毕业生

---

① 人文学科包括哲学、文学、历史学、艺术学 4 个学科门类；社会科学包括法学、教育学 2 个学科门类；经管学科包括经济学、管理学 2 个学科门类；理科包括理学 1 个学科门类；工科包括工学 1 个学科门类；农医学科包括农学、医学 2 个学科门类。由于军事学毕业占比较少，未予以分析。

比例最高,为 61.4%,其次是工科 60.9%,农医类学生比例最低,仅为 28.6%。在中部地区就业方面,农医类学生比例最高,为 25.8%,其次是社科,为 24.2%,经管类毕业生最低,仅为 10.0%。在西部地区就业方面,农医类学生最高,为 45.6%,其次是经管类 36.1%,人文类毕业生最低,仅为 16.3%。

从趋势来看,人文、社科、经管、理科、工科类学生在东部地区就业的比例在 2015—2019 年一直最高,而农医类专业毕业生在西部地区就业的比例最高。具体而言,人文、社科类专业毕业生在东部地区就业的比例呈先降后升的趋势,而在中部地区和西部地区就业的比例呈先升后降的趋势。经管类毕业生在东部地区就业的比例呈持续下降趋势,四年间下降了 5.7 个百分点,而在西部地区就业的比例呈持续上升趋势,四年间上升了 15.7 个百分点,在中部地区就业的比例呈先升后降、总体下降的样态。理科类毕业生在东部地区就业的比例呈先下降后上升的趋势,在中部地区则表现为先升后降、总体上升的特点,但在西部地区就业的比例则单调下降。与此同时,工科类毕业生在西部地区就业的比例持续上升,四年间增长了 4.7 个百分点。农医类专业毕业生在西部地区就业的比例持续上升,由 2015 年的 38.9%增长至 2019 年的 45.6%,在东部地区就业的比例总体呈下降趋势,而在中部地区就业的比例则展现为先升后降的样态(见表 5.12)。

表 5.12　2015—2019 年我国已确定就业单位毕业生分学科类型的就业地区分布

(单位:%)

学校类型	地区	2015 年	2017 年	2019 年
人文	东部	60.0	54.4	60.3
	中部	23.5	27.1	23.4
	西部	16.5	18.5	16.3
社科	东部	58.3	49.6	52.6
	中部	21.8	29.0	24.2
	西部	19.9	21.5	23.2

续表

学校类型	地区	2015年	2017年	2019年
经管	东部	59.6	55.9	53.9
	中部	20.0	22.1	10.0
	西部	20.4	22.1	36.1
理科	东部	60.5	55.5	61.4
	中部	12.6	23.6	19.6
	西部	26.9	20.9	19.0
工科	东部	62.2	51.1	60.9
	中部	21.7	30.6	18.3
	西部	16.1	18.2	20.8
农医	东部	36.4	28.3	28.6
	中部	24.7	30.7	25.8
	西部	38.9	41.0	45.6

资料来源:2015—2019年北京大学全国高校毕业生调查数据。

(二)城市结构

从表5.13可以明显看出,随着城市级别的降低,毕业生所占比例也逐渐下降。从时间趋势来看,毕业生在省会城市或直辖市就业的比例总体而言有所下降,而在县级市或县城、乡镇、农村地区就业的比例呈逐渐上升趋势。

表5.13 2015—2019年我国已确定就业单位毕业生就业城市级别分布

（单位:%）

就业城市级别	2015年	2017年	2019年
省会城市或直辖市	59.1	55.9	56.1
地级市	25.4	27.6	24.9
县级市或县城	13.0	13.7	14.2
乡镇	1.8	2.0	3.2

就业城市级别	2015 年	2017 年	2019 年
农村	0.8	0.8	1.6

资料来源:2015—2019 年北京大学全国高校毕业生调查数据。

从不同学历层次来看,学历层次越高,在省会城市或直辖市就业的比例越高,2019 年专科、本科、硕士、博士的这一比例分别为 46.6%、54.9%、70.7%、91.1%。2019 年本科生中在地级市就业的比例为 27.1%,专科生中在县级市或县城、乡镇、农村就业的比例分别为 22.2%、5.7% 和 2.7%(见表 5.14)。

表 5.14　2015—2019 年我国已确定就业单位毕业生
分学历层次的就业城市级别分布　（单位:%）

学历层次	就业城市级别	2015 年	2017 年	2019 年
专科	省会城市或直辖市	47.0	41.3	46.6
	地级市	30.9	34.0	22.8
	县级市或县城	18.6	20.2	22.2
	乡镇	2.3	3.4	5.7
	农村	1.2	1.2	2.7
本科	省会城市或直辖市	57.2	57.9	54.9
	地级市	25.9	27.7	27.1
	县级市或县城	14.0	12.1	13.5
	乡镇	2.1	1.6	2.9
	农村	0.8	0.7	1.6
硕士	省会城市或直辖市	77.6	84.4	70.7
	地级市	17.3	12.1	23.9
	县级市或县城	4.4	3.0	4.7
	乡镇	0.4	0.2	0.5
	农村	0.3	0.2	0.2

续表

学历层次	就业城市级别	2015 年	2017 年	2019 年
博士	省会城市或直辖市	73.2	87.1	91.1
	地级市	25.6	9.7	7.6
	县级市或县城	1.2	3.2	1.3
	乡镇	0.0	0.0	0.0
	农村	0.0	0.0	0.0

资料来源:2015—2019 年北京大学全国高校毕业生调查数据。

从时间趋势来看,与经验观察一致,专科生在地级及以上城市就业的比例总体呈下降趋势,而这一群体在县级及以下城市就业的比例则逐年上升。本科生在省会城市或直辖市、县级市或县城就业的比例总体而言有所下降,在地级市、乡镇、农村就业的比例有所上升。硕士学历毕业生在省会城市或直辖市就业的比例呈下降趋势,而在地级市就业的比例上升,在县级市或县城、乡镇、农村就业的比例变化不大。博士学历毕业生在省会城市或直辖市就业的比例呈逐年上升趋势,而在地级市就业的比例逐年下降。

从不同性别来看,男性和女性的就业在城市级别的分布方面大体一致,毕业生所占比例均呈现随着城市级别的降低而降低的趋势,在省会城市或直辖市就业的比例均在55%以上(见表5.15)。

表5.15　2015—2019 年我国已确定就业单位毕业生
分性别的就业城市级别分布　　　　　　(单位:%)

性别	就业城市级别	2015 年	2017 年	2019 年
男性	省会城市或直辖市	59.8	54.3	56.6
	地级市	25.9	30.1	25.1
	县级市或县城	11.8	13.2	13.0
	乡镇	1.6	1.4	3.3
	农村	1.0	1.1	2.0

续表

性别	就业城市级别	2015 年	2017 年	2019 年
女性	省会城市或直辖市	58.3	57.4	55.6
	地级市	24.9	25.2	24.6
	县级市或县城	14.3	14.2	15.4
	乡镇	2.0	2.7	3.2
	农村	0.6	0.6	1.3

资料来源:2015—2019 年北京大学全国高校毕业生调查数据。

从时间趋势来看,总体而言,男性和女性在地级及以上城市就业的比例均呈下降趋势,而在县及以下城市就业的比例则呈总体上升趋势。

从不同学校类型来看,在省会城市或直辖市就业方面,2019 年一流大学建设高校中毕业生所占比例最高,为 68.7%,高职高专院校最低,为47.8%。在地级市就业方面,普通本科高校所占比例最高,为 28.4%,民办高校和独立学院最低,为 22.0%。在县级市或县城就业方面,高职高专院校比例最高,为 21.7%,一流大学建设高校最低,为 4.2%。在乡镇和农村就业方面,高职高专院校比例最高,为 8.2%,一流大学建设高校比例最低,为 0.8%(见表 5.16)。

表 5.16　2015—2019 年我国已确定就业单位毕业生分学校类型的就业城市级别分布

(单位:%)

学校类型	就业城市级别	2015 年	2017 年	2019 年
一流大学建设高校	省会城市或直辖市	78.4	81.9	68.7
	地级市	18.1	13.5	26.2
	县级市或县城	3.2	3.7	4.2
	乡镇	0.3	0.9	0.4
	农村	0.1	0.1	0.4

续表

学校类型	就业城市级别	2015 年	2017 年	2019 年
一流学科建设高校	省会城市或直辖市	67.5	57.7	65.9
	地级市	22.9	26.2	23.2
	县级市或县城	8.1	14.2	7.5
	乡镇	0.9	1.2	1.7
	农村	0.6	0.8	1.7
普通本科高校	省会城市或直辖市	53.1	60.2	52.9
	地级市	26.2	26.7	28.4
	县级市或县城	17.2	10.9	14.9
	乡镇	2.4	1.7	2.7
	农村	1.1	0.6	1.2
高职高专院校	省会城市或直辖市	47.2	38.5	47.8
	地级市	32.2	36.3	22.4
	县级市或县城	17.4	20.5	21.7
	乡镇	2.2	3.4	5.5
	农村	1.0	1.3	2.7
民办高校和独立学院	省会城市或直辖市	54.4	65.4	56.3
	地级市	30.9	22.2	22.0
	县级市或县城	12.0	10.7	15.6
	乡镇	2.7	0.9	4.3
	农村	0.0	0.9	1.9

资料来源:2015—2019 年北京大学全国高校毕业生调查数据。

从时间趋势来看,"双一流"建设高校和普通本科高校毕业生在省会城市或直辖市就业的比例有所下降,而在地级市就业的比例有所上升。高职高专院校、民办高校和独立学院毕业生在县及以下城市就业的比例总体呈上升趋势。

从不同学科类型来看,在省会城市或直辖市就业方面,理科毕业生中所占比例最高,为61.4%,农医类毕业生中所占比例最低,为46.3%。在地级市就业方面,经管类专业毕业生中所占比例最高,为26.1%,农医类专业毕业生最低,为17.4%。在县级市或县城就业方面,农医类毕业生所占比例最高,为19.4%,理科毕业生中比例最低(11.6%)。在乡镇和农村就业方面,农医类毕业生比例最高,达到17.0%,理科最低,为2.6%(见表5.17)。

表5.17　2015—2019年我国已确定就业单位毕业生分学科类型的就业城市级别分布

(单位:%)

学科类型	就业城市级别	2015年	2017年	2019年
人文	省会城市或直辖市	53.9	55.4	56.2
	地级市	29.4	24.9	24.2
	县级市或县城	14.8	16.5	14.2
	乡镇	1.7	2.5	3.8
	农村	0.3	0.7	1.7
社科	省会城市或直辖市	53.3	45.4	50.0
	地级市	28.4	36.0	24.9
	县级市或县城	15.6	15.6	19.0
	乡镇	2.2	1.8	5.0
	农村	0.4	1.2	1.2
经管	省会城市或直辖市	64.0	60.1	57.7
	地级市	23.8	26.3	26.1
	县级市或县城	10.3	11.4	12.8
	乡镇	1.2	1.7	2.0
	农村	0.7	0.6	1.3
理科	省会城市或直辖市	58.3	58.9	61.4
	地级市	22.1	23.2	24.5
	县级市或县城	16.6	14.4	11.6
	乡镇	2.9	2.8	1.8
	农村	0.2	0.7	0.8

学科类型	就业城市级别	2015 年	2017 年	2019 年
工科	省会城市或直辖市	61.0	53.7	57.2
	地级市	26.1	31.4	25.5
	县级市或县城	10.2	12.3	13.1
	乡镇	1.7	1.6	2.6
	农村	1.1	1.0	1.6
农医	省会城市或直辖市	48.4	46.5	46.3
	地级市	26.3	26.8	17.4
	县级市或县城	21.4	20.7	19.4
	乡镇	2.9	4.1	10.5
	农村	1.0	1.9	6.5

资料来源:2015—2019 年北京大学全国高校毕业生调查数据。

从时间趋势来看,人文类毕业生在省会城市或直辖市就业的比例逐渐上升,而在地级市就业的比例逐渐下降。社科类毕业生在地级市就业的比例呈先上升后下降的趋势,在县级及以下的比例总体呈上升趋势。经管类毕业生在省会城市或直辖市就业的比例呈持续下降趋势,而在县级及以下就业的比例呈上升趋势。理科毕业生在地级及以上城市就业的比例逐渐上升,而在县级及以下就业的比例逐渐下降。工科类专业毕业生在地级及以上城市就业的比例总体下降,在县级及以下就业的比例有所上升。

(三)行业结构

从已确定就业单位毕业生的行业分布来看,2015 年和 2017 年毕业生就业占比最高的三大行业分别为金融业(15.2% 和 13.2%),信息传输、计算机服务、软件业(10.8% 和 11.5%)和制造业(10.3% 和 10.7%),而 2019 年占比最高的三大行业分别为教育(12.6%),信息传输、计算机服务、软件业

（12.4%）和制造业（11.8%），见表 5.18。

表 5.18　2015—2019 年我国已确定就业单位毕业生行业类型分布

（单位:%）

行业类型	2015 年	2017 年	2019 年
农林牧渔	5.4	4.0	3.7
采矿业	1.9	2.2	2.2
制造业	10.3	10.7	11.8
电力、煤气和水的生产和供应业	4.5	3.5	3.4
建筑业	6.7	9.6	9.8
交通运输、仓储和邮政业	4.0	3.0	2.4
信息传输、计算机服务、软件业	10.8	11.5	12.4
批发零售业	4.2	3.5	3.1
住宿餐饮业	1.9	1.9	1.7
金融业	15.2	13.2	10.6
房地产	2.7	3.4	2.3
租赁和商务服务业	2.7	3.4	2.6
科学研究、技术服务、地质勘查	4.0	3.4	4.6
水利环境公共设施管理	1.0	0.7	0.7
居民服务	1.0	1.2	1.2
教育	9.1	9.4	12.6
卫生、社会保障与福利	2.3	2.3	2.3
文化体育娱乐	2.1	3.5	4.3
公共管理与社会组织	3.2	4.1	3.8
其他	7.3	5.8	4.6

资料来源:2015—2019 年北京大学全国高校毕业生调查数据。

　　从不同学历层次来看,对于专科生而言,2015—2019 年制造业始终是毕业生就业占比最高的行业,2019 年信息传输、计算机服务、软件业(以下简称"IT业")取代建筑业成为占比第二的行业。对于本科生而言,2015 年金融、IT 和制造业是毕业生占比最高的三大行业,而 2019 年本科生占比最高的三大行业为建筑、IT 和教育业。对于硕士生而言,金融业始终是就业占比最高的行业,2019 年教育取代 IT 成为占比第二高的行业。对于博士生而言,教育和科学研究、技术服务、地质勘查一直是博士生较为青睐的行业选择,见表 5.19。

表 5.19 2015—2019 年我国已确定就业单位毕业生分学历层次行业类型分布

(单位:%)

学历层次	占比最高行业			占比第二行业			占比第三行业		
	2015 年	2017 年	2019 年	2015 年	2017 年	2019 年	2015 年	2017 年	2019 年
专科	制造业,11.9	制造业,14.0	制造业,13.5	建筑业,9.7	建筑业,11.7	IT 业,10.0	金融业,9.1	IT 业,9.6	建筑业,9.1
本科	金融业,15.8	金融业,4.3	建筑业,13.5	IT 业,11.6	教育,13.6	IT 业,13.1	制造业,11.1	IT 业,12.2	教育,13.0
硕士	金融业,22.3	金融业,20.1	金融业,17.6	IT 业,14.4	IT 业,13.1	教育,16.9	教育,9.7	公共管理与社会组织,9.1	IT 业,13.9
博士	教育,38.6	教育,29.5	科学研究、技术服务、地质勘查,31.7	农林牧渔,21.7	科学研究、技术服务、地质勘查,26.2	教育,26.6	科学研究、技术服务、地质勘查,15.7	公共管理与社会组织,9.8	IT 业,15.2

资料来源:2015—2019 年北京大学全国高校毕业生调查数据。

分性别来看,2015 年男性毕业生就业占比前三的分别为金融业、制造业和 IT 业,而女性毕业生的前三行业分别为金融业、教育业和 IT 业,2019 年 IT 业取代金融业成为男性占比最高的行业,教育业取代金融业成为女性占比最高的行业。

表 5.20 2015—2019 年我国已确定就业单位毕业生分性别的行业类型分布

(单位:%)

性别	占比最高行业			占比第二行业			占比第三行业		
	2015 年	2017 年	2019 年	2015 年	2017 年	2019 年	2015 年	2017	2019 年
男性	金融业,14.6	制造业,13.5	IT 业,15.3	制造业,13.6	建筑业,13.5	制造业,15.0	IT 业,12.5	IT 业,13.0	建筑业,13.6

续表

性别	占比最高行业			占比第二行业			占比第三行业		
	2015 年	2017 年	2019 年	2015 年	2017 年	2019 年	2015 年	2017	2019 年
女性	金融业，15.9	金融业，15.7	教育，18.3	教育，13.5	教育，12.4	金融业，12.6	IT 业，8.8	IT 业，10.0	IT 业，9.3

资料来源:2015—2019 年北京大学全国高校毕业生调查数据。

　　从不同学校类型来看,对于一流大学建设高校的毕业生而言,2015 年和2017 年占比最高的三个行业分别为金融业、IT 业和教育业,2019 年占比最高的为 IT 业(20.2%),其次是制造业(15.1%),金融业占比排第三(10.3%)(见表5.21)。对于一流学科建设高校的毕业生而言,2015 年占比最高的三个行业分别为金融业、IT 业和教育业,2017 年为教育业、IT 业和建筑业,2019年则为教育业、金融业和制造业。对于普通本科高校毕业生而言,2015 年和2017 年金融、教育和 IT 为毕业生就业行业的前三名,而2019 年建筑业跻身前三。对于高职高专院校毕业生而言,2015 年和 2017 年毕业生就业行业前三名分别为建筑业、制造业和金融业,2019 年 IT 业和教育业取代建筑业和金融业成为占比排名前三的行业。对于民办高校和独立学院的毕业生而言,金融业始终是毕业生就业占比最高的行业,IT 业和建筑业在 2017 年和 2019 年中分别为占比第二和第三的行业。

表5.21　2015—2019 年我国已确定就业单位毕业生分学校类型的行业类型分布

(单位:%)

学校类型	占比最高行业			占比第二行业			占比第三行业		
	2015 年	2017 年	2019 年	2015 年	2017 年	2019 年	2015 年	2017 年	2019 年
一流大学建设高校	金融业，16.2	金融业，18.5	IT 业，20.2	IT 业，12.5	IT 业，17.0	制造业，15.1	教育，9.5	教育，11.4	金融业，10.3
一流学科建设高校	金融业，17.4	教育，18.7	教育，26.8	IT 业，12.5	IT 业，11.5	金融业，12.8	教育，11.6	建筑业，10.0	制造业，11.5

227

续表

学校类型	占比最高行业			占比第二行业			占比第三行业		
	2015 年	2017 年	2019 年	2015 年	2017 年	2019 年	2015 年	2017 年	2019 年
普通本科高校	金融业,16.0	金融业,17.9	教育,15.2	IT 业,12.3	教育,11.3	建筑业,14.7	教育,12.2	IT 业,11.1	金融业,13.3
高职高专院校	建筑业,11.1	建筑业,13.2	制造业,12.6	制造业,11.0	制造业,12.7	IT 业,10.2	金融业,10.2	金融业,9.3	教育,9.1
民办高校和独立学院	金融业,21.5	金融业,13.7	金融业,15.2	建筑业,10.5	IT 业,12.7	IT 业,12.2	交通运输、仓储和邮政,9.9	建筑业,9.9	建筑业,11.4

资料来源:2015—2019 年北京大学全国高校毕业生调查数据。

从不同学科类型来看,对于人文类专业毕业生而言,教育和文化体育娱乐一直是毕业生占比排名前两名的行业,且所占比例逐年升高(见表 5.22)。对于社科类专业毕业生而言,教育始终是毕业生占比最高的行业,2019 年所占比例达到 43.6%,公共管理与社会组织也是社科类毕业生中占比较高的行业。对于经管类毕业生而言,金融业和 IT 业始终是占比排名前两名的行业,但金融业占比逐渐下降,IT 业占比有所上升。对于理科类专业毕业生而言,教育和 IT 是理科毕业生较为热门的行业去向。对于工科毕业生而言,制造业、建筑业和 IT 业是毕业生行业去向的前三名。对于农医类专业的毕业生而言,农林牧渔和卫生、社会保障与福利业始终是毕业生行业去向的前两名,且二者占比之和均在 50% 左右。

表 5.22　2015—2019 年我国已确定就业单位毕业生分学科类型的行业类型分布

(单位:%)

学科类型	占比最高行业			占比第二行业			占比第三行业		
	2015 年	2017 年	2019 年	2015 年	2017 年	2019 年	2015 年	2017 年	2019 年
人文	教育,22.9	教育,23.2	教育,25.9	文化体育娱乐,9.4	文化体育娱乐,13.2	文化体育娱乐,16.4	IT 业,8.5	IT 业,9.5	建筑业,6.8

续表

学科类型	占比最高行业			占比第二行业			占比第三行业		
	2015年	2017年	2019年	2015年	2017年	2019年	2015年	2017年	2019年
社科	教育,33.2	教育,27.3	教育,43.6	金融业,14.1	公共管理与社会组织,11.0	公共管理与社会组织,8.6	公共管理与社会组织,10.5	租赁和商务服务业,9.2	IT业,5.3
经管	金融业,34.7	金融业,28.4	金融业,26.0	IT业,7.1	IT业,8.2	IT业,8.7	批发零售,6.0	制造业,7.6	制造业,8.5
理科	教育,21.7	IT业,22.4	教育,23.9	IT,15.9	教育,19.1	IT业,15.3	金融业,8.7	制造业,12.7	科学研究、技术服务、地质勘查,12.2
工科	制造业,20.9	建筑业,20.5	制造业,21.1	IT业,17.7	制造业,19.9	IT业,20.7	建筑业,12.6	IT业,16.8	建筑业,19.5
农医	农林牧渔,33.3	农林牧渔,32.8	农林牧渔,39.3	卫生、社会保障与福利,13.0	卫生、社会保障与福利,25.1	卫生、社会保障与福利,21.9	批发零售,7.0	建筑业,6.8	科学研究、技术服务、地质勘查,5.0

资料来源:2015—2019年北京大学全国高校毕业生调查数据。

(四)单位结构

从已确定就业单位毕业生的单位结构来看(见表5.23),2015—2019年,尽管民营企业吸纳毕业生的比例呈先升后降、总体下降的趋势,但一直是吸纳毕业生就业最多的单位类型,2019年吸纳了35.4%的毕业生就业。其次是国有企业,吸纳高校毕业生的比例先降后升、总体上升,2019年吸纳了28.5%的毕业生就业。

表5.23　2015—2019年我国已确定就业单位毕业生单位性质分布

(单位:%)

单位性质	2015年	2017年	2019年
党政机关	5.0	5.7	5.7

单位性质	2015 年	2017 年	2019 年
国有企业	27.9	23.4	28.5
民营企业	38.9	40.6	35.4
"三资"企业	8.1	7.4	5.1
其他企业	4.6	6.9	7.2
科研单位	1.5	1.3	1.2
高等学校	3.1	2.7	2.0
中小学校	4.2	4.0	5.8
医疗卫生单位	1.1	1.4	1.3
其他事业单位	4.6	4.6	5.1
其他	1.2	2.0	2.8

资料来源:2015—2019 年北京大学全国高校毕业生调查数据。

　　从不同学历层次来看(见表 5.24),对于专科生而言,民营企业、国有企业和其他企业一直是毕业生占比最高的三个单位类型,其中民营企业占比最高,但呈逐年下降趋势,四年间下降了 14.7 个百分点;国有企业和其他企业所占比例总体呈上升趋势。对于本科生而言,民营企业和国有企业是吸纳毕业生最多的两个单位类型,其中,民营企业占比最高,2019 年为 34.4%,国有企业所占比例呈逐年上升趋势,2019 年占比为 32.5%。对于硕士生而言,2015 年占比最高的三个单位类型分别为国有企业、民营企业和"三资"企业,2017 年和 2019 年党政机关取代"三资"企业成为吸纳毕业生占比第三名的企业。对于博士生而言,高等学校始终是吸纳博士生最多的单位类型,但这一比例逐年下降,由 2015 年的 45.8%降至 2019 年的 27.5%,科研单位所占比例也呈逐年下降趋势,国有企业和民营企业所占比例有所上升。

表 5.24　2015—2019 年我国已确定就业单位毕业生分学历层次的单位性质分布

（单位:%）

学历层次	占比最高单位			占比第二单位			占比第三单位		
	2015 年	2017 年	2019 年	2015 年	2017 年	2019 年	2015 年	2017 年	2019 年
专科	民营企业,61.3	民营企业,54.3	民营企业,46.6	国有企业,16.9	国有企业,15.6	国有企业,18.7	其他企业,6.1	其他企业,8.6	其他企业,10.5
本科	民营企业,36.1	民营企业,36.3	民营企业,34.4	国有企业,29.3	国有企业,27.2	国有企业,32.5	"三资"企业,10.2	"三资"企业,8.1	其他企业,7.0
硕士	国有企业,39.5	国有企业,31.4	国有企业,33.9	民营企业,20.8	民营企业,22.2	民营企业,22.4	"三资"企业,8.6	党政机关,12.4	党政机关,9.6
博士	高等学校,45.8	高等学校,41.0	高等学校,27.5	科研单位,18.1	科研单位,16.4	国有企业,23.8	国有企业,12.1	国有企业,13.1	民营企业,15.0

资料来源:2015—2019 年北京大学全国高校毕业生调查数据。

从不同性别来看(见表 5.25),2015 年和 2017 年,男性中占比最高的三类单位分别为民营企业、国有企业和"三资"企业,在 2019 年,民营企业和"三资"企业占比排名下降,占比最高的三类单位分别为国有企业(36.1%)、民营企业(33.6%)和党政机关(6.2%)。对女性而言,民营企业和国有企业一直是占比最高的两类单位,2017 年和 2019 年的其他企业取代 2015 年的"三资"企业,成为占比排名第三的单位类型。

表 5.25　2015—2019 年我国已确定就业单位毕业生分性别的单位性质分布

（单位:%）

性别	占比最高单位			占比第二单位			占比第三单位		
	2015 年	2017 年	2019 年	2015 年	2017 年	2019 年	2015 年	2017 年	2019 年
男性	民营企业,38.7	民营企业,42.1	国有企业,36.1	国有企业,33.3	国有企业,28.0	民营企业,33.6	"三资"企业,8.3	"三资"企业,7.1	党政机关,6.2
女性	民营企业,39.0	民营企业,39.1	民营企业,37.2	国有企业,21.9	国有企业,19.0	国有企业,20.9	"三资"企业,8.0	其他企业,7.9	其他企业,8.4

资料来源:2015—2019 年北京大学全国高校毕业生调查数据。

从不同学校类型来看(见表 5.26),对于一流大学建设高校的毕业生而言,国有企业、民营企业和"三资"企业一直是吸纳毕业生就业比例最高的三类单位。具体而言,国有企业和民营企业在四年间吸纳毕业生比例总体呈上升趋势,而"三资"企业的比例则总体呈下降趋势。对于一流学科建设高校的毕业生而言,2015年就业比例最高的三类单位分别为国有企业、民营企业和"三资"企业,而2017年和2019年则变化为民营企业、国有企业和中小学校,他们在国有企业就业的比例逐年下降,而在中小学校就业的比例逐年上升。对于普通本科高校、高职高专院校、民办高校和独立学院的毕业生而言,民营企业和国有企业是吸纳普通本科高校毕业生就业占比最高的两类单位,其中民营企业占比不断下降,而国有企业占比持续上升。

表5.26　2015—2019年我国已确定就业单位毕业生分学校类型的单位性质分布

（单位:%）

学校类型	占比最高单位			占比第二单位			占比第三单位		
	2015年	2017年	2019年	2015年	2017年	2019年	2015年	2017年	2019年
一流大学建设高校	国有企业,32.9	国有企业,25.2	国有企业,35.1	民营企业,19.8	民营企业,23.0	民营企业,27.8	"三资"企业,14.0	"三资"企业,15.9	"三资"企业,8.6
一流学科建设高校	国有企业,39.5	民营企业,31.9	民营企业,29.0	民营企业,26.9	国有企业,29.3	国有企业,19.8	"三资"企业,9.1	中小学校,8.2	中小学校,16.6
普通本科高校	民营企业,37.7	民营企业,33.4	民营企业,40.4	国有企业,26.3	国有企业,30.2	民营企业,26.3	中小学校,7.3	"三资"企业,7.6	中小学校,9.3
高职高专院校	民营企业,66.1	民营企业,54.6	民营企业,47.7	国有企业,15.9	国有企业,15.3	国有企业,18.1	其他事业单位,4.9	其他企业,8.6	其他企业,10.0
民办高校和独立学院	民营企业,52.0	民营企业,49.8	民营企业,44.4	国有企业,17.9	国有企业,17.4	国有企业,20.8	"三资"企业,10.8	其他企业,9.8	其他企业,11.4

资料来源:2015—2019年北京大学全国高校毕业生调查数据。

从不同学科类型来看(见表5.27),对于人文类专业毕业生而言,2015—2019年民营企业始终是毕业生占比最大的单位类型,但其所占比例有所下降;国有企业在2015年和2017年占比排名第二,在2019年排名第三,占比也呈下降趋势,毕业生到中小学校就业的比例呈上升趋势。对于社科类专业毕业生而言,民营企业、国有企业和中小学校一直是占比最高的三类单位。对于经管类专业毕业生而言,民营企业和国有企业是其主要就业单位,两者占比之和在各年均达到60%以上,2019年其他企业超过"三资"企业成为吸纳就业的第三名。对于理科和工科类专业毕业生而言,民营企业和国有企业在四年间一直是吸纳毕业生就业最主要的两类单位,但民营企业占比总体呈下降趋势,而国有企业总体呈上升趋势。对于农医类专业毕业生而言,民营企业占比一直最高,2017年和2019年医疗卫生单位超过国有企业成为吸纳农医类毕业生就业占比第二的单位类型。

表 5.27 2015—2019 年我国已确定就业单位毕业生分学科类型的单位性质分布

(单位:%)

学科类型	占比最高单位			占比第二单位			占比第三单位		
	2015 年	2017 年	2019 年	2015 年	2017 年	2019 年	2015 年	2017 年	2019 年
人文	民营企业,38.9	民营企业,38.7	民营企业,37.8	国有企业,17.3	国有企业,15.5	中小学校,15.1	中小学校,10.8	中小学校,10.7	国有企业,14.0
社科	民营企业,26.2	民营企业,25.5	民营企业,26.3	国有企业,19.0	国有企业,22.7	中小学校,17.0	中小学校,15.4	中小学校,13.9	国有企业,15.5
经管	民营企业,38.5	民营企业,41.6	民营企业,40.4	国有企业,33.3	国有企业,26.2	国有企业,28.3	"三资"企业,9.8	"三资"企业,8.1	其他企业,8.7
理科	民营企业,35.2	民营企业,37.3	民营企业,25.7	国有企业,17.8	国有企业,17.4	国有企业,24.2	中小学校,13.7	"三资"企业,13.5	中小学校,13.8
工科	民营企业,41.4	民营企业,45.3	国有企业,42.5	国有企业,35.3	国有企业,17.4	民营企业,32.8	"三资"企业,8.1	其他企业,7.3	其他企业,6.0
农医	民营企业,40.7	民营企业,37.8	民营企业,38.7	国有企业,17.0	医疗卫生单位,20.6	医疗卫生单位,17.2	其他事业单位,8.8	国有企业,16.5	国有企业,15.2

资料来源:2015—2019 年北京大学全国高校毕业生调查数据。

（五）职业结构

从已确定就业单位毕业生的职业类型分布来看(见表 5.28),专业技术人员在各年均是占比最高的职业类型,且随着时间推移呈先降后升、总体上升的发展趋势,2019年占比达到34.9%。国家机关、党群组织、事业单位管理人员的比例呈逐年上升趋势,2019年占比第二,为17.1%。商业和服务人员占比呈先降后升、总体上升的趋势,2019年占比第三,为16.6%。企业管理人员所占比例呈先升后降、总体下降的趋势,2019年占比为9.7%。

表5.28 2015—2019年我国已确定就业单位毕业生职业类型分布

(单位:%)

职业类型	2015年	2017年	2019年
国家机关、党群组织、事业单位管理人员	16.7	17.0	17.1
企业管理人员	14.1	15.8	9.7
专业技术人员	29.8	26.5	34.9
办事人员和有关人员	11.2	12.7	7.9
商业和服务人员	14.3	13.5	16.6
农、林、牧、渔、水利业生产人员	1.8	1.8	2.0
生产、运输设备操作人员及有关人员	5.1	4.1	2.9
军人	0.3	0.2	0.3
其他	6.6	8.5	8.6

资料来源:2015—2019年北京大学全国高校毕业生调查数据。

从不同学历层次来看(见表5.29),对于专科生而言,专业技术人员一直是占比最高的职业类型,且总体呈上升趋势,四年间增长了4.0个百分点;其次是商业和服务人员;2019年国家机关、党群组织、事业单位管理人员超过企业管理人员,成为专科生占比第三的职业类型。对于本科生而言,专业技术人员也一直是占比最高的职业类型,四年间总体上涨了9.1个百分点,国家机关、党群组织、事业单位管理人员也是本科生占比较高的职业类型,但所占比例有所下降。对于硕士生而言,专业技术人员,国家机关、党群组织、事业单位管理人员和企业管理人员一直是硕士生占比最高的三类职业,其中国家机关、党群组织、事业单位管理人员所占比例逐渐上升,而企业管理人员所占比例总体下降。对于博士生而言,其职业类型日趋多样化,国家机关、党群组织、事业单位管理人员所占比例由 2015 年的 41.5% 下降至 2019 年的 26.6%,专业技术人员所占比例总体呈上升趋势,2019 年占比为 48.1%。

表 5.29　2015—2019 年我国已确定就业单位毕业生分学历层次的职业类型分布

(单位:%)

学历层次	占比最高职业			占比第二职业			占比第三职业		
	2015 年	2017 年	2019 年	2015 年	2017 年	2019 年	2015 年	2017 年	2019 年
专科	专业技术人员,26.6	专业技术人员,24.3	专业技术人员,30.6	商业和服务人员,20.7	企业管理人员,15.8	商业和服务人员,21.2	企业管理人员,14.4	商业和服务人员,14.7	国家机关、党群组织、事业单位管理人员,10.5
本科	专业技术人员,27.0	专业技术人员,25.8	专业技术人员,36.1	国家机关、党群组织、事业单位管理人员,17.9	国家机关、党群组织、事业单位管理人员,18.5	商业和服务人员,16.7	商业和服务人员,14.4	企业管理人员,16.0	国家机关、党群组织、事业单位管理人员,16.6
硕士	专业技术人员,40.6	专业技术人员,32.9	专业技术人员,37.9	国家机关、党群组织、事业单位管理人员,23.6	国家机关、党群组织、事业单位管理人员,24.9	国家机关、党群组织、事业单位管理人员,27.5	企业管理人员,13.8	企业管理人员,16.4	企业管理人员,11.2
博士	国家机关、党群组织、事业单位管理人员,41.5	专业技术人员,48.3	专业技术人员,48.1	专业技术人员,35.4	国家机关、党群组织、事业单位管理人员,41.7	国家机关、党群组织、事业单位管理人员,26.6	企业管理人员,6.1	办事人员和有关人员,3.3	企业管理人员,7.6

资料来源:2015—2019 年北京大学全国高校毕业生调查数据。

从不同性别来看(见表 5.30),专业技术人员和国家机关、党群组织、事业单位管理人员一直是男性就业占比最高的两类职业,且其所占比例总体呈上升趋势,2019 年二者所占比例之和达到 60.4%;2019 年商业和服务人员超过企业管理人员成为男性中占比第三的职业。专业技术人员也一直是女性占比最高的职业,其所占比例总体呈上升趋势,2019 年为 26.0%,比男性低 18 个百分点;2019 年商业和服务人员(21.1%)超过国家机关、党群组织、事业单位管理人员(17.7%),成为女性中占比第二的职业。

表 5.30　2015—2019 年我国已确定就业单位毕业生分性别的职业类型分布

(单位:%)

性别	占比最高职业			占比第二职业			占比第三职业		
	2015 年	2017 年	2019 年	2015 年	2017 年	2019 年	2015 年	2017 年	2019 年
男性	专业技术人员,36.4	专业技术人员,32.7	专业技术人员,44.0	国家机关、党群组织、事业单位管理人员,15.7	国家机关、党群组织、事业单位管理人员,16.3	国家机关、党群组织、事业单位管理人员,16.4	企业管理人员,14.3	企业管理人员,16.1	商业和服务人员,12.1
女性	专业技术人员,22.3	专业技术人员,20.4	专业技术人员,26.0	国家机关、党群组织、事业单位管理人员,17.9	国家机关、党群组织、事业单位管理人员,17.7	商业和服务人员,21.1	商业和服务人员,16.9	商业和服务人员,16.7	国家机关、党群组织、事业单位管理人员,17.7

资料来源:2015—2019 年北京大学全国高校毕业生调查数据。

从不同学校类型来看(见表 5.31),对于一流大学建设高校的毕业生而言,专业技术人员和国家机关、党群组织、事业单位管理人员是毕业生占比最高的两类职业,2019 年二者所占比例之和达到 68.4%,其中专业技术人员的比例为 46.9%;2019 年商业和服务人员超过企业管理人员成为占比第三的职业类型。一流学科建设高校和普通本科高校毕业生的职业类型分布呈现出与一流大学建设高校一致的格局,但专业技术人员和国家机关、党群组织、事业单位管理人员所占比例相对较低。

表 5.31　2015—2019 年我国已确定就业单位毕业生分学校类型的职业类型分布

（单位:%）

学校类型	占比最高职业			占比第二职业			占比第三职业		
	2015 年	2017 年	2019 年	2015 年	2017 年	2019 年	2015 年	2017 年	2019 年
一流大学建设高校	专业技术人员,40.6	专业技术人员,36.7	专业技术人员,46.9	国家机关、党群组织、事业单位管理人员,23.1	国家机关、党群组织、事业单位管理人员,23.5	国家机关、党群组织、事业单位管理人员,21.5	企业管理人员,12.3	企业管理人员,12.3	商业和服务人员,11.9
一流学科建设高校	专业技术人员,32.8	专业技术人员,24.0	专业技术人员,33.4	国家机关、党群组织、事业单位管理人员,19.5	国家机关、党群组织、事业单位管理人员,24.0	国家机关、党群组织、事业单位管理人员,19.1	企业管理人员,15.7	企业管理人员,18.8	商业和服务人员,16.7
普通本科高校	专业技术人员,28.3	专业技术人员,26.8	专业技术人员,32.7	国家机关、党群组织、事业单位管理人员,20.3	国家机关、党群组织、事业单位管理人员,18.9	国家机关、党群组织、事业单位管理人员,21.2	商业和服务人员,13.8	企业管理人员,16.5	商业和服务人员,13.6
高职高专院校	专业技术人员,26.8	专业技术人员,25.4	专业技术人员,29.2	商业和服务人员,23.2	企业管理人员,17.0	商业和服务人员,22.3	企业管理人员,15.2	商业和服务人员,14.9	国家机关、党群组织、事业单位管理人员,10.2
民办高校和独立学院	商业和服务人员,25.7	专业技术人员,20.4	专业技术人员,37.1	办事人员和有关人员,17.9	办事人员和有关人员,17.6	商业和服务人员,17.7	企业管理人员,16.9	商业和服务人员,15.1	国家机关、党群组织、事业单位管理人员,14.5

资料来源:2015—2019 年北京大学全国高校毕业生调查数据。

　　从不同学科类型来看（见表 5.32），对于人文类专业毕业生而言，2019 年专业技术人员（26.7%）超过国家机关、党群组织、事业单位管理人员

（22.9%），成为毕业生占比最高的职业类型；占比第三的职业类型为商业和服务人员（18.7%）。对于社科类专业毕业生而言，国家机关、党群组织、事业单位管理人员一直是毕业生占比最高的职业类型，2019 年占比为 32.7%。对于经管类毕业生而言，2015 年占比最高的三类职业分别为商业和服务人员（22.9%）、企业管理人员（21.8%）、办事人员和有关人员（15.8%），2019 年占比最高的三类职业转变为商业和服务人员（29.2%），专业技术人员（18.9%），国家机关、党群组织、事业单位管理人员（14.4%）。对于理科类和工科类专业毕业生而言，专业技术人员和国家机关、党群组织、事业单位管理人员一直是占比最高的前两类职业，其中，理科类专业毕业生 2019 年职业为专业技术人员的比例为 41.7%，国家机关、党群组织、事业单位管理人员比例为 22.6%，而工科类专业毕业生 2019 年专业技术人员比例达到 57.5%，国家机关、党群组织、事业单位管理人员占比为 13.0%。对于农医类专业毕业生而言，专业技术人员占比一直最高，2019 年为 33.0%，2019 年农林牧渔水利业生产人员（21.7%）占比超过国家机关、党群组织、事业单位管理人员（14.8%）。

表 5.32　2015—2019 年我国已确定就业单位毕业生分学科类型的职业类型分布

（单位:%）

学科类型	占比最高职业			占比第二职业			占比第三职业		
	2015 年	2017 年	2019 年	2015 年	2017 年	2019 年	2015 年	2017 年	2019 年
人文	国家机关、党群组织、事业单位管理人员,24.5	国家机关、党群组织、事业单位管理人员,22.4	专业技术人员,26.7	专业技术人员,18.1	专业技术人员,20.6	国家机关、党群组织、事业单位管理人员,22.9	商业和服务人员,15.9	企业管理人员,14.0	商业和服务人员,18.7
社科	国家机关、党群组织、事业单位管理人员,31.3	国家机关、党群组织、事业单位管理人员,33.6	国家机关、党群组织、事业单位管理人员,32.7	办事人员和有关人员,15.4	企业管理人员,19.6	专业技术人员,17.3	企业管理人员,15.4	办事人员和有关人员,16.5	商业和服务人员,17.3

续表

学科类型	占比最高职业			占比第二职业			占比第三职业		
	2015 年	2017 年	2019 年	2015 年	2017 年	2019 年	2015 年	2017 年	2019 年
经管	商业和服务人员,22.9	企业管理人员,22.6	商业和服务人员,29.2	企业管理人员,21.8	商业和服务人员,22.0	专业技术人员,18.9	办事人员和有关人员,15.8	办事人员和有关人员,16.3	国家机关、党群组织、事业单位管理人员,14.4
理科	专业技术人员,34.0	专业技术人员,38.0	专业技术人员,41.7	国家机关、党群组织、事业单位管理人员,21.0	国家机关、党群组织、事业单位管理人员,19.7	国家机关、党群组织、事业单位管理人员,22.6	商业和服务人员,9.8	办事人员和有关人员,10.8	商业和服务人员,9.0
工科	专业技术人员,55.3	专业技术人员,48.2	专业技术人员,57.5	国家机关、党群组织、事业单位管理人员,10.7	国家机关、党群组织、事业单位管理人员,10.9	国家机关、党群组织、事业单位管理人员,13.0	企业管理人员,9.3	企业管理人员,10.7	企业管理人员,7.5
农医	专业技术人员,27.3	专业技术人员,26.9	专业技术人员,33.0	国家机关、党群组织、事业单位管理人员,17.1	国家机关、党群组织、事业单位管理人员,21.0	农林牧渔水利生产人员21.7	农林牧渔水利生产人员14.7	农林牧渔水利生产人员20.3	国家机关、党群组织、事业单位管理人员,14.8

资料来源:2015—2019 年北京大学全国高校毕业生调查数据。

三、小结

从高校毕业生就业状况调查数据的统计结果看,高校毕业生的就业分布存在着严重不均衡的现象,呈现出向大城市、东部地区、国有单位、垄断行业和新兴服务业不断流动的显著特征。具体来说,高校毕业生就业结构表现出以下特点:

第一,我国高校毕业生"孔雀东南飞"的现象十分明显。根据《全国高校毕业生就业状况(2004—2010)》的数据计算,在 2004—2010 年,按照生源地划分,京津沪地区和东部地区(不包括京津沪)始终是净流入地区,而中部地区和西部地区始终是净流出地区。①

第二,在大中城市就业的比重一直居高不下。九次全国高校毕业生的抽样调查数据表明,在大中城市就业所占的比例都在七成以上,除了前两次在70%—80%,其他 7 次调查比例都在 80% 以上。但是从毕业生的生源结构看大中城市所占的比例并不大。数据显示,毕业生就业存在显著的由小城市和农村向大中城市流动的特点。尽管我国政府出台了很多就业政策,引导毕业生到城乡基层就业,但是从调查结果来看,吸纳毕业生就业的主要地点还是大中城市。

第三,"爱国爱事业"的偏好强烈。高校毕业生最想去的单位是国家机关、国有企业、事业单位。调查数据显示,高校毕业生求职首选的单位类型排在前四位的是国有企业、国家机关、学校和科研单位、其他事业单位。但是,毕业生的求职结果却事与愿违,能够去国有单位和事业单位的比例并不大,民营企业是吸纳毕业生就业非常重要的单位类型。

第四,毕业生就业的行业分布不均衡。教育、金融、IT、制造业、建筑业是吸纳毕业生的主要行业。2019 年,在全部 19 个行业中,以上 5 个行业的占比合计达到 57.2%,而其他 14 个行业的占比合计仅为 42.8%。行业分布不均衡,表明各个行业对高校毕业生的需求有很大的差异,高校在进行增加招生规模、选择新增学科和专业时应该考虑行业的需求因素。

劳动力市场分割理论认为劳动力市场存在主要和次要劳动力市场的分割。主要劳动力市场的工资高、待遇福利好、培训和晋升机会多、工作稳定性高,而次要劳动力市场则恰恰相反。由于我国经济发展存在显著的地区差异、

---

① 岳昌君:《我国阶梯型劳动力市场中的高校毕业生就业结构与对策》,《中国高等教育》2012 年第 6 期。

城乡差异、单位差异、行业差异、岗位差异等,加之劳动力市场规模巨大,因此劳动力市场的分割不仅仅是主要和次要的二元分割,而是呈现出"阶梯型"的多元劳动力市场分割。

正是由于我国经济和社会发展中存在各种差异,使得劳动力市场表现出阶梯型多元分割的特点。同时满足东部地区、大城市、国有单位、垄断行业和新兴服务业等条件的劳动力市场位居阶梯型市场的最高层,同时满足中西部地区、县城或农村、民营单位、竞争性行业等条件的劳动力市场位居阶梯型市场的最低层,两者之间又根据情况分为很多不同的层次。这种阶梯型多元分割的劳动力市场像被拔高后的金字塔一样,台阶(层次)又多又高,因而就业者之间的收入差距很大,人们总是期望不断地向上流动。高校毕业生就业难主要体现在结构性矛盾上,"无业可就"与"有业不就"现象并存。

高校毕业生由中西部地区向东部地区流动、由小城市和农村向大中城市流动的特点虽然在一定程度上反映出劳动力市场的需求状况——东部地区、大中城市的经济发展速度快,就业机会多,工作收入高,工作环境好,是毕业生求职的期望地点,但是,从中西部地区和县以下地方的经济社会发展以及我国建设和谐社会的角度来看,存在着很多负面影响。高校毕业生向东部地区、向大城市流动意味着人才的流失。高校毕业生是最重要的人力资本,本来高校毕业生的就业分布就存在严重不均匀的情况。高校毕业生向东部地区、向大城市流动进一步加重了不均匀的程度,从而使地区经济发展的差距不是缩小,而是不断拉大。另外,高校毕业生向东部地区、向大城市流动不仅是人才的流失,同时也是资金的流失,是一种"逆向补贴"的不公平。

"十四五"时期,按照劳动力市场需求,东部地区、大中城市对高校毕业生的吸引力和吸纳将持续增强。IT和金融将保持较高的就业占比;国有企业、党政机关、事业单位仍将是毕业生的期望单位;一些大型的民营科技企业也将具有人才的竞争力。高校毕业生的就业不均衡分布仍将是"十四五"时期的主要特点。我国政府要积极发挥"有为政府"的作用,在市场不完善、不合理、无需求的部门吸引和安排毕业生就业,让劳动力市场的人力资本配置达到效率与公平的和谐。

第二节　流动人口就业结构和失业问题

一、研究问题与数据

(一)研究问题

经济增速减缓必然对就业产生巨大的影响,尤其是就业不稳定、社会保障覆盖不完整、社会保护薄弱的流动人口首当其冲。在经济增速减缓背景下,流动人口的就业发生了什么样的变化,这些变化又对社会经济发展带来怎样的冲击,如何应对这些变化,是本节研究的主要问题。具体来看主要有以下几个方面的内容:

第一,分析本轮经济增速减缓背景下我国流动人口就业的总体变化,尤其是劳动参与率的变化趋势和特点,就业年龄段的流动人口未就业的总体情况及未就业的原因;分析经济增速减缓与流动人口就业规模变化和劳动参与率变化趋势之间的关系。

第二,本轮经济增速减缓背景下,流动人口在劳动力市场中的职业地位构成、就业行业的分布、就业单位性质分布的变化趋势及特点。重点分析经济形势的变化对流动人口的就业质量、就业行业和职业地位的影响。

第三,本轮经济增速减缓背景下,流动人口收入变化及不同类型流动人口就业变化的特征。收入是衡量就业质量和就业变化的重要指标,重点关注不同人力资本禀赋的流动人口在这一过程中收入变化的差异。

第四,本轮经济增速减缓背景下,流动人口的就业保护与社会保障的总体特征及发展态势。重点分析流动人口超时工作的情况以及参加养老、医疗、工伤等社会保险的情况及变化趋势。

第五,推进流动人口就业改善促进就业安全的战略举措。根据流动人口就业特征及其变化趋势、收入变化状况以及就业保护和社会保障的特征提出经济增速减缓背景下推动流动人口稳定就业、改善就业质量的具体举措。

(二)数据介绍

本节使用的数据主要来自国家卫健委历年的中国流动人口动态监测调查数据。从 2009 年开始,国家卫健委流动人口服务中心组织在全国开展流动人口调查。该项调查采用分层、多阶段与流动人口规模成比例的抽样方法,在31 个省(自治区、直辖市)和新疆生产建设兵团随机调查。调查对象为在流入地居住一个月以上、非本市(区、县)户口且至调查日年龄在 15—59 周岁。本书中的就业流动人口为男性 16—59 周岁(含不满 60 周岁)、女性 16—54 周岁(含不满 55 周岁)的处于就业状态的流动人口。年调查样本在 10 万人以上。

由于样本采用随机 PPS 抽样,覆盖面广,样本量大,具有较高的代表性,可以反映我国流动人口的实际状况。根据本书关注的主题,2009 年和 2010年调查问题设置并不符合本书的要求,因此,我们主要采用 2011—2017 年 7年间的数据。剔除无效回答的样本后,样本基本特征如表 5.33 所示:2011—2017 年的样本量均超过 10 万份,其中 2013 年和 2014 年多达 17 万份左右,2012 年、2016 年和 2017 年也多达 13 万份以上。流动人口中男性所占比例超过 50%,男多女少;处于就业状态的流动人口平均年龄为 33 周岁;拥有初中学历的流动人口占据主体,文化水平较低;超过 75% 的就业流动人口处于初婚或再婚状态;跨省流动迁移的处于就业状态的流动人口与省内跨市和市内跨县的比例较为相近;超过八成的就业流动人口拥有农村户口。

表 5.33　2011—2017 年样本基本特征

变量	2011 年	2012 年	2013 年	2015 年	2016 年	2017 年
样本量(份)	107063	132935	173434	167305	136178	137370

续表

变量	2011 年	2012 年	2013 年	2015 年	2016 年	2017 年
性别(%)						
男性	60.1	59.4	58.3	58.4	57.5	57.1
女性	39.9	40.6	41.7	41.6	42.5	42.9
平均年龄(周岁)	33.1	33.3	33.4	33.0	34.4	34.9
文化水平(%)						
小学及以下	15.8	15.3	14.3	13.4	12.7	14.8
初中	55.4	53.4	54.3	51.2	47.7	44.3
高中及以上	28.8	31.3	31.4	35.4	39.6	40.9
婚姻状况(%)						
有配偶	76.9	75.7	75.9	78.5	80.0	80.2
无配偶	23.1	24.3	24.1	21.5	20.0	19.8
流动范围(%)						
跨省流动	52.1	57.6	53.1	51.2	50.3	50.5
省内流动	47.9	42.4	46.9	48.8	49.7	49.5
户口性质(%)						
农业户口	85	84.2	85.4	84.2	83	78.7
非农业户口	15	15.8	14.6	15.8	17	21.3

资料来源:2011—2017 年中国流动人口动态监测调查数据。

此外,除了国家卫建委的中国流动人口动态监测调查数据,其他有关中国人口、社会经济发展等数据主要来源于国家统计局,包括历年《中国统计年鉴》《中国人口和劳动统计年鉴》、历年农民工监测调查报告、人力资源和社会保障事业发展统计公报等。使用的国际数据主要来源于世界银行公开数据库。

二、流动人口的总体特征及变化

(一)增速下降,总规模保持稳定

改革开放以来,我国流动人口增长速度由快到慢,总体规模先增后降,达到平稳。1982—2014 年,我国流动人口数量持续增长,总体规模由 1982 年的

0.06 亿人增加至 2014 年的 2.53 亿人,自 2015 年起,流动人口规模持续下降,
2017 年已减少至 2.44 亿人;年均增速由快变慢,从 1982—1990 年的 7%增长
至 1990—2010 年的 12%,2010—2015 年年均增速降至 2%;且多年来,流动人
口在总人口中的比重升降不一,由 1982 年的 0.6%升至 2014 年的 18.4%,随
后降至 2017 年的 17.5%(见图 5.3)。

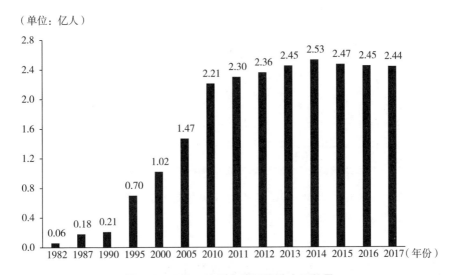

（单位:亿人）

图 5.3 1982—2017 年我国流动人口数量

资料来源:中国流动人口动态监测调查数据;相应年份的全国人口普查公报和全国 1%人口抽样调查主
要数据公报。

通过经济增长与流动人口增速的比较可以发现,二者之间存在的密切关
系。从 2011 年至 2018 年,我国经济增长速度由 9.5%降至 6.6%,从两位数的
高速增长换挡至个位数的中高速增长,进入经济新常态。一是 2010—2012 年
的增速大幅回落期,两年内经济增速由 10.6%降至 7.9%,年均下降 1.35 个百
分点;二是 2013—2015 年的增速缓慢回落期,由 2013 年的 7.8%降至 2015 年
的 6.9%,降幅收窄,年均降幅仅 0.45%;三是 2016—2018 年的小幅波动起伏
期,2017 年经济增速达到 6.9%,实现了经济增速减缓以来的首次增速回升,
但 2018 年再次下降至 2000 年以来最低水平。由图 5.4 可知,2015 年是我国

经济增长速度首次下降到 7% 以下,同时在 2015 年我国流动人口数量首次出现下降,此后三年经济增长率都位于 7% 以下,流动人口规模也处于下降过程中。7% 的经济增长率可以看作流动人口规模变化的分界线。

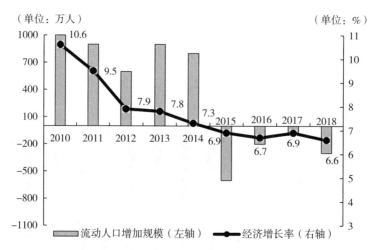

图 5.4 2010—2018 年流动人口规模变化与经济增长率

资料来源:相应年份的《中国统计年鉴》。

(二)外出农民工仍然是流动人口的主体

外出农民工与高校毕业生是我国流动人口的重要组成部分,其中外出农民工是流动人口的主体。2010—2017 年外出农民工占流动人口总量的年均比例为 68.6%,至 2017 年其数量达到 1.72 亿人,约占当年流动人口总量的 70.5%(见图 5.5),因此,外出农民工的就业状况一定程度上代表着流动人口总体的就业现状。历年农民工监测调查报告显示,外出就业的农民工数量保持缓慢增长态势,跨省外出流动农民工继续减少。从外出农民工的就业状况看,从事第二产业的农民工比重保持下降趋势,其中制造业和建筑业所吸纳的农民工比重明显下降,在第三产业就业的农民工比例有所提高,但仍以低端服务业为主,农民工在金融业、教育、文化、体育和娱乐业等服务业的从业比重保持低位缓慢增长态势。

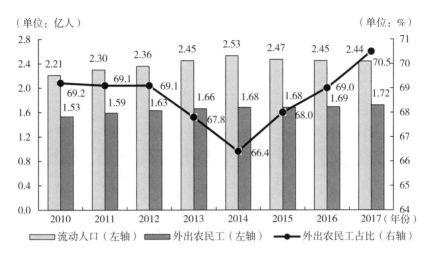

图 5.5　2010—2017 年我国流动人口、外出农民工数量及其占比

资料来源:中国流动人口动态监测调查数据。

(三)女性、非农户籍占比提升明显,年龄越来越大

处于就业状态的流动人口中男性所占比例超过 50%,男多女少;与相同年份全国就业人口的性别构成进行比较可以发现,流动人口中男性占比明显偏高,2011 年流动人口男性占比高于全国就业人口男性占比 4.8 个百分点,到 2017 年则仅高出 0.6 个百分点。引起这一变化的主要原因是流动人口中女性占比的迅速提升。2011 年,处于就业状态的流动人口中女性占比不足 40%(为 39.9%),到 2017 年提高到了 42.9%,提高了 3 个百分点。相反,同一时期,全国就业人口中女性占比下降了 1.2 个百分点(见表 5.34)。

表 5.34　2011—2017 年流动人口性别比与全国就业人口性别比

(单位:%)

类别	变量	2011 年	2012 年	2013 年	2014 年	2015 年	2016 年	2017 年
流动人口	男性	60.1	59.4	58.3	62.9	58.4	57.5	57.1
	女性	39.9	40.6	41.7	37.1	41.6	42.5	42.9

续表

类别	变量	2011 年	2012 年	2013 年	2014 年	2015 年	2016 年	2017 年
全国就业人口	男性	55.3	55.2	55.0	55.2	58.1	56.9	56.5
	女性	44.7	44.8	45	44.8	41.9	43.1	43.5

资料来源:中国流动人口动态监测调查数据。

　　流动人口的平均年龄逐步提高。由 2011 年的 33.1 岁提高到 2017 年的 34.9 岁,6 年间提高了 1.8 岁,平均每年提高 0.3 岁(见图 5.6)。从不同出生年代的处于就业状态的流动人口占比上看,年龄结构集中化分布这一趋势的年际变化较为稳定,各年均以 1980—1989 年、1970—1979 年出生的流动人口为主体,二者占比各年均超过 60%;老一代流动人口占比逐年下降,其中出生年份为 1970—1979 年的流动人口占比下降幅度最大,较之 2011 年的比例(35.8%),2017 年其下降了 8.6 个百分点;新生代的比重逐年增长,出生年份为 1980—1989 年的占比由 2011 年的 35.1%提升至 2017 年的 38.7%,而 1990 年及以后出生的流动人口占比增长极为迅猛,2017 年达到 21.7%,较之 2011 年提高了 13.1 个百分点。在全国流动人口平均年龄不断提高的情况下,处于就业状态的流动人口这一特殊的就业群体却越发年轻化,新生代流动人口中 1990 年及以后的年龄段占比大幅度提高是导致其年轻化的主要原因(见表 5.35)。

表 5.35　2011—2017 年流动人口年龄结构分布　　　　(单位:%)

年龄结构	2011 年	2012 年	2013 年	2014 年	2015 年	2016 年	2017 年
1960 年及以前	2.9	2.4	2.0	1.7	1.4	1.0	0.8
1961—1969 年	17.6	16.7	15.0	13.7	13.3	11.9	11.5
1970—1979 年	35.8	34.0	32.8	30.3	29.7	28.6	27.2
1980—1989 年	35.1	36.5	37.0	39.5	37.8	39.2	38.7
1990 年及以后	8.6	10.4	13.2	14.8	17.9	19.3	21.7

资料来源:中国流动人口动态监测调查数据。

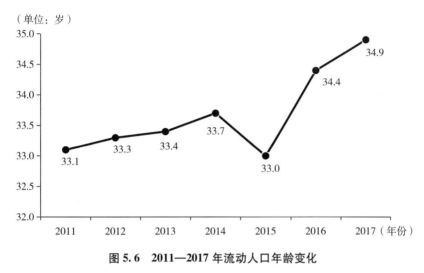

图 5.6　2011—2017 年流动人口年龄变化

资料来源:中国流动人口动态监测数据。

　　整体来看,流动人口以跨省流动为主,都超过 50%,但近年来跨省流动比例在下降,省内流动比例在提高。跨省流动的比例由 2011 年的 52.1% 下降到 2017 年的 50.5%,下降了 1.6 个百分点。这也表明,随着产业转移及中西部地区部分城市经济发展的相对提速,流动人口回流及在省内就业的趋势得到加强。

　　另一个值得注意的变化是,农业户籍流动人口的比例下降和非农户籍流动人口比例上升互现。2011 年,全国流动人口中非农户籍流动人口仅占 15%,而到了 2017 年,则提高到了 21.3%,提高了 6.3 个百分点,年均提高约 1 个百分点。这也表明,流动人口的构成日益多元化和复杂化。

(四)受教育程度以初中为主,但整体素质大幅度改善

　　流动人口受教育水平以初中为主,多数年份初中占比都在 50% 以上,只是 2015 年以后下降到 50% 以下。近年来流动人口的受教育程度有了极大的改善,主要表现为以下几点:一是小学及以下和初中受教育流动人口的比例下降,前者由 2011 年的 15.8% 下降到 2017 年的 14.8%,下降了 1 个百分点,更

主要的是后者,由 2011 年的 55.4% 下降到 2017 年的 44.3%,下降了 11.1 个百分点,两者合计下降了 12.1 个百分点;相反,高中及以上受教育者比重则由 2011 年的不足 30% 提高到 2017 年的 40% 以上。二是与全国就业人口的受教育结构相比流动人口教育素质改善明显。从 2011 年到 2017 年全国就业人口小学及以下受教育者的比例虽然下降幅度超过流动人口,但 2017 年前者比后者仍然高出 4.4 个百分点;高中及以上受教育者占比,2011 年全国就业人口比流动人口占比高 0.8 个百分点,但到 2017 年高中及以上受教育者占流动人口的比重高于全国就业人口 2.6 个百分点(见表 5.36)。

表 5.36　2011—2017 年流动人口与全国就业人口教育结构比较

(单位:%)

类别	变量	2011 年	2012 年	2013 年	2014 年	2015 年	2016 年	2017 年
流动人口	小学及以下	15.8	15.3	14.3	13.3	13.4	12.7	14.8
	初中	55.4	53.4	54.3	52.9	51.2	47.7	44.3
	高中及以上	28.8	31.3	31.4	33.9	35.4	39.6	40.9
全国就业人口	小学及以下	21.6	21	20.4	19.9	20.6	20.1	19.2
	初中	48.7	48.3	47.9	46.7	43.3	43.3	43.4
	高中及以上	29.64	30.78	31.61	33.25	36.15	36.58	37.38

资料来源:中国流动人口动态监测调查数据。

处于就业状态的流动人口的教育结构变化较为稳定,各年均表现为初中文化水平为主、高中文化水平次之、大专及以上文化水平占比最低。其中初中文化水平的流动人口占比远高于其他层次文化水平的占比,但其比例持续降低,由 2011 年的 55.4% 降至 2017 年的 44.3%(见表 5.37)。七年内流动人口的文盲与小学文化水平占比呈现出不同程度的小幅下降趋势,下降幅度低于 3%;高层次文化水平的流动人口占比呈增长趋势,其中大学专科文化水平的占比提升幅度最大,而研究生文化水平的比重 7 年仅提高了 0.4 个百分点,说明我国流动人口文化水平提升速度较小,整体文化水平偏低的现象将长期存在。

表 5.37　2011—2017 年流动人口受教育程度分布变化　　（单位:%）

受教育程度	2011 年	2012 年	2013 年	2014 年	2015 年	2016 年	2017 年
未上过学	1.6	1.7	1.5	1.4	1.3	1.2	1.8
小学	14.2	13.6	12.8	11.9	12.1	11.4	13.0
初中	55.4	53.4	54.3	52.9	51.2	47.7	44.3
高中	20.7	21.5	21.6	20.6	22.2	22.7	22.3
大专	5.4	6.4	6.4	8.6	8.4	10.1	11.0
大学本科及以上	2.7	3.4	3.4	4.6	4.7	6.7	7.6

资料来源:中国流动人口动态监测调查数据。

三、劳动参与率变化

（一）劳动参与率总体特征

1. 劳动参与率长期保持高水平,略有波动

2011—2017 年流动人口劳动参与率波动起伏,流动人口的劳动力供给的稳定性较差,劳动参与率经历了 2011—2013 年的提升期、2013—2014 年的近乎停滞期、2014—2016 年的持续下降期以及 2016—2017 年的探底回升期四个阶段,呈"几"字型分布。2011—2014 年,流动人口的劳动参与率由 2011 年的 85.4%增至 2014 年的 89.2%,年均增长幅度约为 1.3%;而 2014—2016 年流动人口的劳动力供给急速减少,年均降低 2.4%,至 2016 年仅有 84.5%的劳动年龄流动人口活跃于劳动力市场,为七年最低水平;至 2017 年,流动人口劳动力供给缓慢回升至 85.8%(见图 5.7)。流动人口作为中国就业人口极为重要的组成部分,随着我国人口数量红利的逐渐消失、劳动力近乎无限供给的时代逐步结束,劳动年龄流动人口中直接投入到经济发展中的实际数量关乎经济发展的活力。

2011—2018 年,中国劳动参与率保持小幅下降趋势,由 2010 年的 70.97%降至 2018 年 68.72%,但各年劳动参与率均高于大部分发达国家与发

（单位：%）

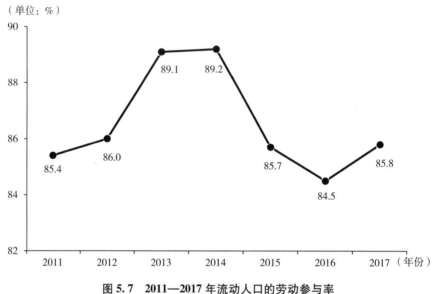

图 5.7　2011—2017 年流动人口的劳动参与率

资料来源：中国流动人口动态监测调查数据。

展中国家。中国九年间平均劳动参与率达到 70.1%，而美国、日本、印度、英国仅分别为 62.7%、60.1%、52.7%、62.1%。作为中等收入的发展中国家，中国的劳动生产率远高于世界中等收入国家与高收入国家的劳动参与率，与二者的年均差距分别为 8.8%、9.8%。并且中国与世界不同地区之间的劳动参与率的差异有所区别，其中东亚与太平洋地区和中国的劳动参与率差异最低（小于 2%），北美次之，欧洲与中亚地区的劳动参与率和中国劳动参与率的各年差距均高于 10%。在世界主要国家和地区的劳动参与率均呈小幅度下降或波动起伏的趋势下，中国将继续保持劳动参与率缓慢降低的样态（见表 5.38）。无论是与全国劳动年龄人口相比，还是与世界主要国家相比，我国流动人口的劳动参与率都高出很多。从 2011 年到 2017 年，我国流动人口劳动参与率比全国劳动年龄人口劳动参与率平均高 15 个百分点，与世界其他国家相比则更高。

表 5.38 2011—2018 年 15 岁及以上人口劳动参与率的国际比较

(单位:%)

国家(地区)	2011 年	2012 年	2013 年	2014 年	2015 年	2016 年	2017 年	2018 年
中国	70.79	70.62	70.41	70.18	69.89	69.55	69.21	68.72
美国	63.02	62.90	62.52	62.21	62.02	62.16	62.29	62.02
日本	59.59	59.28	59.61	59.82	59.99	60.45	60.89	60.73
印度	53.15	52.25	52.26	52.24	52.21	52.13	52.05	51.93
英国	61.74	61.98	62.13	62.20	62.24	62.35	62.31	62.32
东亚与太平洋地区	69.18	69.09	68.89	68.75	68.52	68.22	67.99	67.66
欧洲与中亚地区	57.95	58.07	58.15	58.15	58.24	58.36	58.42	58.23
北美	63.37	63.24	62.90	62.57	62.38	62.50	62.62	62.36
低收入国家	71.99	71.77	71.65	71.51	71.52	71.56	71.58	71.57
中等收入国家	61.70	61.49	61.37	61.19	61.08	60.90	60.81	60.59
高收入国家	60.24	60.33	60.31	60.32	60.33	60.49	60.64	60.49

资料来源:国家统计局统计数据、世界银行公开数据。

2.男性劳动参与率远远高于女性

流动人口劳动参与率在性别之间存在明显的差别,男性远远高于女性。劳动参与率的性别差异越发扩大,男性流动人口的劳动参与率保持高位(95%左右)小幅增减态势,而女性劳动参与率的年际波动变化较为剧烈,年际差异高达 6.7%,且二者劳动参与率的差距由 2014 年的 15.1%提高至 2017 年的18.0%。在男性流动人口劳动参与率变化较为平缓的情况下,女性流动人口的劳动参与率的剧烈增减变化在一定程度上导致了流动人口总体劳动参与率的波动起伏。

(二)婚姻与年龄对流动人口劳动参与率的影响

1.婚姻状况对男性和女性劳动参与率的影响相反

婚姻状况对不同性别劳动参与率的作用方向与影响程度皆有所区别,相对而言,在婚的婚姻状况对女性劳动年龄流动人口提高其劳动参与率的抑制作用强于对男性劳动年龄流动人口进入劳动力市场的促进作用。就男性劳动年龄流动人口而言,在婚男性劳动年龄流动人口的劳动参与率略高于男性劳动年龄流动人口,不在婚男性劳动年龄流动人口的劳动参与率低于在婚男性劳动年龄流动人口和男性劳动年龄流动人口,但在婚或不在婚男性劳动年龄流动人口与男性劳动年龄流动人口群体间劳动参与率的差异整体呈下降趋势。再看女性,在婚的婚姻状况对女性劳动年龄流动人口进入流入地劳动力市场的阻碍作用极为强烈,不在婚的女性劳动年龄流动人口的年均劳动参与率高达88.9%,女性劳动年龄流动人口的年均劳动参与率高达为76.8%,而在婚的女性劳动年龄流动人口的劳动参与率年均仅为73.7%。可见,在婚女性劳动年龄流动人口的较低劳动参与率直接拉低了女性流动人口整体的劳动参与率,尽管三者年均劳动参与率的差距总体呈下降趋势,但不在婚与在婚的女性劳动年龄流动人口的劳动参与率的年均差异仍然达到15%,值得重视(见图5.8)。

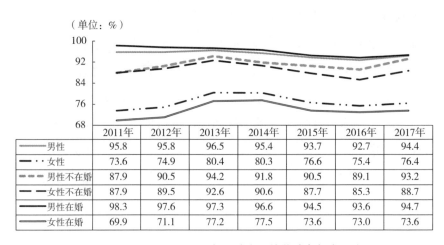

（单位：%）	2011年	2012年	2013年	2014年	2015年	2016年	2017年
男性	95.8	95.8	96.5	95.4	93.7	92.7	94.4
女性	73.6	74.9	80.4	80.3	76.6	75.4	76.4
男性不在婚	87.9	90.5	94.2	91.8	90.5	89.1	93.2
女性不在婚	87.9	89.5	92.6	90.6	87.7	85.3	88.7
男性在婚	98.3	97.6	97.3	96.6	94.5	93.6	94.7
女性在婚	69.9	71.1	77.2	77.5	73.6	73.0	73.6

图 5.8 2011—2017 年流动人口的劳动参与率

资料来源:中国流动人口动态监测调查数据。

究其缘由,一是两性流动原因存在差异,较之于男性流动人口,女性流动人口中受家属随迁或婚姻嫁娶等原因所驱动的流动迁移的比例高于男性,而直接因务工经商而进入流动地的比重则低于男性流动人口;二是传统的"男主外、女主内"的社会分工模式的影响虽有所削弱但依旧存在,作为流动迁移家庭化过程中的附属迁移者的女性流动人口不得不承担起过多的料理家务、照顾孩子等责任;三是部分职业仍然存在性别歧视,导致了女性流动人口尤其是在婚女性劳动年龄流动人口的劳动参与率常年远低于男性。

2. 劳动参与率的年龄曲线呈倒"U"型和倒"V"型,两头低中间年龄段高

2011—2017年,不同年龄组别的流动人口其劳动参与率发生较大变化。2011—2014年,随着年龄的增长,流动人口的劳动参与率分布呈倒"U"型,即低龄组(16—19周岁)与较高龄组(56—59周岁)流动人口的劳动参与率最低且与其他年龄组差距较大,20—55周岁各年龄组别的流动人口劳动参与率高且差距较小。2015—2017年,流动人口的劳动参与率分布由倒"U"型渐趋向倒"V"型,36—59周岁的流动人口劳动参与率最高且与其他年龄组别流动人口之间的差距扩大,20—25周岁、26—35周岁、46—55周岁流动人口的劳动参与率虽在2015—2017年波动起伏,但整体上升幅度较小,低龄组与较高龄组的劳动参与率整体呈下降态势,且仍处于较低水平。就各年龄组别而言,36—45周岁的青壮年流动人口的劳动参与率最高,16—19周岁和56—59周岁的流动人口劳动参与率最低,2013年和2014年流动人口各个年龄段的劳动参与率达到历年最高水平。流动人口的年龄与劳动参与率的分布逐渐呈倒"V"型,这表明不同年龄组别的流动人口实际参与经济活动的总量差距逐渐扩大,高劳动参与率的流动人口越发集中于特定的年龄段,流动人口劳动力供给的年龄分布逐渐失衡,导致流动人口内部产生高经济参与活跃度的年龄组别与较低经济参与活跃度的年龄组别,这也与青壮年流动人口较之其他年龄段流动人口身体机能更强健、劳动技能更丰富、社会支持网络更发达有关(见图5.9)。

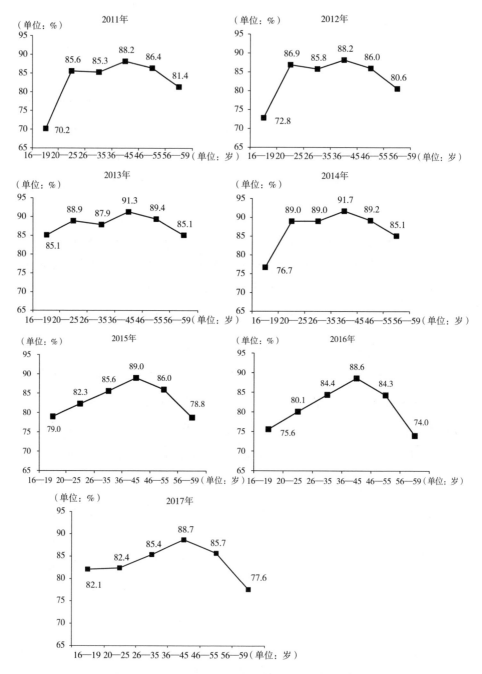

图5.9 2011—2017年分年龄段流动人口就业比重

资料来源:中国流动人口动态监测调查数据。

3.新生代流动人口劳动参与率低于老一代

就代际差异而言,老一代与新生代流动人口的劳动参与率均呈"几"字型波动起伏态势,老一代流动人口劳动力供给的总体稳定性优于新生代。具体来看,2011—2017 年,老一代和新生代流动人口的劳动参与率年际变化模式与劳动年龄流动人口总体的劳动参与率变化趋势一致,均呈"上升—近乎平稳—下降—上升"的"几"字型分布态势。老一代流动人口的劳动参与率始终高于新生代,二者年均保持 3.3 的差距。尽管二者劳动力供给趋势相似,但变化幅度有所差别,老一代流动人口劳动参与率的最大差值为 3.9,新生代流动人口劳动参与率的最大差值达 5.1,新生代流动人口劳动力供给的年际变化高于老一代流动人口,新生代流动人口劳动力供给的稳定性更差(见图5.10)。

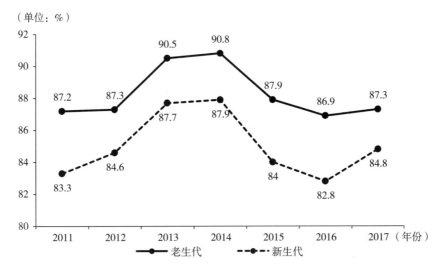

（单位：%）

图 5.10　2011—2017 年老一代与新生代就业流动人口的劳动参与率

资料来源:中国流动人口动态监测调查数据。

4.劳动参与率的户籍因素影响不大

不同户籍类型的流动人口劳动参与率差别不大,且在各个年份的走势亦基本相同。从户口性质上看,2011—2013 年流动人口不同户口类型的劳动参与率的增长速率并不一致,非农业户口流动人口于 2012 年、2013 年的环比增速相差较小,分别为 1.8% 与 1.4%,而农业户口流动人口 2012 年的环比增速仅为 1.3%,但至 2013 年达到 2.4% 且其劳动参与率超过非农业流动人口,劳动年龄流动人口中农业户口流动人口的劳动力供给存在更大的不确定性。2013—2017 年,农业户口与非农业户口流动人口的劳动参与率的变化相同,均经历了 2013—2014 年的极缓增长、2014—2016 年的急剧下降、2016—2017 年的较快回升(见图 5.11)。

（单位：%）

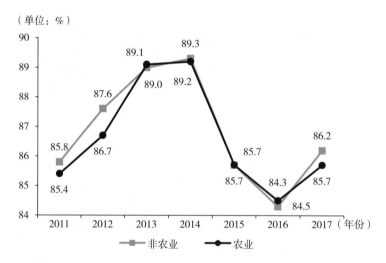

图 5.11　2011—2017 年分户籍类型流动人口的劳动参与率

资料来源:中国流动人口动态监测调查数据。

(三)教育对劳动参与率的影响

1.受教育水平越高,劳动参与率越高

整体而言,不同教育程度的流动人口其劳动参与率及变化状况都具有显著差异,呈现出"两极化与中间层次趋同"的发展态势。2011—2017 年,高学历(大专、本科、研究生及以上)流动人口的劳动参与率高于中间学历(初中、高中)的流动人口,遥遥领先于低学历(未上过学、小学)流动人口劳动参与

率,且中间受教育程度的流动人口内部的不同群体(初中、高中)之间的劳动参与率近乎一致。从劳动参与率多年平均水平上看,受教育程度不同的流动人口具有明显的劳动参与率分级——高劳动参与率、中等劳动参与率、较低劳动参与率:受教育程度为未上过学和小学的流动人口劳动参与率多年平均值低于85%(依次为77.0%、83.9%);初中、高中受教育程度的流动人口其劳动参与率的多年均值低于90%,相差仅0.3%(依次为86.7%、87.0%);受教育程度为大学专科、大学本科、研究生的流动人口劳动参与率约90%(依次为88.3%、90.0%、91.5%),见表5.40。

2.教育水平越高,劳动参与率的提高幅度越明显

流动人口劳动参与率的增长速率随受教育程度的提高而逐渐提高,2017年相较于2011年而言,劳动参与率由受教育程度为未上过学、小学和初中的负向增长(分别为-1.2%、-0.2%、-0.1%)提高至受教育程度为高中的正向增长(0.01%),而受教育程度为大学专科、大学本科的流动人口的劳动参与率分别增长0.2%、0.9%,而研究生学历的流动人口的劳动参与率2017年比2011年提高了4.7个百分点。

受教育程度较低的流动人口参与经济活动的数量总体有所降低,而接受过高等教育的流动人口的供给增加显著,说明我国直接参与经济活动的流动人口的质量在不断提升,低学历流动人口的劳动参与率不断降低,正在逐步主动或被动退出劳动力市场,高学历流动人口渐趋活跃(见表5.39)。

表5.39　2011—2017年分受教育程度的流动人口就业比重　(单位:%)

受教育程度	2011年	2012年	2013年	2014年	2015年	2016年	2017年	均值
未上学	76.0	74.7	83.2	81.5	76.1	73.0	74.8	77.0
小学	83.2	83.0	86.5	87.2	83.0	81.2	83.0	83.9
初中	85.8	86.1	89.2	89.4	85.9	84.8	85.7	86.7
高中	86.0	86.9	89.7	89.2	86.3	84.8	86.1	87.0

受教育程度	2011 年	2012 年	2013 年	2014 年	2015 年	2016 年	2017 年	均值
大学专科	87.2	89.9	91.0	90.6	87.1	85.1	87.4	88.3
大学本科	88.9	91.0	91.6	91.4	88.7	88.7	89.8	90.0
研究生	88.0	93.3	90.9	94.5	91.0	90.5	92.7	91.5

资料来源:中国流动人口动态监测调查数据。

(四)未就业原因分析

1.料理家务或哺育后代仍为流动人口的主要未就业原因

料理家务/带孩子、怀孕或哺乳、没找到工作、退休依然是导致流动人口未就业的四大原因。近乎一半的流动人口出于料理家务/带孩子、怀孕或哺乳而未实现就业,尽管料理家务/带孩子所占比例逐年下降,但仍然是流动人口未就业的最大原因,且流动人口中未就业原因为怀孕或哺乳以及退休的比例逐年上升,这与流动人口中以婚嫁或投亲为流动原因的比例较大、家庭化流动趋势日益显著有关。料理家务/带孩子、怀孕或哺乳而未实现就业两者合计比例超过50%。而流动人口中因没有找到工作而未就业的比例不断下降,由2013年的19.3%降低至2017年的8.7%(见表5.40)。

表5.40　2013—2017年流动人口的未就业原因　　　(单位:%)

未就业原因	2013 年	2014 年	2015 年	2016 年	2017 年
料理家务/带孩子	60.7	49.1	41.9	41.1	38.4
怀孕或哺乳	6.4	6.6	7.2	9.2	14.2
没找到工作	19.3	24.3	11.7	7.9	8.7
退休	2.2	2.1	7.3	8.4	9.7

资料来源:中国流动人口动态监测调查数据。

2.未就业原因的性别差异显著,男性未就业原因更加多样化

男女性流动人口未就业原因差异较大,女性流动人口料理家务以及照料

后代的比例各年均高于65%,料理家务/带孩子的比重逐年持续下降,2013—2015 年降幅最大,2015—2017 年降幅放缓,而怀孕或哺乳的比例逐年增长。男性流动人口的未就业原因越发多元化,2013—2014 年,未就业原因中属于没有找到工作的男性流动人口比例超过一半,而 2016—2017 年退休成为男性流动人口未就业的最主要原因。女性流动人口较之男性流动人口更易受到家庭事务的羁绊,但男性流动人口因没有找到工作、临时性停工或季节性歇业的比重远高于女性,男性流动人口面临的失业风险更加严峻,就业稳定性低于女性(见表5.41)。

表5.41　2013—2017 年分性别流动人口的未就业原因　　　(单位:%)

未就业原因	2013 年		2014 年		2015 年		2016 年		2017 年	
	男	女	男	女	男	女	男	女	男	女
料理家务或带孩子	9.3	73	7.8	65.5	5.0	56.7	8.7	53.9	8.3	49.4
怀孕或哺乳	—	7.9	—	9.1	—	10.1	—	12.8	—	19.4
没找到工作	53.2	11.2	51.5	13.5	20.9	8.0	14.5	5.2	17.8	5.4
退休	4.0	1.7	2.7	1.9	12.8	5.1	14.6	5.9	18	6.6
临时性停工或季节性歇业	—	—	—	—	21.4	4.1	13.9	2.9	10.8	1.7
因单位原因失去工作	5.0	0.6	3.5	0.7	2.3	0.7	1.3	0.3	2.2	0.4
因本人原因失去工作	9.5	1.9	7.7	2.3	6.1	2.3	1.9	0.8	2.2	0.7

资料来源:中国流动人口动态监测调查数据。

3.未就业原因的地区差异变化显著

流动人口的未就业原因分布具有地区特点。东部地区、中部地区、西部地区以及东北地区未就业流动人口中,料理家务/带孩子的比重逐年下降,其中东北地区年均下降比例高于其余地区,高达6.2%,西部地区年均下降比例仅为4.9%,降幅最小。未就业原因中料理家务/带孩子的占比最高为中部地区

（除 2014 年外），其次为东部地区，再次为西部地区，东北地区的流动人口因料理家务/带孩子而未就业的比例最低（见图 5.12）。

（单位：%）

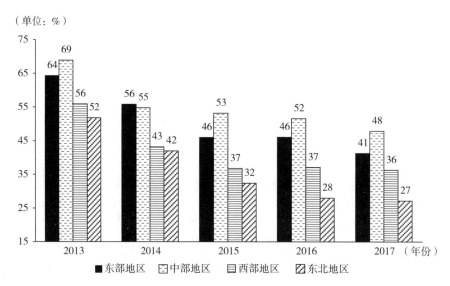

图 5.12　2013—2017 年分地区未就业流动人口料理家务/带孩子比重

资料来源：中国流动人口动态监测调查数据。

　　未就业流动人口中，尽管没有找到工作而未就业的比例整体呈下降趋势，但没找到工作依旧是未就业的另一主要原因。如图 5.13 所示，东部地区、中部地区因没找到工作而未就业的比例较低，2013—2017 年，东北地区和西部地区中因没找到工作而失业的比例交替位居首位，东部地区这一比例常年保持低位下降态势。

四、职业与就业行业变化

（一）就业身份特点及其变化

1.就业身份以雇员为主，自营劳动者占较高比重

　　按照雇主、雇员和自营劳动者三类进行划分，流动人口中雇员占据主体，年占比均超过 50%，其次为自营劳动者，占比 30% 左右，雇主占比最低，在

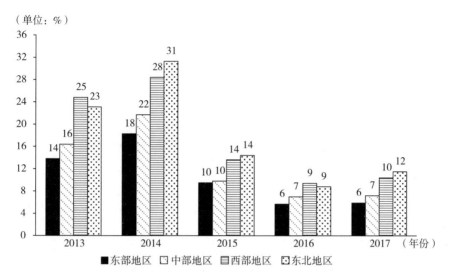

（单位：%）

图 5.13　2013—2017 年分地区未就业流动人口中未找到工作的比重

资料来源：中国流动人口动态监测调查数据。

5%—10%。七年间,雇员、雇主、自营劳动者比例的变化率分别为 3.9%、-1.7%、-2.4%。雇员、雇主、自营劳动者的比例变化较小,雇员所占比重呈增长趋势,而雇主以及自营劳动者的比重呈下降趋势。总体来看,流动人口就业身份的年际变化较为稳定(见图 5.14)。相比于全国劳动者,流动人口自营劳动者占比无疑较高。

2.老一代流动人口中自营劳动者比例高,新生代流动人口中雇员比例高

从代际差异来看,新生代流动人口以雇员为主、老一代流动人口中雇员与自营劳动者占据主体的就业身份分布多年来保持不变。新生代流动人口雇员的比例更高,年占比均超过 64%,自营劳动者次之,多数年份不超过 27%,雇主的比重最低;相反,老一代流动人口中自营劳动者的比例更高,多数年份超过 40%,且雇员与自营劳动者的比重相差较小,二者总占比年均超过 85%,雇主的比重远低于雇员与自营劳动者。从二者的变化趋势上看,新生代流动人口就业身份中雇员比例总体呈现下降趋势,但下降幅度小,2017 年的雇员比

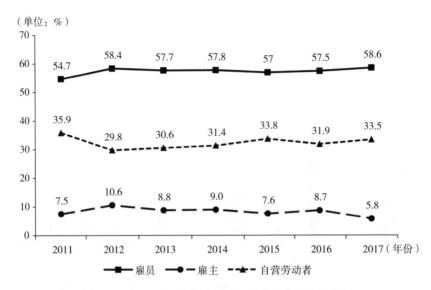

（单位：%）

图 5.14   2011—2017 年流动人口的就业身份变化状况

资料来源：中国流动人口动态监测调查数据。

重为 64.8%，较之于 2011 年的 66.8%略有下降；老一代流动人口中雇员与自营劳动者的比重呈常年小幅度的反复升降。2011—2017 年，二者就业身份的分布总体基本保持不变（见表 5.42）。

表 5.42   2011—2017 年分代际流动人口的就业身份   （单位:%）

年份	老一代			新生代		
	雇员	雇主	自营劳动者	雇员	雇主	自营劳动者
2011	45.3	9.2	43.8	66.8	5.4	25.6
2012	48.2	13.0	37.7	70.0	7.9	20.9
2013	47.2	11.0	38.9	68.2	6.6	22.3
2014	47.6	11.0	39.3	66.3	7.3	24.7
2015	46.8	8.9	42.3	65.1	6.6	27.0
2016	47.0	10.1	40.8	64.9	7.8	25.7
2017	49.3	6.4	42.5	64.8	5.4	27.6

资料来源：中国流动人口动态监测调查数据。

（二）职业类型分布变化状况

1. 商业、服务业人员占绝大多数且占比稳步上升，生产设备操作人员比重持续下降

流动人口不成比例地聚集在商贩、餐饮、家政、建筑、生产、运输等低端职业岗位上。商业、服务业人员与生产、运输设备操作人员两类职业是占比最高的职业，2011—2017 年年均占比高达 83.4%。令人印象深刻的一点是，流动人口高度集中于商业、服务业人员这一职业类型中：2011—2017 年，在中国全部就业人口中，商业、服务业人员年均占比为 23.21%；而在流动人口中，商业、服务业人员占比则高达 58.5%，差值 35.29 个百分点（见表 5.43 和表 5.44）。

表 5.43　2011—2017 年流动人口的职业分布状况　　（单位:%）

职业分布	2011年	2012年	2013年	2014年	2015年	2016年	2017年	年均
单位负责人	0.5	0.5	0.5	0.5	0.4	0.5	0.6	0.50
专业技术人员	8.4	7.1	5.9	7.1	7.2	8.2	9.3	7.60
公务员、办事人员及有关人员	3.1	1.4	1.1	1.5	2.0	2.2	1.8	1.87
商业、服务业人员	53.0	56.7	59.8	59.3	59.9	61.0	59.8	58.50
生产、运输设备操作人员	26.1	27.1	26.3	25.2	25.3	22.6	21.8	24.91
农林牧渔水利生产人员	2.7	3.3	2.6	3.2	2.1	2.0	1.8	2.53
无单位以及不便分类的劳动者	6.2	4.0	3.9	3.2	3.2	3.5	5.1	4.16

资料来源:中国流动人口动态监测调查数据。

表 5.44　2011—2017 年全国劳动人口的职业分布状况　　（单位:%）

职业分布	2011年	2012年	2013年	2014年	2015年	2016年	2017年	年均
单位负责人	2.0	2.1	2.3	2.2	2.0	2.0	1.7	2.04
专业技术人员	9.9	9.6	9.9	10.4	11.7	11.4	9.0	10.27
办事人员和有关人员	5.4	6.0	6.5	6.8	9.5	9.9	9.3	7.63
商业、服务业人员	19.5	20.1	20.7	22.2	24.7	25.2	30.1	23.21

续表

职业分布	2011年	2012年	2013年	2014年	2015年	2016年	2017年	年均
农林牧渔水利业生产人员	39.4	38.1	36.1	34.1	28.3	27.5	27.6	33.01
生产运输设备操作人员及有关人员	23.6	23.8	24.2	23.9	23.4	23.5	21.7	23.44
其他	0.3	0.4	0.3	0.4	0.4	0.5	0.6	0.41

资料来源:2011—2017年《中国劳动统计年鉴》数据整理所得。

　　此外,商业、服务业人员职业岗位对流动人口的吸纳能力保持较为强劲的增长势头,较之2011年吸纳了53%的流动人口就业,2017年则上升了6.8个百分点,达到59.8%,是所有职业类型中占比提升幅度最大的。除此之外,专业技术人员是另一个占比提升的职业类型,总计提高了0.9个百分点。生产、运输设备制作人员职业岗位占比则下降了4.3个百分点,并且呈持续下降的态势,但各年从事该职业岗位的流动人口仍然超过20%,其他职业岗位吸纳流动人口比例的年际变化基本保持在低位稳定的状态(见表5.43和图5.15)。

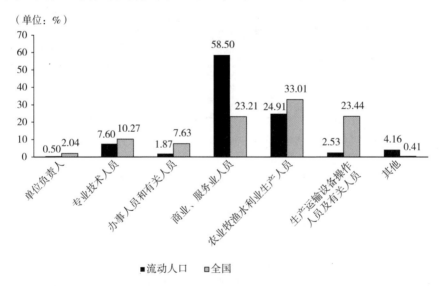

图 5.15　2017 年全国就业人员与流动人口不同职业类型比重比较

资料来源:中国流动人口动态监测调查数据;2017年《中国劳动统计年鉴》。

2.中高级职位非农户籍流动人口占比远高于农业户籍流动人口

不同户口性质的就业流动人口中职业分布的比重以及变化趋势皆有所差别。中高级职业岗位(单位负责人,专业技术人员,公务员、办事人员及有关人员)中的非农业户口流动人口的就业比例远高于农业户口流动人口。2017年,中高级职业岗位非农户籍占比为 24.1%,农业户籍仅为 8.2%,前者是后者的三倍左右。

非农业户口流动人口集中在商业、服务业人员,专业技术人员以及生产、运输设备操作人员,同时专业技术人员职业所吸纳的非农业户口流动人口的比例呈增长趋势;农业户口流动人口的职业分布则以商业、服务业人员和生产、运输设备操作人员这两类职业岗位为主(见表 5.45 和表 5.46)。

表 5.45　2011—2017 年农业户口流动人口的职业分布状况 （单位:%）

职业分布	2011年	2012年	2013年	2014年	2015年	2016年	2017年
单位负责人	0.2	0.2	0.2	0.2	0.2	0.2	0.3
专业技术人员	6.9	5.3	4.4	5.4	5.5	6.1	7.0
公务员、办事人员及有关人员	2.0	0.6	0.6	0.8	1.1	1.1	0.9
商业、服务业人员	53.8	57.1	60.2	59.9	60.6	62.6	61.2
生产、运输设备操作人员	27.8	29.1	27.8	26.9	27.1	24.3	23.4
农林牧渔水利生产人员	3.0	3.7	2.8	3.6	2.3	2.2	2.0
无单位以及不便分类的劳动者	6.3	4.0	4.0	3.3	3.2	3.4	5.2

资料来源:中国流动人口动态监测调查数据。

表 5.46　2011—2017 年非农业户口流动人口的职业分布状况 （单位:%）

职业分布	2011年	2012年	2013年	2014年	2015年	2016年	2017年
单位负责人	2.0	1.8	2.1	2.2	1.7	2.1	1.9
专业技术人员	17.3	16.8	14.4	16.3	16.5	18.2	17.5
公务员、办事人员及有关人员	9.0	5.5	4.4	5.5	6.4	7.2	4.7

续表

职业分布	2011年	2012年	2013年	2014年	2015年	2016年	2017年
商业、服务业人员	48.7	54.2	57.3	56.3	55.8	53.2	54.6
生产、运输设备操作人员	16.1	16.7	17.3	16.1	15.8	14.3	15.8
农林牧渔水利生产人员	1.3	1.2	1.1	1.3	0.7	1.0	0.8
无单位以及不便分类的劳动者	5.6	3.6	3.3	2.5	3.3	4.0	4.7

资料来源:中国流动人口动态监测调查数据。

3.新生代流动人口的职业地位高于老一代流动人口

老一代和新生代流动人口的就业都集中分布于商业、服务业人员与生产、运输设备操作人员这两类职业岗位。其中老一代流动人口在商业、服务业人员职业从业比重的大小与变化幅度均大于新生代,而生产、运输设备操作人员这一职业对新生代和老一代流动人口的吸引力都在下降,尤其是对新生代流动人口而言更是如此;至于专业技术人员职业岗位,七年来新生代流动人口在该职业的从业比例始终高于老一代流动人口(见表5.47和表5.48)。

表 5.47 2011—2017 年老一代流动人口的职业分布状况 　　(单位:%)

职业分布	2011年	2012年	2013年	2014年	2015年	2016年	2017年
单位负责人	0.5	0.5	0.5	0.5	0.5	0.5	0.5
专业技术人员	6.5	5.1	4.0	4.6	4.4	4.8	5.0
公务员、办事人员及有关人员	2.0	0.9	0.7	0.8	1.2	1.2	0.8
商业、服务业人员	54.4	57.6	61.1	60.3	61.4	63.1	62.6
生产、运输设备操作人员	25.6	26.6	25.5	25.2	26	23.7	22.7
农林牧渔水利生产人员	3.8	4.6	3.6	4.7	3.0	3.1	2.7
无单位以及不便分类的劳动者	7.2	4.6	4.6	3.9	3.5	3.7	5.7

资料来源:中国流动人口动态监测调查数据。

表 5.48　2011—2017 年新生代流动人口的职业分布状况　　（单位:%）

职业分布	2011年	2012年	2013年	2014年	2015年	2016年	2017年
单位负责人	0.4	0.4	0.5	0.5	0.4	0.6	0.7
专业技术人员	10.9	9.3	7.8	9.2	9.5	10.6	12.1
公务员、办事人员及有关人员	4.4	2.0	1.5	2.1	2.5	2.9	2.4
商业、服务业人员	51.2	55.6	58.5	58.5	58.6	59.5	57.9
生产、运输设备操作人员	26.7	27.7	27	25.1	24.8	21.8	21.1
农林牧渔水利生产人员	1.3	1.8	1.5	2	1.3	1.3	1.1
无单位以及不便分类的劳动者	5.1	3.2	3.2	2.6	2.9	3.4	4.7

资料来源:中国流动人口动态监测调查数据。

（三）行业分布变化状况

1. 就业以第三产业为主,由第二产业向第三产业转移的态势明显

就产业分布而言,流动人口就业的产业分布集中于第三产业,其次为第二产业,第一产业所占比重最低,且呈下降趋势,年均占比仅为 2.9%。绝大部分拥有农村户籍的流动人口,进入流入地后,就业的非农化特征显著,其就业选择更倾向于第二、第三产业,这与第一、第二、第三产业之间的劳动力需求量、收入差异、就业门槛差异以及流动人口自身职业素质、职业能力相关。流动人口中从事第二产业相关工作的比例持续下降,从 2011 年的 35.8%下降到 2016 年的 26.8%,下降了 9 个百分点。而就业于第三产业的比例整体呈增长趋势,由 2011 年的 61.1%提高到 2016 年的 70.8%,提高了 9.7 个百分点(见表 5.49)。

表 5.49　2011—2016 年就业流动人口的产业分布状况　　（单位:%）

产业分布	2011 年	2012 年	2013 年	2014 年	2015 年	2016 年	均值
第一产业	3.1	3.8	3.2	4.0	2.5	2.4	2.9

续表

产业分布	2011 年	2012 年	2013 年	2014 年	2015 年	2016 年	均值
第二产业	35.8	35.1	33.7	28.8	29.2	26.8	32.8
第三产业	61.1	61.1	63.1	67.2	68.3	70.8	64.3

资料来源:中国流动人口动态监测调查数据。

2.制造业和传统服务业是就业的主体行业

批发零售业、社会服务业、制造业、住宿餐饮业和建筑业是吸纳流动人口最多的五个行业。其中,制造业就业占比下降明显,从 2011 年的 20.6%下降到 2016 年的 17.0%,下降了 3.6 个百分点;建筑业就业占比从 10.3%下降到8.2%,下降了 2.1 个百分点。而社会服务业就业比重提升的幅度最大,从11.3%提高到 19.6%,提高了 8.3 个百分点,其次是住宿餐饮业提高了 2 个百分点。此外,从事批发零售等其他行业的流动人口比例在经济增速减缓背景下未见明显变化(见表 5.50)。

表 5.50 2011—2016 年就业流动人口的行业分布状况 (单位:%)

行业分布	2011 年	2012 年	2013 年	2014 年	2015 年	2016 年
制造业	20.6	20.6	20.1	18.1	19.9	17.0
批发零售业	23.4	22.6	23.0	21.2	25.7	23.9
住宿餐饮业	12.6	13.1	14.4	15.0	13.9	14.6
社会服务业	11.3	10.5	11.4	20.1	18.6	19.6
建筑业	10.3	9.5	8.9	8.8	7.5	8.2
交通运输/仓储通信业	4.5	4.4	3.9	4.1	3.7	4.2
采掘业	1.3	1.2	1.1	1.2	1.3	1.0
农林牧渔业	2.8	3.4	2.9	4.0	2.5	2.4
金融/保险/房地产业	1.1	1.3	1.2	1.8	1.7	2.6
科研和技术服务	1.1	1.3	1.2	0.8	0.7	0.8
教育/文化及广播电影电视	1.0	1.2	1.1	2.0	2.1	2.5
卫生/体育和社会福利	0.9	1.0	1.1	1.5	1.4	1.8
电力、煤气及水的生产供应	0.6	0.7	0.7	0.7	0.5	0.6

续表

行业分布	2011 年	2012 年	2013 年	2014 年	2015 年	2016 年
党政机关和社会团体	0.3	0.4	0.5	0.7	0.6	0.8

资料来源:中国流动人口动态监测调查数据。

3. 就业单位以私有性质为主,灵活就业特征突出

流动人口的就业单位可分为私有性质、公有性质、外资性质、其他性质四类。2011—2017 年,私有性质的就业单位年均吸引了超过 70%的就业流动人口,位居首位。公有性质的就业单位所吸引的流动人口占比变化较小,七年间均低于10%,而在外资性质的单位就业的比例整体呈下降趋势,年均占比仅 4.7%。

就具体单位性质而言,个体工商户是流动人口就业占比最大的单位类型,多数年份高于 40%。2011—2017 年,个体工商户占比虽波动起伏,在 2012 年比例曾经为 38.7%,但仍然是各类性质单位中比例最高的,说明流动人口在流入地主要依靠自身解决就业问题。根据全国第四次经济普查公报,2018 年年末我国个体经营户从业人员为 14931.2 万人,占第二、第三产业总从业人员的 28.03%,与这一结果相比,流动人口从事个体经营的比重高出至少 10 个百分点。其次为私营/股份/联营企业,比例整体呈小幅度上升趋势,年均吸引超过 30%的流动人口。公有性质单位中机关事业单位以及国有/国有控股企业所吸引的就业流动人口占比较小,究其缘由,机关事业单位以及国有/国有控股企所能提供的就业岗位数量较少,且就业门槛高,加之流动人口的人力资本、社会资本较为薄弱,故其吸引的流动人口占比较低(见表 5.51)。

表 5.51　2011—2017 年就业流动人口的就业单位性质　　　(单位:%)

就业单位性质	2011 年	2012 年	2013 年	2014 年	2015 年	2016 年	2017 年
个体工商户	45	38.7	43.1	43.1	40.6	42.1	41.5
私营/股份/联营企业	30.4	31.4	31.2	31.2	31.9	32.3	31.7

就业单位性质	2011年	2012年	2013年	2014年	2015年	2016年	2017年
机关事业单位	1.6	1.9	1.8	1.9	1.9	2.4	2.8
国有/国有控股企业	4.7	5.1	4.3	5.2	4.8	4.9	4.7
集体企业	2.1	2.2	2.3	1.6	1.1	0.9	1.0
外资/合资企业	5.6	5.7	4.7	4.5	4.6	3.7	4.1
土地承包者/社团、民办组织	1.8	2.1	1.6	1.8	0.3	0.5	0.4
其他性质/无单位	8.7	12.9	11.1	10.8	14.7	13.3	13.8

资料来源:中国流动人口动态监测调查数据。

4. 中西部地区比重缓慢上升

随着我国产业结构的调整,东部地区大力发展资本和技术密集型产业,而中西部地区主要承接来自东部地区向外转移的劳动密集型产业和资源密集型产业。东部地区产业结构升级在减少了对普通劳动力需求的同时,其产业梯度转移催生了劳动力回流。由于资本和技术密集型产业对劳动力职业技能素质要求较高,而农民工文化水平以初中为主,职业技能无法满足东部地区资本和技术密集型产业的准入需求,他们会随劳动密集型和资源密集型产业的转移主动或被动选择变换就业地区。劳动力回流就业现象对于中西部地区来说更为典型且渐趋普遍,其回流原因、模式较之 2008 年前有所差异。劳动力回流现象呈现出由 2008 年国际金融危机前期较为明显的"被动回流"向国际金融危机后期的"主动回流"的动态演变特征。农民工通过对城乡之间的预期收入差距以及家乡和迁入地的相对经济地位变化等方面的考量作出流动迁移的决策,向户籍所在省份回流趋势日趋显著。具体表现为外出农民工数量降低、农民工向中西部地区回流。

从农民工输入地看,2011—2017 年尽管东部地区各年吸引的农民工就业人数均高于中西部地区,但农民工就业人数整体呈波动式下降趋势,2015—2017 年在东部地区务工的农民工增速较之上年不及 1%;反观西部地区,在西部地区务工的农民工各年人数的确都位居末位,但各年增速高于东部地区、中部地区,2017 年在西部地区就业人数达 5754 万人,较 2011 年增长了 1539 万人;在中部地区就业的农民工尽管于 2016 年呈负增长,但各年所吸纳的农民工人数的总体增长速度高于东部地区。目前,我国劳动力的就业区域产生较大变化,农民工就业区域虽然仍以东部地区为主,但中西部地区就业比例显著提高,西部地区对农民工的就业吸纳能力进一步增强,反映出劳动力向中西部地区回流已不可逆转(见表 5.52)。

表 5.52　2011—2017 年农民工区域分布变化

年份	数量(万人)			占比(%)		
	东部地区	中部地区	西部地区	东部占比	中部地区	西部地区
2011	16357	4438	4215	60.53	16.42	15.60
2012	16980	4706	4479	64.90	17.99	17.12
2013	16174	5700	4951	60.29	21.25	18.46
2014	16425	5793	5105	60.11	21.20	18.68
2015	16489	5977	5209	59.58	21.60	18.82
2016	15960	5746	5484	58.70	21.13	20.17
2017	15993	5912	5754	57.82	21.37	20.80

资料来源:国家统计局,历年农民工监测调查报告。

第三节　残疾人就业结构和失业问题

在经济增速减缓和突如其来的新冠肺炎疫情的叠加影响下,作为社会的一员,也是社会弱势群体,残疾人自然无法独善其身。由于身体功能受限或缺失,残疾人在劳动力市场上处于劣势,他们通常属于"最后被雇佣,最先被解雇"(last hired, first fired)的群体。[1]　如何减少残疾人失业、优化残疾人的就业

---

① 　廖娟:《残疾人就业政策效果评估——来自 CHIP 数据的经验证据》,《人口与经济》2015 年第 2 期。

结构,是需要保住残疾人传统就业的岗位还是拓展新的就业领域,孰轻孰重,都需要进行深入分析。当前数字经济正成为我国经济高质量发展的强劲引擎。经济形势的变化也导致了劳动力就业的变化,互联网和电子商务的迅猛发展带动了各种新业态的产生。如果残疾人就业始终停留在传统领域,其就业不随科技进步、社会经济形势的发展进行调整,残疾人将很难适应我国社会的迅速变化,可能导致失业增加。只有适应这些新形势,融入这些新变化,残疾人才能实现更加充分、更高质量的就业。

一、我国残疾人就业整体概况

(一)残疾人总体就业形势

改革开放初期,我国残疾人主要在福利企业就业。从 20 世纪 90 年代中期到 2010 年,残疾人就业逐步形成了集中就业、按比例就业和个体就业"三足鼎立"的格局。伴随残疾人就业模式的不断拓展,目前我国残疾人就业主要包括集中就业、按比例就业、个体就业、公益性岗位就业、辅助性就业和灵活就业六种形式。表 5.53 统计了 2000—2019 年我国城镇残疾人累计就业的数量,由于 2016 年开始只统计持有残疾人证的就业情况,因此在 2016 年集中就业、按比例就业和个体就业出现了明显下降(见图 5.16)。总体而言,2000—2015 年,集中就业和按比例就业相对平稳,个体就业则总体呈现增长趋势。自 2016 年单独计算灵活就业人数起,城镇残疾人中灵活就业所占比例最大,超过 50%。按比例就业和个体就业所占比重次之,集中就业则维持在 30 万人左右,所占比例为已就业残疾人总数的 6%—7%。公益性岗位就业呈现出稳步增长的趋势,辅助性就业和公益性就业是近年来残疾人就业新的增长点,但二者所占比例不大,约为 5%。总体而言,2019 年残疾人就业数量与 2016—2018 年相比,除去公益性岗位,各类就业类型的就业人数均有所下降。

表 5.53　2000—2019 年我国残疾人就业类型及累计就业数量

（单位:万人）

年份	集中就业	按比例就业	个体就业	公益性岗位	辅助性就业	灵活就业	总计
2000	96.2	97.0	138.1	—	—	—	331.3
2001	96.6	111.0	144.8	—	—	—	352.4
2002	101.3	113.8	158.5	—	—	—	373.6
2003	109.1	123.6	170.4	—	—	—	403.1
2004	113.7	130.0	186.7	—	—	—	430.4
2005	124.1	140.3	199.2	—	—	—	463.6
2006	116.0	127.2	192.3	—	—	—	435.5
2007	116.7	127.6	189.4	—	—	—	433.7
2008	118.9	128.7	203.6	—	—	—	451.2
2009	112.6	116.5	214.3	—	—	—	443.4
2010	112.3	116.1	212.8	—	—	—	441.2
2011	117.4	118.4	199.7	5.0	—	—	440.5
2012	120.5	119.1	192.3	11.4	1.4	—	444.7
2013	120.1	118.3	193.8	9.3	4.0	—	445.5
2014	112.5	116.3	192.3	9.8	5.1	—	436
2015	105.3	116.4	192.0	10.3	6.3	—	430.3
2016	29.3	66.9	63.9	7.9	13.9	262.9	444.8
2017	30.2	72.7	70.6	9.0	14.4	272.6	469.5
2018	33.1	81.3	71.4	13.1	14.8	254.6	468.3
2019	29.1	74.9	64.2	14.4	14.3	228.2	425.1

资料来源:2000—2019 年中国残疾人事业发展统计公报。

从残疾人就业的职业构成来看,我国残疾人就业层次总体偏低。残疾人的就业结构如表 5.54 所示,对于每类职业来说,在业残疾人与在业调查人口相比,就业人数百分比普遍低于在业调查人口。其中,农、林、牧、副、渔、水利业生产人员占比高达 78.40%,成为残疾人就业的最主要职业类别,而在业调查人口这一比例为 57.91%,差距明显。生产、运输设备操作以及商业、服务

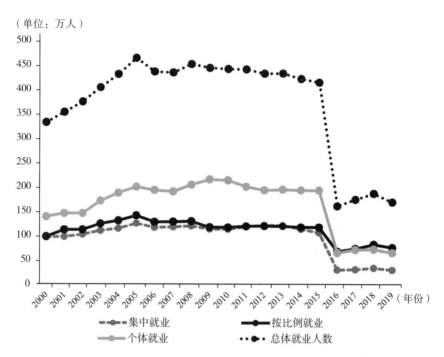

（单位：万人）

图 5.16　2000—2019 年集中就业、按比例就业、个体就业及总体就业数量变化趋势
资料来源：2000—2019 年中国残疾人事业发展统计公报。

业残疾人就业人数次之，不便分类的其他从业类型占比最低。此外，残疾人在国家机关、党群组织和企事业单位担任负责人的人数比例明显处于较低水平。总体来说，我国残疾人主要就职于第一产业，第二、第三产业残疾人比例较低，显示出残疾人在劳动力市场上的不利地位。

表 5.54　全国在业残疾人与在业调查人口的职业构成比较

职业类别	在业残疾人（%）	在业调查人口（%）
总计	100	100
国家机关、党群组织、企事业单位负责人	0.47	1.48
专业技术人员	1.61	4.87
办事人员和有关人员	1.75	3.83
商业、服务业人员	7.99	11.87

续表

职业类别	在业残疾人（%）	在业调查人口（%）
农、林、牧、副、渔、水利业生产人员	78.40	57.91
生产、运输设备操作人员及有关人员	9.66	19.91
不便分类的其他从业人员	0.12	0.13

资料来源：第二次全国残疾人抽样调查办公室，北京大学人口研究所，《第二次全国残疾人抽样调查调查数据分析报告》，华夏出版社 2008 年版，第 157 页。

（二）经济发展与残疾人就业

表 5.55 统计了 2001—2010 年城镇年度新增残疾人就业数量，我们结合逐年就业增长水平与同期经济发展情况进行分析。2001—2010 年，我国残疾人就业的模式主要有集中就业、按比例就业和个体及其他形式就业三种类型。对于个体及其他形式就业来说，就业人数于 2005 年开始持续下降。我国经济于 2001 年至 2007 年逐年增长，并在 2007 年达到 GDP 增长率高峰（见图 5.17）。与这一增长形势相对应，在集中就业、按比例就业和个体就业三种方式上年度新增残疾人就业人数呈增长趋势。2008 年受国际金融危机冲击国际我国经济增速也开始放缓，随之而来的是各类型城镇残疾人年度新增就业人数均呈现下降趋势。可见，残疾人就业与经济发展形势密切相关。

表 5.55　2001—2010 年城镇残疾人就业年度新增数量与同期 GDP 增长率

（单位：万人）

年份	集中就业	按比例就业	个体及其他形式就业	GDP 增长率（%）
2001	7.5	6.6	13.3	8.34
2002	8.5	7.1	14.6	9.13
2003	9.8	8.4	14.5	10.04
2004	10.9	8.8	18.1	10.11
2005	11.3	11.0	16.7	11.40

续表

年份	集中就业	按比例就业	个体及其他 形式就业	GDP 增长率(%)
2006	10.3	9.9	16.0	12.72
2007	11.9	11.5	15.8	14.23
2008	11.3	9.9	15.6	9.65
2009	10.5	8.9	15.6	9.40
2010	10.2	8.6	13.7	10.64

资料来源:2001—2010 年中国残疾人事业发展统计公报。

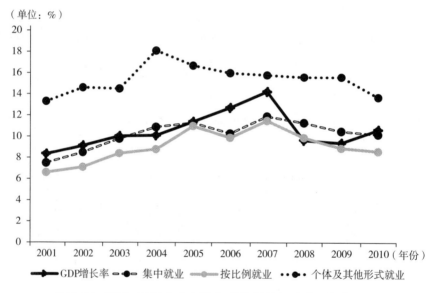

（单位：%）

图 5.17　2001—2010 年集中就业、按比例就业、个体及其他形式
就业以及 GDP 增长率的变化趋势

资料来源:2001—2010 年中国残疾人事业发展统计公报。

　　随后于 2011 年,残疾人公益性岗位开始出现,2012 年辅助性就业岗位就业进入统计。直至 2016 年开始将个体就业和灵活就业分开统计。我国 GDP增长速度在 2011 年至 2015 年持续回落,就业岗位受到经济增长速度下降的影响也有所减少(见表 5.56)。根据 2012—2015 年的统计数据,残疾人各类型新增就业人数均自 2013 年开始呈现出下降趋势,辅助性就业人数则趋于平稳(见表5.57)。

表5.56 2011—2015年我国GDP增长率 （单位：%）

年份	2011	2012	2013	2014	2015
GDP增长率	9.54	7.86	7.76	7.3	6.9

资料来源：相关年份的《中国统计年鉴》。

表5.57 2012—2015年城镇残疾人就业年度新增数量 （单位：万人）

年份	集中就业	按比例就业	个体及其他形式就业	公益性岗位	辅助性就业
2012	10.2	8	12.3	1.8	0.7
2013	10.7	8.7	14.6	1.5	1.3
2014	7.6	7	10.7	1.2	1.3
2015	6.8	6.6	10.4	1.2	1.3

资料来源：2012—2015年中国残疾人事业发展统计公报。

与2016—2018年各类型就业新增人数均呈现增长趋势不同,2019年残疾人就业总数出现下降,其中灵活性就业2017—2019年这三年一直呈现下降趋势。只有公益性岗位没有受影响,就业人数逐年稳步提升(见图5.18)。这种变化趋势可能受到了整体经济增速减缓的影响,公益性岗位由于岗位性质的不同未受波及。2020年以来,经济增速减缓叠加全球性新冠肺炎疫情影响,残疾人就业面临着巨大挑战,应该结合当前经济新业态和新趋势,为残疾人就业寻找新的模式,创造并发掘适合于社会和经济发展的就业模式,进而促进残疾人就业,减少失业。

（三）残疾人传统就业模式面临新挑战

以盲人按摩为例。盲人按摩作为视障人士就业的第一选择,一直以来发展较为稳定,但近年来受到经济增速减缓的影响和管理上的问题困扰,发展明显受阻。盲人按摩是残疾人自主就业中最常见的一种就业形式,截至2019年

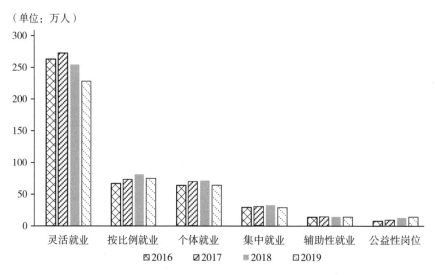

（单位：万人）

图 5.18　2016—2019 年城镇残疾人就业的不同形式及数量

资料来源：2016—2019 年中国残疾人事业发展统计公报。

全国共培训盲人保健按摩人员 14678 名、盲人医疗按摩人员 7318 名。保健按
摩机构 13181 个、医疗按摩机构 894 个（见表 5.58）。有 623 人获得盲人医疗
按摩人员初级职务任职资格，66 人获得中级职务任职资格。可以看出，2018
年、2019 年在盲人按摩保健领域的机构设置数量有所下降，盲人保健按摩培
训人员数量也有所下降。一方面，经济增速减缓导致对盲人按摩这种服务需
求开始下降；另一方面，盲人按摩存在行业管理不规范的问题，如缺少统一的
行业规范、标准化的管理流程和监管程序等，必须进行调整才能促进该行业的
长足发展，保障视障人士就业的稳定。

表 5.58　2011—2019 年盲人按摩机构和培训情况

年份	盲人按摩机构（个）		培训人员（人）	
	保健	医疗	保健	医疗
2011	12170	1031	14067	3736
2012	12887	848	16514	4925
2013	14704	936	20111	5694

年份	盲人按摩机构（个）		培训人员（人）	
	保健	医疗	保健	医疗
2014	15609	1018	21296	5626
2015	17171	1025	19979	5165
2016	18605	1211	18997	5267
2017	19257	1255	20796	7217
2018	16776	1126	19732	10160
2019	13181	894	14678	7318

资料来源：2011—2019 年中国残疾人事业发展统计公报。

我国残疾人就业渠道自 2000 年以来逐步调整和扩充，分类标准越发清晰明确，残疾人可选择的就业模式也越来越多。根据 2000—2019 年残疾人累计就业人数和我国 GDP 增速来看，残疾人就业形势会受到我国经济发展变化的影响。不管是从累计就业数量还是从城镇年度新增残疾人就业数量来看，与经济增速的变化呈现出较为一致的趋势。经济增速放缓会带来就业岗位的减少，进而出现残疾人就业难问题。基于我国目前经济增速减缓的压力，为了缓解残疾人失业问题，需要及时利用数字经济红利，为残疾人就业模式带来新转变，创造新机会。互联网和电子商务的迅猛发展，带动了快递产业的崛起，由此在快递业和电子商务领域内创造出一批新的就业岗位和创业机会，也为待就业残疾人群体提供了新的就业选择。残疾人就业模式如果仍局限于传统的集中就业如福利企业，势必不能获得较快发展，还会因为原有的传统就业模式不适应经济形势的发展而造成失业问题。

二、我国残疾人失业问题的主要表现

（一）经济增速减缓中福利企业越发式微，残疾人集中就业之路越来越窄

集中就业，是指有劳动能力的残疾人在福利企业、盲人按摩机构、工疗机

构等单位就业的一种形式。① 福利企业曾经是残疾人就业最为重要的一种形式,尤其是在改革开放后的十余年间,得益于国家税收等优惠政策,福利企业发展迅速,在 20 世纪 90 年代中期达到顶峰。但是,进入 21 世纪后,我国福利机构数量不断减少,从近年来残疾人集中就业所占比例仅维持 6%—7%可以看出,昔日福利企业雇佣残疾人的强劲势头已不复存在。表 5.59 的历史数据显示,福利企业机构数从 2000 年起逐年下降,所雇佣的残疾职工人数也基本呈现下降趋势。特别是在福利企业资格认定取消前的 2014 年、2015 年下降得尤为明显,经济增速减缓则加剧了这一趋势。15 年间,福利企业所雇佣残疾职工数已从 72.5 万人下降到 42.9 万人,下降幅度为 40.8%,约 30 万残疾人从福利企业退出。

表 5.59　2000—2015 年福利企业机构数和雇佣的残疾职工人数

年份	福利企业机构数(个)	残疾职工人数(万人)	福利企业残疾职工年增长率
2000	40670	72.5	—
2001	37980	69.9	-3.6%
2002	35758	68.3	-2.3%
2003	33976	67.9	-0.6%
2004	32410	66.2	-2.5%
2005	31211	63.7	-3.8%
2006	30199	55.9	-12.2%
2007	24974	56.3	0.7%
2008	23780	61.9	9.9%
2009	22783	62.7	1.3%
2010	22226	62.5	-0.3%
2011	21507	62.8	0.5%
2012	20232	59.7	-4.9%

① 邹波、杨立雄:《福利企业的发展与残疾人就业政策改革》,人民出版社 2018 年版,第 5 页。

续表

年份	福利企业机构数(个)	残疾职工人数(万人)	福利企业残疾职工年增长率
2013	18227	53.9	-9.7%
2014	16389	47.9	-11.1%
2015	15000	42.9	-10.4%

资料来源:根据民政部官方网站历年民政事业发展统计报告整理。

(二)按比例就业增长乏力,残疾人分散就业"瓶颈"难以突破

除了集中就业之外,分散按比例就业也是残疾人就业的重要方式。《中华人民共和国残疾人保障法》规定,国家实行按比例安排残疾人就业制度。《残疾人就业条例》中规定了细则:用人单位安排残疾人就业的比例不得低于本单位在职职工总数的 1.5%;用人单位安排残疾人就业达不到规定比例的,应当缴纳残疾人就业保障金。虽然法律做了明确规定,但残疾人按比例就业在实施过程中仍然存在诸多障碍。最明显的两个问题是:很多公共部门既不雇佣残疾人也不缴纳残保金,部分企业宁愿缴纳残保金也不雇佣残疾人。2012 年全国人大常务委员会执法检查组关于检查《中华人民共和国残疾人保障法》实施情况的报告显示:相当数量的用人单位(包括国家机关、事业单位)长期以来既不按比例安排残疾人就业,也不按规定缴纳残疾人就业保障金。[1]公益机构"南京天下公"于 2011 年 12 月 25 日—2012 年 7 月 25 日以政府信息公开申请的方式对江苏、浙江、安徽及上海四地的公务员招录中的残障人数量及比例进行了调查,并发布了《华东残障公务员招录状况调查报告》。该报告指出:在 2008 年《残疾人保障法》修订生效后的四年中,华东行政机关招录残障人比例最高为 0.22%,最低为 0。18 个回复数据的城市中,平均残障人招

---

[1]　李建国:《全国人民代表大会常务委员会执法检查组关于检查〈中华人民共和国残疾人保障法〉实施情况的报告》,2012 年 8 月 27 日,http://www.npc.gov.cn/wxzl/gongbao/2012-11/12/content_1745512.htm,2021 年 11 月 26 日。

录比例仅为 0.03%,远低于法律规定的 1.5%。还有 12 个城市四年来从未招录过 1 名残障人公务员。可见,现阶段公共部门雇佣残疾人工作恐难有实质性进展。不仅公共部门如此,企业按比例安排残疾人就业工作也难以推进。企业注重成本收益,他们通常认为残疾人生产率低又不好管理,雇佣残疾人会增加大量成本,因此宁愿缴纳残保金也不愿雇佣残疾人。以北京市为例,2010—2014 年的残保金收入情况如表 5.60 所示,残保金的总额逐年递增,从2013 年起就已超过 10 亿元。可见,不愿意雇佣残疾人的企业越来越多。

表 5.60　2010—2014 年北京市残保金收入　　（单位:亿元）

年份	2010	2011	2012	2013	2014
残保金收入	7.4	8.5	9.4	11.0	12.7

资料来源:北京市财政局网站 2010—2014 年市级财政基金预算收支决算。

从前面的统计数据可知,按比例就业在已就业残疾人中所占比例已从 21世纪初的 30% 左右下降到最近几年的 15%—17%,下降了将近一半。要在残疾人按比例就业方面实现长足增长,从目前来看可能存在较大困难。集中就业 6%—7% 的占比更难保证足够多的残疾人实现就业。随着新技术的发展、新业态的产生,残疾人就业也不应该只依赖旧有的集中就业、按比例就业等模式,亟待拓展更多的就业形式,让残疾人融入社会的变化中。只有残疾人就业更加灵活、多元,才能满足 8500 多万残疾人对美好生活的向往。

三、残疾人就业新路径探索

残疾人就业难、失业易是当前残疾人就业领域面临的主要问题,其原因有三:首先,从残疾人个人来说,由于自身存在的障碍会严重限制对工种的选择,极大缩小了可选工作类型的范围;其次,对于企业来说,雇佣残疾人可能面临着额外的经济负担和成本,且雇主通常认为残疾人生产率不及非残疾人,这将加大雇佣残疾人的难度;最后,残疾人个人能力与工作偏好在劳动力市场中通常不能得到有效匹配,因此残疾人个体的就业意愿受到影响。如果不进一步促使残疾人就业模式的转型和拓展,残疾人将失去更多的就业岗位和机会。下面将通过案例进行分析,结合新科技、新技术,探寻经济增速减缓背景下残疾人就业的新路径。

(一)发挥残疾人比较优势,拓展残疾人就业机会

残疾人在劳动力市场中被普遍认为是处于弱势地位的群体,在就业上具有先天的劣势。我们认为,残疾人与非残疾人相比尽管存在身体功能上的不足,但只要找到其特殊的比较优势,就能成为可以创造价值的人力资源。黄震和宋颂认为残疾人人力资源是一种特殊的人力资源,不能简单地将以往的人力资源开发模式直接嫁接到残疾人人力资源开发上。[1] 在进行残疾人人力资源开发时,要考虑到与其他人力资源的差异,根据残疾人人力资源的特点,促进残疾人的自身发展,使残疾人发挥特殊的优势和潜能,使自身的能力和素质在适宜的岗位上充分地发挥价值。有学者也提出,看待残疾人就业,要从"问题视角"转向"优势视角",要鼓励并引导残疾人寻找自身的优势和特点,正确认识自身,并寻找适合的岗位,在此基础上充分发挥才智。[2] 将残疾人视为一种资源,挖掘其自身优势,这就意味着需要有更多的企业为残疾人提供发挥价值的空间。

只有当残疾人在劳动力市场逐渐被视为一种资源时,才能由被庇护逐渐向主动创造价值的角色转换。孔氏国际钟表公司和喜憨儿洗车中心的成功案例,体现了越来越多的企业愿意根据残疾人的障碍和优势为其创造适合自身的岗位。孔氏国际钟表公司所雇佣的听障员工大部分受过良好教育,也有一定美术功底,但因为听力障碍,从学校毕业后很难找到合适的工作。这家钟表

---

[1]　黄震、宋颂:《残疾人人力资源特殊比较优势研究》,《残疾人研究》2011 年第 3 期。

[2]　童星:《残疾人就业援助体系研究——由"问题视角"转向"优势视角"》,《残疾人研究》2011 年第 3 期。

公司为他们提供了发挥自身价值的平台和机会,将听障群体听力方面的劣势转化为在就业能力方面的一种特殊优势。对钟表机械师来说,需要极大程度安静的工作环境,而听障者则可以利用其听力的障碍,为自己营造出适宜工作的安静氛围,充分将障碍转化为比较优势从而获得适合自己的工作岗位。对于某些嘈杂环境的工厂车间也是如此,对听力正常人士来说噪声容易造成听力受损,但对于听力障碍的群体来说,反而可以不受影响,在噪声较大的车间工作成为听力障碍者的一种比较优势。

深圳市"喜憨儿洗车中心"的成功也充分体现了比较优势对残疾人就业的促进作用。心智障碍者包括精神和智力残障者,他们也被称为"喜憨儿"。我国有8500多万残疾人,心智障碍者约占15%即1300万人,而其就业率仅为10%左右,这一群体是残疾人中就业最难的。心智障碍者的劣势主要表现在思考能力的欠缺,无法从事具体的脑力活动,但是这一群体四肢运动能力健全,听、看、跑、跳皆无障碍。四肢上的灵活可成为心智障碍者在就业中的特殊优势。洗车工作重复性强的特点,反而将心智障碍者一贯的劣势转化为优势。因此,可以经过科学的培训使其服务于洗车这一行业,技术性较弱、可操作性强,正是适应于心智障碍者能力范围内的工作类型。让每一位心智障碍者不分残障程度经过培训进入洗车中心,量力而行、扬长避短、团队作业、分工协作、完成工作,有效地实现了就业。

孔氏钟表和"喜憨儿"洗车通过专业性分析寻找不同残障类型的优势及劣势,有针对性地扬长避短,利用其比较优势解决了残疾人就业问题,同时推动了企业的良性发展。未来可以不断探索适合于其他种类残障人士的产业,积极开发适合每类残疾的创业项目,以此促使更多的残疾人实现就业。

(二)新业态给残疾人就业带来新机遇

1."互联网+"为残疾人实现创业就业梦想

互联网以其便捷即时性、平等普适性,在增强残疾人就业技能、打破信息障碍、拓宽就业形式、提升就业层次上发挥了重要效能,为残疾人就业带来新的机遇。① 随着互联网经济的发展,越来越多的残疾人走向"互联网+",从事电商、快递等新业态领域的工作。《阿里巴巴助残公益报告》显示,目前阿里电商平台共有17.41万家残疾人网店,这些网店在过去三年创下了298.4亿元销售额。2018年6月至2019年5月的数据显示,残疾人淘宝店销售额为116亿元。除了利用互联网的便捷性实现就业外,互联网企业也可为残疾人提供更多适合他们的工作岗位。2015年阿里巴巴与中国残联共同启动了互联网助残就业计划,除了开网店这种就业方式以外,还提供包括云客服、字幕翻译、编程、美编等互联网在线工作岗位。其中,仅"云客服"一项,截至2018年10月已累计上岗6405人,不少表现优秀的残疾人云客服甚至可"月入过万"。有了"互联网+",残疾人实现高质量就业、过上体面的生活已不是梦想。

2."吾声快递"为听障者就业发声

2020年年初,上海市出现了全国首个听障快递团队"吾声快递"。"吾声快递"的成立最早是为了慈善超市的商品配送。因为新冠肺炎疫情原因慈善超市的线下销售减少,而线上需求大量增加,超市物流人员紧缺。超市负责人于是策划成立一支快递团队,让听障者来担任快递员,这既可以解决慈善超市的配送问题,也解决了残疾人就业问题。在当地民政局和街道的支持下,"吾声快递"顺利成立。在成立之初,因为沟通障碍、业务不熟悉,听障快递员也经历过顾客投诉、误解、公司罚款等诸多困难。团队及时根据听障者的特点对其工作方式进行了适度调整,如为进入楼栋门禁播放事先的录音以便顾客识别,在站点配备手语翻译,聘用肢体残疾人客服,将听障快递员的电话呼叫转移,解决沟通障碍等。经过三四个月的"阵痛",听障快递员已经能从最初一天派件几十单到现在的日均200单,反应迅速的"吾声快递员"每月收入能达到八九千元,已完全和普通快递员的收入相当。目前"吾声快递"不只为慈善

---

① 傅彬:《"互联网+"背景下残疾人就业问题研究》,《科技创业月刊》2019年第2期。

超市派送,他们中很多人已进入大型快递公司的站点,和普通快递员一起为顾客派送快递。快递团队正在和多地特殊学校对接,计划招收对口贫困地区的听障者来就业,预计近期团队规模将达到 300 人。"吾声快递"是残疾人在新业态领域就业的成功案例。

(三)科技融入传统:AI 助力盲人按摩

随着当前互联网和各行业技术进步的加速,AI 技术也融入了盲人按摩这一传统项目中。位于上海市南京西路的感智盲人按摩店,加入了"AI 小帮手"——小度人工智能音箱 1S。盲人按摩师用语音指令与其熟练地进行互动,只需动动嘴就可以控制店内灯光开关、空调温度、电视频道和窗帘拉合等一系列活动,工作效率得以提升,工作环境也变得更加暖心。在人工智能加速发展的当下,尽管对传统行业来说无法从本质上代替视障人士的手工操作,但是仍可以聚焦人工智能,挖掘 AI 能力,拓宽更多渠道,辐射更广区域,帮助特殊群体融入社会。盲人按摩机构作为一种为视障人群提供就业机会的重要途径,随着互联网和人工智能的兴起加入了智能元素,为视障人群的工作带来更多辅助和便利。这一转变体现出科技为残疾人就业模式所带来的新的拓展,不但在传统行业中加入了新鲜元素,还将在智能化时代为残疾人就业模式提供更多可能性。

(四)拓展残疾人融媒体就业平台:线上线下双管齐下

以上案例从人力资源比较优势、新业态、技术进步等角度呈现残疾人就业形式的积极转变。同时,政府相关部门组织协调各用人单位为残疾人提供岗位仍然十分重要。如何迅速搭建平台,为用人单位和残疾人个体相互传递就业信息则成为残疾人能否找到合适岗位的关键。利用网络和线下招聘会、多媒体宣传的方式可取得很好的效果。河北省残疾人联合会与河北省人力资源和社会保障厅举办了河北省第十四届残疾人就业创业洽谈会暨第三届全省残疾人互联网视频招聘会,通过线上和线下结合的方式举办招聘会,召集300多家用人单位参加,提供就业岗位3500多个,主要组织了具有"互联网+"特点适合残疾大学生的高端科技型、有市场前景的手工业、适合残疾人就业的劳动密集型等方面的企业单位参会,为残疾人提供更多优质的就业岗位。此外,河北省也将残疾人就业与脱贫攻坚相结合,利用"河北人才网"等网站及河北省残疾人就业服务平台微信公众号及小程序,打造残疾人网上就业平台,并充分利用本地媒体资源,市电视台、融媒体以及本地自媒体积极宣传报道。同时,市残联主动出击,为建档立卡贫困残疾家庭和毕业残疾人大学生牵线搭桥,利用"视频面试"让残疾人与企业间建立沟通的桥梁,足不出户完成精准就业。借助融媒体解决残疾人就业问题,不仅可以节约线下人力、物力资源,同时还可以通过媒体将就业选择范围扩充,充分利用网络和技术收集招聘信息,使残疾人就业中的筛选环节更加多元化。由此可以看出,当前对残疾人就业来说无论是从起初的招聘,还是在工作中的具体操作来说都离不开互联网的支持。随着互联网时代的发展,由于其具有便捷和即时性、平等和普适性特征,拓展了残疾人的就业形式,不断释放了残疾人的劳动价值。

四、优化残疾人就业结构、减少残疾人失业的政策建议

（一）在残疾人传统就业模式中积极发挥政策优势、规范管理,注重制度建设和监督实施

集中就业和按比例就业属于残疾人传统就业模式。在集中就业领域,需要积极发挥税收政策优势。福利企业的发展历史和国家的税收政策紧密相关。虽然民政部《关于做好取消福利企业资格认定事项有关工作的通知》已经将福利企业去称谓化,但《财政部、国家税务总局关于促进残疾人就业增值税优惠政策的通知》中仍保留了对集中雇佣残疾人的企业进行限额即征即退增值税的办法。在兼顾国家税收效益和企业实际成本的情况下,积极的税收

政策可以促进残疾人的就业。

盲人按摩是集中就业的另一种重要的就业形式,但分散化、随意性的经营和管理模式会影响盲人按摩机构的营收,进而使盲人按摩师的收入水平无法达到最优水平。推动盲人按摩机构的规范化建设,不但可以提升服务质量还能使盲人按摩经营活动规范化,提高盲人按摩机构的收入水平,实现这一行业的可持续发展。

在按比例就业方面,应对公共部门雇佣残疾人的情况进行监督,督促企业真正雇佣残疾人而非采取"挂靠"的形式完成安排残疾人就业的任务。按照我国目前的企业数量和规模,按比例安置残疾人的数量应该达到百万数量级,而目前仅为七八十万人。如果政策实施到位,按比例就业人数还有较大提升空间,而监督落实是其中重要一环。

(二)融入新业态,改善残疾人就业结构

从残疾人的城乡分布来看,农村残疾人占残疾人总数的75%,而农村残疾人很难真正实现就业。传统的残疾人就业大部分集中于农、林、牧、渔业,第一产业大多需要体力劳动,而残疾人恰恰在这方面存在不足,因此收入会受到极大限制,就业也难以获得较好发展。信息科技和社会发展所催生的新业态如电商、快递等为劳动者创造了很多就业岗位。事实证明,残疾人同样可以在这些行业找到合适的岗位,他们的工作能力也不一定就比非残疾人差。要改善残疾人的城乡就业结构,必须增加农村残疾人的就业规模,电子商务则为此带来了契机。我国政府也正在积极建设农村网络基础设施,只要给残疾人合适的培训,掌握一些电商的基本技能,他们就可以把农村的产品销售出去,通过互联网实现就业。未来应更多拓展新业态的工作岗位,此举不仅能改善残疾人就业的城乡结构,同时也能改善残疾人就业的产业结构,让他们同其他人一起实现共同富裕。

（三）利用科技赋能残疾人实现就业

科技的力量可以让残疾人的功能缺陷不再成为就业的阻碍。人工智能、物联网、材料技术、3D 打印、自动驾驶、5G 网络等技术的快速发展及融合，可以为残障人士"再造"感官，弥补残疾人身体功能的缺失，如人工耳蜗可以让听障者听见声音、仿生手可以让肢体残障者恢复手臂功能。要实现科技赋能残疾人需关注两个方面：一是科研机构和相关产业的企业需要行动起来，开发更多适合残疾人的科技产品；二是政府需要在残疾人科技产品利用上进行补贴。因为新科技产品研发过程耗时耗力，费用昂贵，政府一方面需要对相关的科学研究加大投入，另一方面还需要为实际使用的残疾人个体给予经费补贴，这是因为，大部分残疾人家庭都不富裕，难以负担使用高科技产品的昂贵费用。否则，科技赋能残疾人只能成为海市蜃楼。

（四）发挥残疾人人力资源比较优势，助力残疾人高质量就业

从"问题视角"转换到"优势视角"，意味着需要从只看到残疾人身体条件的不足、生产率低的旧观念调整到发现残疾人长处、发挥其优势的新视角。现代人力资源管理认为，人人都是人才，只有没找到合适岗位的人，没有毫无用处之人，应做到人尽其才、才尽其用，这与"优势视角"不谋而合。残疾人某一功能的缺失可能会致使另一功能得到极致的发展，如视力障碍者通常听觉很灵敏，挖掘这些功能并开发一些新的就业技能将有利于拓展残疾人就业的领域。如盲人通常从事按摩行业，而一些盲人得到训练后可以完成钢琴调音的工作，这无疑让盲人的就业质量上了一个台阶。孔氏钟表和"喜憨儿"洗车也都是利用了残疾人的优势开发出适合他们的工作岗位。未来，需要更多关注残疾人的优势，充分发挥他们的优势，开辟更多适合残疾人就业的岗位，实现残疾人群体的更高质量就业。

第六章　防范失业风险的对策建议

　　就业是民生之本。我国作为世界上最大的发展中国家、全球第一人口大国,就业问题尤显突出。促进就业、防范失业,历来是我国经济社会发展的重要目标之一。受世界经济低迷、国内深层次矛盾叠加的影响,我国经济发展进入新常态,就业吸纳能力减弱;经济结构性调整,化解过剩产能,带来就业结构不断调整,失业问题凸显,就业形势不容乐观。

第一节　我国经济增速减缓背景下就业
面临的主要挑战

　　当前我国就业形势总体平稳,全国总体失业率保持在可控范围,但区域之间的就业形势出现分化,局部地区失业率较高,一些特定群体的就业难度加大。特别是突如其来的新冠肺炎疫情,对我国就业的短期冲击巨大,必须及时妥善应对。就业是民生之本,我们必须清醒认识潜在失业风险。当前造成局部地区失业率较高的主要矛盾在于总需求不足,但就业结构性矛盾也在逐渐加剧。典型高失业地区应该尽快完善失业预警机制,有针对性地建立应对失业风险的储备政策。

一、就业供需保持基本平衡,就业主要矛盾从总量矛盾逐渐转向结构性矛盾

当前及未来一段时期,我国劳动年龄人口将继续下降,就业总人口逐步减少,人口总量拐点越来越近,劳动参与率持续下降,但老龄化和劳动力供给变化并不是就业形势的根本性和决定性因素。经济发展进入新阶段,劳动力市场发生深刻转变,服务业就业比重持续提高,就业总需求能够保持稳定,但劳动供给弹性呈现持续下降态势,依靠工资增长扩大城镇劳动供给的作用明显减弱,结构性问题更加突出,经济发展需要更加依靠劳动生产率提高,宏观经济政策和就业政策要顺应这一劳动力市场变化。

2020 年受新冠肺炎疫情影响,全球经济增长进入停滞状态。中国有效抗击疫情,实现经济逐渐复苏,但是受全球消费市场缩减的影响,中国未来经济增长的预期将出现调整,并对劳动力市场需求产生重大影响。在"稳就业"的政策目标下,不同经济前景下的劳动力市场就业需求,对判断就业市场的稳定具有重要意义。

考虑到国内外经济形势的不确定性,我们设定了高、中、低三个经济增长方案:(1)高方案:2020—2025 年的年均经济增速为 6.2%,2026—2030 年为 5.4%,2030 年之后,按照年均 1% 的速度均匀减少,截止到 2050 年的经济增速为 3%。(2)中方案:2020—2025 年的年均经济增速为 5.0%,2026—2030 年为 4.2%,2030 年之后,按照年均 0.5% 的速度均匀减少,截止到 2050 年的经济增速为 3%。(3)低方案:2020—2025 年的年均经济增速为 3.75%,2026—2030 年为 3%,2030 年之后,保持经济增速稳定在 3% 的水平。

预测结果如图 6.1 和表 6.1 所示。根据预测结果得到的基本判断是:未来我国劳动力供需总体保持平衡,供给相对处于紧缺状态,总量矛盾不会成为就业主要矛盾。受出生人口总量持续减少的影响,经济活动人口总量持续下滑,预计从 2020 年的 79532 万人下降到 2050 年的 74000 万人。按照不同经

济增长预期下的估计结果显示,"十四五"时期将迎来劳动力绝对值的供不应求局面。"十四五"时期,就业需求规模在 78001 万—78812 万人之间,年均就业需求净增加在 87.88 万—144.86 万。2025—2050 年,年均就业净增长减少,但净增幅最少在 70 万人以上。从中方案看(见表 6.1),到 2035 年,劳动供给缺口将突破 2000 万人,到 2050 年,劳动供给缺口进一步突破 6000 万人。

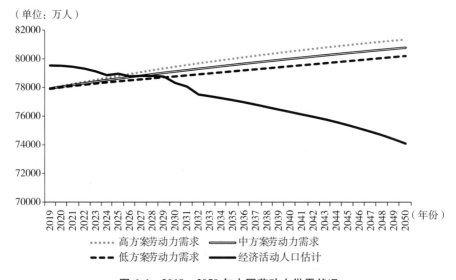

图 6.1 2019—2050 年中国劳动力供需状况

资料来源:课题组预测。

表 6.1 2019—2050 年中国就业市场供需平衡状况

年份	经济增长(%)			就业需求(万人)			就业供给(万人)	劳动供给缺口(万人)		
	高	中	低	高	中	低		高	中	低
2019	6.5	6.5	6.5	77471.0	77471.0	77471.0				
2020	6.4	5.5	4.5	77619.7	77598.8	77575.6	77746.5	−126.71	−147.63	−170.87
2021	6.3	5.3	4.2	77766.4	77722.2	77673.3	78078.0	−311.59	−355.82	−404.70
2022	6.2	5.1	3.9	77911.1	77841.1	77764.2	77951.0	−39.88	−109.85	−186.77
2023	6.1	4.9	3.6	78053.7	77955.6	77848.2	77759.5	294.16	196.04	88.69
2024	6.0	4.7	3.3	78194.2	78065.5	77925.3	77506.4	687.76	559.06	418.86
2025	6.0	4.5	3.0	78334.9	78170.9	77995.4	77606.3	728.60	564.54	389.08

续表

年份	经济增长（%）			就业需求（万人）			就业供给（万人）	劳动供给缺口（万人）		
	高	中	低	高	中	低		高	中	低
2026	5.8	4.4	3.0	78471.2	78274.0	78065.6	77429.1	1042.12	844.95	636.50
2027	5.6	4.3	3.0	78603.0	78375.0	78135.9	77458.9	1144.16	916.13	676.96
2028	5.4	4.2	3.0	78730.4	78473.8	78206.2	77451.4	1279.00	1022.39	754.79
2029	5.2	4.1	3.0	78853.2	78570.3	78276.6	77409.0	1444.19	1161.27	867.54
2030	5.0	4.0	3.0	78971.5	78664.6	78347.0	77585.0	1386.47	1079.56	762.00
2031	4.9	4.0	3.0	79087.6	78757.8	78417.5	77491.4	1596.12	1266.34	926.07
2032	4.8	3.9	3.0	79201.5	78849.9	78488.1	77385.6	1815.89	1464.37	1102.52
2033	4.7	3.9	3.0	79313.1	78941.0	78558.7	77265.8	2047.29	1675.17	1292.89
2034	4.6	3.8	3.0	79422.6	79031.0	78629.4	77132.4	2290.23	1898.65	1497.08
2035	4.5	3.8	3.0	79529.8	79119.9	78700.2	76993.0	2536.78	2126.89	1707.18
2036	4.4	3.7	3.0	79634.8	79207.7	78771.0	76838.8	2795.95	2368.90	1932.20
2037	4.3	3.7	3.0	79737.5	79294.5	78841.9	76678.9	3058.60	2615.56	2163.02
2038	4.2	3.6	3.0	79838.0	79380.1	78912.9	76510.1	3327.88	2870.00	2402.78
2039	4.1	3.6	3.0	79936.2	79464.6	78983.9	76339.8	3596.35	3124.82	2644.08
2040	4.0	3.5	3.0	80032.1	79548.1	79055.0	76172.9	3859.19	3375.17	2882.08
2041	3.9	3.5	3.0	80125.7	79630.4	79126.1	76004.6	4121.12	3625.79	3121.52
2042	3.8	3.4	3.0	80217.1	79711.6	79197.4	75836.5	4380.55	3875.10	3360.82
2043	3.7	3.4	3.0	80306.1	79791.8	79268.6	75663.1	4643.03	4128.65	3605.53
2044	3.6	3.3	3.0	80392.9	79870.7	79340.0	75468.5	4924.39	4402.27	3871.51
2045	3.5	3.3	3.0	80477.3	79948.6	79411.4	75258.2	5219.09	4690.44	4153.20
2046	3.4	3.2	3.0	80559.4	80025.4	79482.9	75033.8	5525.56	4991.57	4449.05
2047	3.3	3.2	3.0	80639.1	80101.0	79554.4	74798.0	5841.15	5303.03	4756.42
2048	3.2	3.1	3.0	80716.5	80175.5	79626.0	74551.0	6165.53	5624.49	5074.99
2049	3.1	3.1	3.0	80791.6	80248.8	79697.6	74276.7	6514.92	5972.18	5420.98
2050	3.0	3.0	3.0	80864.3	80321.1	79769.4	73980.5	6883.81	6340.58	5788.89

注：就业需求是按照2019年的劳动生产效率，2020—2050年经济增长预期下的劳动力需求。就业供
　　给是利用2020—2050年的人口预测数据，假定劳动参与率保持2019年的水平，2020—2025年的全
　　国失业率只有2.5%，2025年之后的失业率保持低于5%以下。
资料来源：课题组预测。

综合来看,受经济下行影响,2020—2030 年城镇新增就业规模将持续下滑(见图 6.2)。据估计,2020—2030 年的新增就业岗位从 2020 年的 815 万人下降到 2030 年的 808 万人。如果按照 5% 的调查失业率作为全国失业水平,据估计,2020—2030 年的失业规模预计从 2959 万人提高到 3300 万人。其中,失业群体主要构成是 40 岁以上城镇就业困难群体、大学毕业生和农民工三大群体。

(单位:万人)

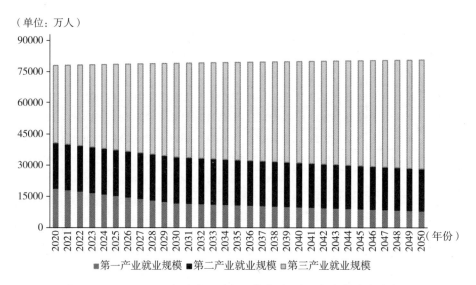

图 6.2 2020—2050 年分产业就业规模估计(就业需求估计中方案)
资料来源:课题组预测。

二、就业格局区域分化严重,部分地区失业问题加重

当前我国就业形势总体平稳。全国城镇登记失业率过去多年来维持在 4% 左右,但城镇登记失业率并不能完全反映就业状况。全国调查失业率在 2008—2009 年国际金融危机期间曾经高达 6.8%,城镇调查失业率曾经一度达到 8.4%,随后经济形势恢复,调查失业率逐步下降到 4% 左右,2012 年调查失业率再次提高到 5%,之后基本保持在 5% 上下的水平,这对于一个发展中大国来说是可以接受的状态,总体就业风险可控。总体失业率平稳主要得益于经济高度集聚,就业机会和新增就业集中在大城市尤其是特大城市,但经济

发展不平衡也直接导致就业状况的区域分化。

东北地区和中西部地区的失业率较高。根据2015年年末全国1%人口抽样调查估算显示,全国总体调查失业率的确不高,仅为5.2%,但这里包含了城镇和乡村,乡村失业率仅为4.2%,镇失业率为6.6%,城市失业率已经达到8.4%。更为突出的问题是区域分化严重,东部经济发达地区失业率很低,北京、上海只有3.5%,中西部地区就业形势不容乐观。不考虑乡村和镇,仅以人口和经济集中的城市范围来看,2015年年末城市调查失业率超过10%以上的省份已经达到6个,包括甘肃省(13.1%)、山西省(11.9%)、贵州省(11.8%)、黑龙江省(11.7%)、河南省(11.6%)、吉林省(10.4%),海南省、广西壮族自治区和辽宁省的失业率也超过9%,超过7%的国际警戒线。从地级城市层面来看,区域分化更为突出,典型的资源枯竭型城市的失业矛盾加剧,例如山西省朔州市、山西省吕梁市、吉林省辽源市、黑龙江省伊春市、河南省鹤壁市、湖南省张家界市、甘肃省庆阳市、青海省海东市等城市。观察图6.3可以发现,沈阳市本地户籍的失业保险待遇享受比例高达12%,反映出当前其糟糕的就业形势,而上海市和西安市领取失业保险待遇的比例就相对较低。

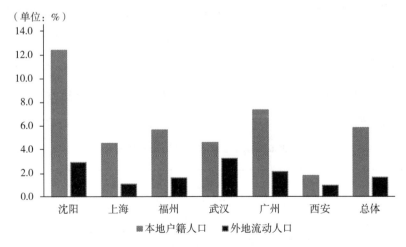

图6.3 中国典型城市失业保险参保人员实际待遇享受比例

资料来源:课题组根据2016年全国城市劳动力抽样调查结果计算得到。

在地级城市层面能够有代表性的调查仅有每十年一次的全国人口普查和每十年一次的全国1%人口抽样调查,两类调查间隔五年。根据2010年第六次人口普查数据估算显示,全国总体调查失业率仅为2.9%,其中,乡村失业率仅为1.4%、镇失业率为4.0%、城市失业率为6.5%。对比2015年1%人口抽样调查估算结果,全国总体调查失业率上升2.3个百分点,镇和城市的失业率分别上升了2.6个和1.9个百分点。这表明,突出矛盾表现为区域之间的就业形势分化加剧,高失业率地区快速蔓延。

失业率高企打击了劳动者就业信心,高失业率、低劳动参与率的萧条格局已经显现。经济发达地区就业机会较多,劳动参与率更高,即便是户籍人口老龄化较为严重的上海市、北京市、天津市等地,在流动人口大量迁入的推动下,整体劳动参与率保持稳定。东北地区和部分中西部地区就业机会减少,导致一些长期失业或就业不足的人员丧失就业信心,倾向于退出劳动力市场,或者迁移到东部地区,导致人口老龄化加剧、劳动参与率降低。根据估算,部分省份的城市劳动参与率已经下降到55%以下,例如黑龙江省(47.0%)、陕西省(47.8%)、吉林省(50.4%)、辽宁省(52.0%)、内蒙古自治区(52.3%)、湖北省(54.2%)(见图6.4和表6.2)。地级城市层面的劳动参与率分化更严重,城市劳动参与率低于55%的地级城市已经达到99个,低于50%以下的地级城市达到59个,低于45%以下的地级城市有18个,甚至还有4个城市劳动参与率不到40%。高失业率、低劳动参与率意味着该地区经济社会发展已经处于萧条状态。

表6.2　2015年各省份劳动参与率　　　　　　　　（单位:%）

省份	乡村	城市	镇	总体
北　京	63.1	57.7	61.9	58.7
天　津	67.2	59.6	61.4	61.1
河　北	70.4	58.2	66.8	66.6
山　西	64.1	55.4	58.7	60.2

续表

省份	乡村	城市	镇	总体
内蒙古	68.6	52.3	63.1	61.5
辽　宁	73.3	52.0	63.0	60.1
吉　林	76.8	50.4	54.9	62.9
黑龙江	71.5	47.0	58.0	59.1
上　海	66.7	60.8	69.5	62.7
江　苏	71.9	63.0	71.3	68.2
浙　江	67.4	67.6	69.2	67.9
安　徽	72.6	56.8	66.2	67.0
福　建	64.0	67.6	64.6	65.5
江　西	70.8	57.3	66.9	66.9
山　东	77.2	61.4	69.8	70.3
河　南	68.2	56.6	67.6	65.5
湖　北	69.0	54.2	65.4	62.8
湖　南	68.3	59.4	66.7	65.7
广　东	67.2	75.0	68.2	71.7
广　西	72.5	64.7	69.0	69.8
海　南	69.0	67.2	65.5	67.6
重　庆	67.8	58.5	62.6	63.0
四　川	72.1	57.6	60.6	65.7
贵　州	65.5	58.1	63.0	63.4
云　南	79.4	61.1	70.8	73.8
西　藏	81.4	80.8	75.5	80.4
陕　西	66.7	47.8	62.0	60.0
甘　肃	72.1	57.0	66.4	67.4
青　海	70.0	60.1	64.3	66.0
宁　夏	69.4	59.9	67.3	65.3
新　疆	72.3	62.3	67.5	68.2
全　国	70.6	60.5	66.1	66.1

资料来源:中国社科院课题组根据 2015 年全国 1% 人口抽样调查数据计算得到。

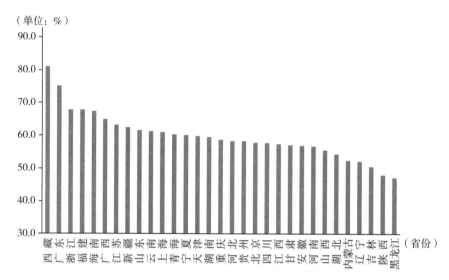

图 6.4　2015 年不同省份的城市劳动参与率比较

资料来源:中国社科院课题组根据 2015 年全国 1% 人口抽样调查数据计算得到。

劳动力市场需求不足导致的失业率提高,将对城市经济社会长期发展产生不利影响。劳动者难以找到工作岗位,可能丧失继续搜寻工作的信心,从而倾向于退出劳动力市场,导致整体劳动参与率下降。根据人口普查数据估算显示,2010 年失业率较高的地区,未来 5 年后即 2015 年劳动参与率呈现下降趋势(见图 6.5),回归方程拟合结果表明,失业率对劳动参与率的边际影响大约为 -0.7,这意味着当前失业率每提高一个百分点,未来 5 年左右该地区的劳动参与率将下降 0.7 个百分点。劳动参与率直接影响潜在经济增长率,经济活力不足长期也将加重需求不足,导致失业问题加剧。

通过观察典型城市人口、资源和经济社会发展特征,可以大体将目前城市失业率达到 10% 以上的典型高失业地区划分为以下四种类型:

一是传统资源枯竭地区:这类城市传统优势产业衰退,产能过剩压力严重,吸纳就业能力不足,劳动参与率较低,劳动力大量流出。例如吉林省辽源市、黑龙江省伊春、山西省吕梁市、陕西省铜川市、甘肃省白银市、河南省鹤壁市、四川省泸州市等,这些失业率较高的城市有不少属于国务院确定的资源

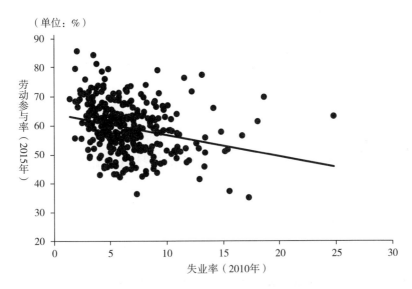

（单位：%）

图 6.5　失业率与劳动参与率的拟合关系

资料来源：根据 2010 年人口普查和 2015 年 1% 人口抽样调查相关数据计算得到。

枯竭型城市，至少三分之一的高失业率城市主要受到资源枯竭影响，东北地区尤为突出。

二是产业结构低层次地区：这类城市产业层次比较低，容易受到外部因素影响，吸纳就业的质量低、稳定性差。例如云南省西双版纳和大理自治州、湖南省张家界市、湖北省恩施自治州、内蒙古自治区兴安盟、广西壮族自治区北海市等知名旅游城市，就业主要集中在低端服务业，且季节性特征明显，实际就业形势与其高知名度并不相符。

三是老少边穷地区：这类城市经济社会发展基础薄弱，自然环境大多恶劣，社会投资不足，就业机会缺乏。例如新疆维吾尔自治区喀什地区、陕西省延安市、四川省广元市、云南省临沧市、青海省玉树自治州、贵州省黔南自治州等。这些高失业率地区中有较大部分都属于贫困地区，缺乏经济发展和就业创造的内生动力。

四是经济转型调整地区：这类城市具备良好的经济发展基础和区位优势，

但进入到经济转型的调整阶段,受到国内外市场环境影响,转型期内面临较高失业风险,呈现出高失业率特征。例如广东省湛江市和韶关市、贵州省贵阳市、甘肃省兰州市、河南省洛阳市、黑龙江省哈尔滨市、辽宁省大连市等,这些城市正处在经济调整和产业升级的关键阶段,失业风险主要来自技能供需不匹配产生的结构性矛盾。

三、就业结构性矛盾持续加剧,特定群体就业矛盾出现固化

一是城镇本地人口失业率更高,就业灵活性和适应性较差。根据研究估算,2015 年城市本地户籍人口的调查失业率为 8.8%,流动人口失业率仅为 4.1%,镇本地户籍人口失业率为 6.3%,流动人口失业率仅为 3.3%。本地女性失业率更高:城市和镇的女性失业率分别为 9.8% 和 7.2%。尽管城镇本地人教育程度相对较高,但面临僵化的劳动力市场,保留工资更高,更不容易找到与其匹配的工作,甚至出现"中等技能陷阱"现象。

二是农村劳动者就业灵活性强、失业率低,但人力资本存在短板。根据研究估算,农村劳动力资源素质水平较低,几乎完全达不到非农部门的基本需求。随着年龄提高,农村劳动力资源的平均受教育年限呈现快速下降特征,30 岁以下的年轻劳动力平均受教育水平基本接近全国平均水平,但是,50 岁以上的男性平均受教育年限快速下降到 8 年以下,50 岁以上的女性平均受教育年限下降到 7 年以下,人力资本水平难以适应现代非农部门需求。按照目前非农行业的实际人力资本需求来看,工业部门的平均受教育水平为 11.2 年,制造业的平均受教育水平也达到 10.4 年,而目前农村劳动力中只有 25 岁以下的年轻人基本达到这一水平;另外,中国服务业平均受教育水平已经达到 12.6 年,目前绝大多数农村劳动力资源都不符合这一要求。从人力资本结构来看,农村劳动力将面临较为严峻的潜在就业风险。[①]

---

① 程杰、蔡翼飞、贾朋:《有效挖掘农村劳动供给 切实推进新型城镇化发展》,《农村工作通讯》2017 年第 16 期。

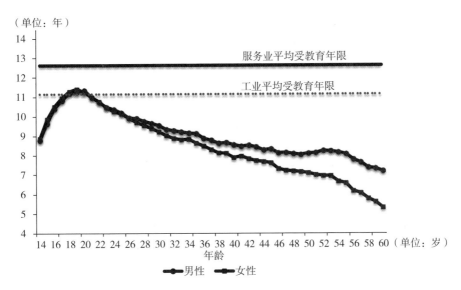

（单位：年）

图 6.6　2015 年农村流动劳动力素质结构与转移部门技能需求

资料来源：课题组根据 2015 年全国 1% 人口抽样调查数据计算得到。

　　三是新成长青年和"4050"人员①失业率居高不下。青年失业率高达两位
数，稳定就业难度较大。根据 2015 年全国 1% 人口抽样调查估算显示，城市
16—20 岁青年失业率接近 10%，镇的经济活力更弱，就业机会更少，青年失业
率更高，16—20 岁镇青年失业率高达 15.5%，21—25 岁城市和镇青年失业率
仍然居高不下，分别达到 10.7% 和 11.3%。新成长青年主要包括农村迁移到
城市的青年农民工以及城市每年新毕业的大学生，两类群体都面临就业不稳
定、失业率高的现象。对比来看，人力资本水平更低的青年农民工面临经济调
整的冲击更突出，很可能在遭受冲击之后无法实现就业转换。"4050"人员失
业周期更长，重返劳动力市场再就业难度更大。根据 2015 年全国 1% 人口抽
样调查估算显示，城市"4050"人员出现一个明显的失业率提高阶段，尤其是
女性失业率明显更高，而且随着年龄增长，就业困难人员的失业周期明显拉

---

　　①　"4050"人员是指女性满 40 周岁、男性满 50 周年的，本人就业愿望迫切，但因自身就业
条件较差、技能单一等原因，难以在劳动力市场竞争就业的劳动者。

长,40 岁以上失业人员的失业周期平均达到 12 个月,其中女性接近 15 个月。失业时间延长将打击这部分群体的就业信心,从而使其成为永久失业者,部分群体会直接选择退出劳动力市场,从而对低收入家庭正常生活造成严重影响。

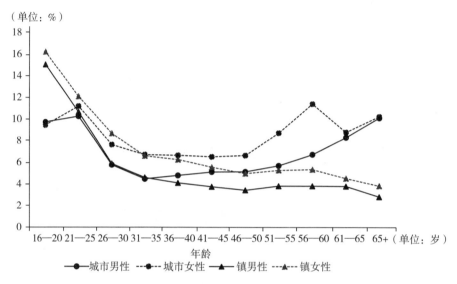

图 6.7　2015 年不同年龄组和性别的失业率变化

资料来源:课题组根据 2015 年全国 1% 人口抽样调查数据计算得到。

　　四是流动人口高度集中在市场化部门,工资增长动力不足。流动人口工资水平变化最能及时反映真实经济和就业形势。国家统计局全国农民工监测数据显示,外出务工人员的工资增长目前已经出现大幅度下降,之前多年保持10%—15%的增长率,2015 年增速下降到 7.2%。制造业受到经济转型影响更为突出,制造业农民工工资增速仅为 4.9%,增速较上年下降近 7 个百分点。工资增长停滞现象很可能显现。根据国家卫健委全国流动人口监测数据显示,2016 年外出农民工工资增速出现大幅下降,增速仅为不到 1%,部分行业和群体的工资出现负增长。

四、提升就业质量面临劳动生产率增长放缓和就业两极化的双重压力

第一,人口结构剧变下劳动参与率和劳动生产率持续下降。劳动参与率持续下降是一个全球性问题。中国劳动参与率在过去十年内也呈现下降态势。人口结构变化对于劳动力市场带来重要挑战,缺少生产率优势的劳动者倾向于退出劳动力市场,或者游离在劳动力市场边缘,这部分群体并不直接反映在就业率或失业率指标中。因此,劳动参与率持续下降是提升就业质量需要应对的重要议题。

第二,新经济新就业带来了就业和职业结构变化,就业两极化现象显现。非标准就业常态化,自雇就业人员比例提高。在经济结构转型推动下,高技能认知型岗位与低技能操作性岗位都在增加,而中等技能的操作性岗位大幅减少,机器替代性强,导致就业两极化。常规性工作技能偏向明显,特定行业和城市将更容易遭受经济结构升级冲击。经济结构和产业结构转型升级对就业带来的最主要影响在于工作方式和岗位形态的变化,传统的以重复性劳动为主的岗位将逐渐被替代,取而代之的是更多需要创新和分析思维的技能型岗位,从而适应劳动生产率提升的要求。目前中国就业岗位的技能偏向特征显现,常规性岗位主要集中在交通运输仓储和邮政业、居民服务业、建筑业、制造业等行业。从不同收入群体来看,中高收入群体的就业特征更倾向于非常规的认知分析、沟通交流工作,而低收入群体的就业特征更倾向于重复性劳动或常规性工作。

第三,区域经济发展不平衡下的就业结构矛盾突出。不同地区和城市之间的就业率、劳动参与率、就业质量差异巨大。产业升级过程表现出区域之间的层次差异,高收入岗位的增长主要集中在东部经济发达的省份,而中西部省份的高收入岗位增长很少,甚至出现绝对减少。经济发达省份的产业升级质量相对更高,例如北京、上海和天津等地的就业结构变化呈现出更为标准的就

业升级模式。资源要素流出的一些经济欠发达省份,产业结构变动出现了一定程度的降级倾向,例如西部地区的内蒙古和青海等。这些省份尽管中等收入岗位在增加,但中高或高收入岗位出现明显减少,这些省份主要依靠自然资源(如煤炭、矿山等资源)和劳动力输出支撑经济发展,面临严峻的可持续性挑战,高素质人才和高收入岗位倾向于流向东部经济发达地区,就业增长主要集中在中低收入岗位。①

五、国内外经济环境的不确定性加大就业风险

一方面,国内化解产能过剩和债务风险的就业影响尚未彻底消化。据测算,到 2018 年年末,"十三五"时期压减粗钢产能 1.5 亿吨的上限目标任务以及 8 亿吨煤炭去产能目标基本完成,累计分流安置职工 100 多万人。就业影响的区域、行业和群体较为集中,前期稳岗举措虽然延缓了就业问题,但后期存在矛盾积累并集中爆发的可能,局部性的下岗失业风险需要防控。债务风险主要集中在企业债务和地方政府融资平台,其中非金融企业债务占到债务总额的一半以上,债务违约现象有所增加,企业经营状况一旦恶化就必然带来就业损失。如何在化解产能过剩和债务风险过程中妥善处理就业问题,是目前供给侧结构性改革面临的一大难题。

另一方面,全球新冠肺炎疫情对国内经济和就业影响尚存不确定性。新冠肺炎疫情对经济的影响是阶段性、暂时性的,但却是全局性、系统性的冲击。这类重大突发公共卫生事件有别于其他常见的风险冲击:不同于地震,带来的是小范围的区域性破坏;不同于产能过剩,带来的是局部性冲击和结构性矛盾;不同于经济体间的贸易摩擦,带来的是预期的不确定性风险;不同于国际金融危机,带来的是输入型风险;不同于禽流感或非洲猪瘟,带来的是特定产业影响;也不同于 2003 年"非典"疫情,影响范围和程度、防控难度、居民关注

---

① 屈小博、程杰:《中国就业结构变化:"升级"还是"两极化"?》,《劳动经济研究》2015 年第 1 期。

度和反应以及所处经济环境大不相同。此次疫情使我国经济需求侧和供给侧均受到巨大的外部性冲击。国家统计局公布数据显示,在国内疫情最为严重的 2020 年第一季度,GDP 增速为−6.8%,城镇调查失业率突破了 6%。当前,虽然我国已经进入疫情防控常态化阶段,但全球疫情形势反复并未得到有效遏制,我国经济和就业仍然面临不确定的外部环境风险。

六、当前阶段实现充分就业的难点总结

首先,过去长期形成的资本投入拉动经济增长的模式导致中国的就业弹性较低。从概念上来说,就业弹性指的是经济每一个百分点的增长带来的就业增长。改革开放以来,中国的就业弹性持续降低。据估算,1982—1990 年就业弹性为 0.423,但是从 1990 年到现在,中国的就业弹性只有 0.1 左右。改革开放之初的 1982—1990 年,经济增长活力主要来自乡镇企业。乡镇企业的崛起加速了农村劳动力转移,创造就业的能力非常强。而进入 20 世纪 90 年代,乡镇企业开始萎缩,随着外资进入,中国开始进入资本密集型的投资拉动增长模式。相比较改革之初的乡镇企业的就业拉动,资本化的创业模式是以资代劳,这也是就业弹性持续降低的主要原因。由于宏观经济政策所引导的投资方向,往往是就业密集度较低的行业,导致反周期措施拉动就业的能力大为降低。

发达国家就业弹性较高,这可以从其与中国的产业区别方面加以解释。发达国家产业结构中服务业占的比重高达 70%,而中国目前才刚刚超过50%。同时,中国的第一产业产值只占到 GDP 的 7%—8%,就业人员规模却占到全部就业的 27%,农业部门的劳动生产效率不仅远远低于其他产业,且中国的服务业吸纳的就业规模只有 45%,第三产业的就业拉动水平相当于美国和英国 100 年前的水平。当前中国的服务业还是以传统型服务业为主,与金融、文化、医疗、教育等相关的服务业门槛较高,导致生活服务业发展非常缓慢,阻碍服务业的扩大。

其次,经济结构转型面临的劳动力结构匹配问题进一步突出。近些年,新技术、人工智能、机器人的发展和应用,对人力资本提出更高的要求。根据全国人口普查和抽样调查数据显示,我国农村劳动力平均受教育年限不到 8 年,仅相当于全国平均水平的 80%、非农就业部门平均水平的 60%。农村 30 岁以下的年轻人人力资本水平勉强达到全国平均水平,50 岁以上的男性平均受教育程度下降到 8 年以下、女性下降到 7 年以下,这样的人力资本结构很难适应现代非农就业部门的需求。

虽然农民工整体受教育程度有所提升,但是其与城镇本地户籍人口的差距正在不断扩大。新增农民工群体从之前的初中以下学历(甚至初中未毕业)为主转变为初高中生为主。根据估算,2018 年中等职业教育产生的劳动力规模比例已经占据新增农民工总量的一半。农民工中的大学生比例也在逐步提高,2018 年全国农村流动人口中大学生比重已经达到 10%左右,"农民工大学生"总规模已经达到 3000 万人,农村户籍的大学毕业生已经成为农民工群体的重要构成部分。但是,城镇户籍青少年的高等教育入学率明显更高,各大城市外来人口落户门槛基本要求大专层次以上,城镇户籍人口的人力资本水平以更快速度提升,农民工与城镇户籍人口的人力资本差距将持续拉大。

目前,外出务工的农民工群体有 1.7 亿人,加上随迁子女或父母,流动人口有 2.4 亿多人。而农民工群体主要集中于传统的服务业和制造业,在产业升级改造的过程中,农民工群体就业集中的低技能、劳动密集型行业、常规重复性岗位正在被加速替代,人工智能、机器人等新技术应用和变革正在加速经济结构转换步伐,能够适应新技术需求的岗位将从中受益,实现就业质量提升和工资水平增长,不能顺应技术变革的群体将面临被淘汰的风险。

最后,要高度重视被农业部门掩盖掉的失业问题。我国的失业率统计无论是登记失业率还是调查失业率,前面都有同一个定语——"城镇"。之所以不把农村失业纳入失业率调查当中,是因为政策制定者和很多学者都潜意识里把农村作为大量流动人口的退守之地,一旦城市发展遭遇突然冲击(比如自然灾害、战争等），农村至少能解决饥饿问题。这种认识从新中国成立一直保持到现在。其结果就是，农村人口不可能进行失业登记，也不会被纳入调查失业当中。政府实施的失业援助或就业培训等社会保障体系，农村人无法参与其中，即使农民工常年居住在城镇，由于户籍限制，他们也被排斥在城市基本社会保障体系之外。

很难对农村失业进行统计，很重要的原因在于，农村人手里有土地。而土地就意味着资产，无论是自营还是转租，都意味农村人一旦失业，至少还有土地可以经营。然而，中国农户小规模现象并没有因为劳动力转移而发生多大变化。2018 年第一产业产值占 GDP 的比重只有 7.2%，而该部门就业人员占到全部就业的 27%。这意味着即使在过去经济高速增长的背景下，农村劳动力转移速度也并未与农业产值下降速度同步。结果导致三部门间的劳动力生产效率持续扩大；同时，农业部门参与分配的人员规模较高，进一步扩大了三部门劳动者的收入差距。

持续降低的农业生产效率，意味着农村低收入群体在市场经济交换中更容易陷入贫困。随着农村教育、医疗等基本公共服务状况与城市之间差距的扩大，农村地区的人力资本投入难以提升，不仅农村劳动力技能水平难以跟上新技术扩散的速度，农村无业或就业不稳定人群也更容易被排除在失业群体的观察之外。目前，常住农村的人口规模高达 5.8 亿人，其中，有 2.6 亿人是农业就业人员。而这些人群是否充分就业，其收入是否满足能基本生存需求，这些都没有详细的数据统计资料。但是，我们在农村的走访调研表明，农村兼业、打零工的现象非常普遍。如果按照就业定义，这些人都应当纳入失业人员当中。如果按照城镇 5% 的调查失业率（事实上，农村的失业率很可能高于这一水平），农村的失业人员规模大约为 1300 万人。

总体来看，中国就业结构匹配问题的压力在持续增大。高速的经济增长长期与就业增量之间的关联度不高，意味着生产服务创造的社会价值并没有实现劳动者的全覆盖。这不仅影响收入分配，也影响就业市场的稳定。同时，新技术发展加大了劳动力市场就业的灵活性,人力资本水平和就业岗位需求之间的匹配问题也进一步突出。因此,要扩大产业发展对劳动力吸纳能力,同时也要从劳动力供给侧进行结构性改革,增强劳动力的技能、素质等全方位的提升,应对经济结构转型带来的结构性失业风险。在这个过程中,就业再平衡的目标是多元的,同时实现高劳动力参与率和低失业率是更充分更高质量就业的内涵要求。

第二节　机器人、人工智能对中国就业的影响

以机器人、人工智能技术为主的第四次工业革命已经到来。新技术革命的扩散和广泛应用已成为新一轮自动化升级不可阻挡的趋势,正在深刻影响并改变着中国劳动力市场的就业结构、工作任务和技能回报。我们从新技术革命对经济增长的影响视角,观察和分析新技术革命、自动化对中国劳动力市场的影响及其变化趋势。从经济发展和技术进步的历史看,机器人、AI 是延续经济增长过程"自动化"驱动的新阶段,可能诱发规模报酬递增经济的出现,并影响企业的微观行为,人工智能技术能弥补中国劳动力供给短缺、提升生产效率、促进经济增长。

一、新技术革命对劳动力市场就业和工资的效应

国内外实践表明,一些由劳动力从事的工作任务正被机器和人工智能创造的"自动化"所替代。这种替代效应具有减少劳动力需求和工资的效应。但与之相反的是"自动化"生产效率效应,由于自动化产生的成本节约,并由此增加了非自动化工作任务的需求。生产效率效应是额外的资本积累补充和不断深化的自动化,两者都进一步增加了对劳动力的需求。但这种对抗性的效应是不确定的,自动化带来的劳均产出超过了国民收入劳动份额的减少。更对抗性的效应是自动化创造的新劳动密集型工作任务。

对于新技术在多大程度上取代工人,未来对就业的影响有多大,要准确预测估计有很大的难度,对经济学家而言要量化新技术进步对工作岗位替代的影响仍然是一项挑战。但一些研究结果表明,人工智能及其相关技术可以取代从事常规性工作任务、低技能工人,但伴随生产率的提升、技术应用及成本的降低,长期内会创造很多新的就业机会。国际经验表明,尽管技术可能取代一些岗位上就业的工人,但是总体上,技术扩大了劳动力的需求。技术进步不但会直接在技术部门创造工作岗位,而且还会推动越来越多使用智能手机、平板电脑和其他便携式电子设备进行工作,技术通过在线工作或参与零工经济促进工作岗位的创造。由于人口规模巨大和完整的产业结构给中国提供了"海量数据"和巨大市场的潜力,中国已成为全球人工智能发展中心之一。

二、中国劳动力市场职业变化与工作任务需求趋势

新技术革命趋势下,中国劳动力市场哪些职业在减少、哪些职业在增加、哪些职业在消失、哪些职业被新创造?我们认为,机器人、AI 大量应用带动的新一轮自动化主要影响的是常规和低技能工作任务,AI 增加了以前由高技能工人所承担的非常规、认知型工作任务的自动化。工作任务的变化表现在,市场对技术可以取代的技能需求量在不断降低,因此工作任务的变化本质上就是技能需求的变化。市场对高级认知技能、社会行为技能及与更高适应能力相关的技能组合的需求量在增加。在其他发展中国家,职业变化的这一模式也初显端倪。2000—2014 年,玻利维亚的高技能职业就业的比例增加了 8 个百分点,埃塞俄比亚的这一比例增加了 13 个百分点。这些变化不仅仅体现为新工作取代旧工作,而且体现在既有工作所需技能的持续变化上。[1]

我们用 1990 年、2000 年、2005 年、2010 年、2015 年人口普查数据或 1% 人口抽样调查数据,从总体上分析了新技术革命下中国职业结构的变化特征及

---

① 世界银行:《2019 世界发展报告:工作性质的变革》,https://www.shihang.org/zh/publication/wdr2019,2021 年 11 月 23 日。

其趋势。根据都阳等的研究划分,我们将劳动年龄人口从事的职业按照其被自动化、计算机化替代的可能性,分为常规型工作任务和非常规型工作任务,并依据技能需求状况进一步细分为操作型或认知型。① 具体而言,常规操作型工作(Routine Manual,RM)是指很容易被计算机、机器人、人工智能等自动化偏向型技术替代的操作性工作,包括流水线工人等;非常规操作型工作(Non-routine Manual,NRM)是指从事"不可编程"的工作任务,不易被自动化偏向型技术替代的操作性工作,如餐饮服务人员等。常规认知型工作(Routine Cognitive,RC),是很容易被自动化偏向型技术替代的知识性工作,如计算人员、重复性的客户服务人员等;非常规认知型工作(Non-routine Cognitive,NRC)则指与自动化偏向型技术有很强互补性的知识性工作,如高管、专业技术人员等。

图 6.8 呈现了采用 1990—2015 年人口普查或抽样调查数据,所估计的非常规操作型工作任务、非常规认知型工作任务、常规操作型工作任务、常规认知型工作任务的变化趋势。从中可以看出,总体上,过去二十多年中国职业变动的趋势与技术进步、新技术应用保持一致,即非常规工作任务呈现明显的增加趋势,而随着经济增长和产出规模的扩大虽然呈现波动,但常规工作任务的下降趋势的确非常明显。这与新技术减少了重复性、可编程常规工作任务需求的国际规律是一致的。另一方面,常规认知型工作任务在调查各年份的比重分布,充分说明了新技术不仅增加了技术偏向型的工人需求,同时还增加了知识偏向型的工作任务需求。上述估计结果表明,技术进步使非重复性认知技能和交流、社会行为技能的需求都呈现上升的趋势。

进一步,我们还计算了 1990—2015 年中国劳动力市场哪些具体的职业在减少、哪些职业在增加,以便观察和分析劳动力市场的就业结构变化。从表 6.3 可以看出,一是仓储人员、工程技术人员和农林技术人员等就业比重在增

① 都阳、贾朋、程杰:《劳动力市场结构变迁、工作任务与技能需求》,《劳动经济研究》2017年第 3 期。

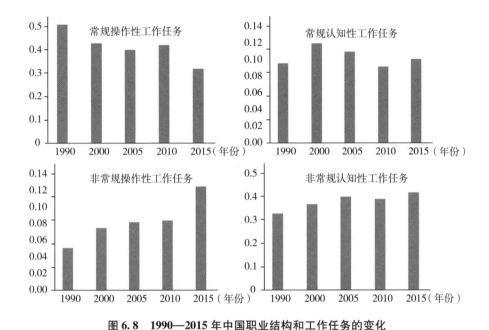

图 6.8 1990—2015 年中国职业结构和工作任务的变化

资料来源:根据 1990 年、2000 年、2010 年人口普查和 2005 年、2015 年 1% 人口抽样调查微观数据计算所得。

加。二是其他商业和服务业人员、文艺和体育工作人员、法律专业人员、科学研究人员等就业比重在不断增加。这反映了新技术在增加技能偏向型工作岗位需求的同时,也在不断创造新的工作和任务。三是其他生产和运输设备操作人员、其他生产工人和有关人员、木材加工和人造板等生产人员、橡胶和塑料制品生产人员,以及粮油、食品、饮料生产加工及饲料生产加工人员等就业比重在逐渐减少。这反映了重复性工作任务所需要的具体工作技能的需求呈现下降的趋势。

表 6.3 1990—2015 年职业变化 (单位:%)

职业名称	职业类别	1990 年	2000 年	2005 年	2010 年	2015 年	1990—2015 年变化
仓储人员	NRM	0.77	2.85	3.39	3.31	7.27	+

续表

职业名称	职业类别	1990年	2000年	2005年	2010年	2015年	1990—2015年变化
企、事业单位各级组织负责人	NRC	3.85	3.31	2.85	2.92	2.75	−
党群组织负责人	NRC	1.39	0.73	0.46	0.23	0.01	−
其他专业技术人员	NRM	0.11	0.09	0.24	0.14	0.81	+
其他办事人员和有关人员	RC	0.27	0.53	0.97	0.67	0.26	−
其他商业和服务业人员	NRC	0.66	4.97	6.61	6.2	9.18	+
其他生产和运输设备操作人员	RM	6.48	3.67	8.32	3.55	0.22	−
其他生产工人和有关人员	RM	11.99	10.77	4.97	10.55	5.79	−
勘测及矿物开采人员	RM	2.39	1.63	1.5	1.22	0.96	−
化工产品生产人员	RM	0.98	0.84	0.87	0.79	0.81	−
卫生专业技术人员	NRC	2.41	2.43	2.29	1.84	2.09	−
印刷人员	RM	0.61	0.44	0.39	0.31	0.24	−
国家机关及其工作机构负责人	NRC	0.71	0.66	0.35	0.29	0.19	−
安全保卫和消防人员	NRM	2.15	2.26	2.14	2.27	1.5	−
工程技术人员和农林技术人员	NRM	2.37	2.29	2.65	2.99	3.22	+
工程施工人员	RM	4.05	5.26	5.65	7.88	9.79	+
教学人员	NRC	5.91	5.59	4.48	3.92	3.91	−
文艺和体育工作人员	NRC	0.25	0.21	0.28	0.3	0.57	+
新闻出版和文化工作人员	NRC	0.55	0.41	0.3	0.3	0.19	−
木材加工和人造板等生产人员	RM	3.15	2.36	1.77	1.95	1.53	−
检验、计量人员	RM	1.95	1.39	0.99	1.04	2.66	+
橡胶和塑料制品生产人员	RM	0.79	0.71	0.87	0.74	0.62	−
法律专业人员	NRC	0.19	0.21	0.19	0.17	0.28	+
烟草及其制品加工人员	RM	0.08	0.06	0.05	0.05	0.05	−
玻璃、陶瓷及其制品生产人员	RM	0.51	0.5	0.51	0.49	1.09	+
电力设备安装、运行、检修及供电人员	RM	2.95	1.92	1.42	1.32	1.83	−
科学研究人员	NRC	0.1	0.12	3.55	0.13	0.12	+
粮油、食品、饮料生产加工及饲料生产加工人员	RM	1.75	1.71	1.37	1.11	1.36	−
纺织、针织、印染人员	RM	3.67	2.35	2.02	1.78	0.95	−
经济业务人员	RC	6.23	4.77	3.76	3.47	3.76	−
行政办公人员	RC	3.08	5.46	5.64	5.01	6.1	+
裁剪、皮革制品加工制作人员	RM	3.22	3.93	3.69	4.85	3.47	+

续表

职业名称	职业类别	1990 年	2000 年	2005 年	2010 年	2015 年	1990—2015 年变化
购销人员	NRC	9.86	15.07	15.31	18.33	19.14	+
运输设备操作人员及有关人员	RM	5.43	6.18	5.3	5	0.76	−
金属冶炼、轧制人员	RM	1.52	0.79	0.93	0.89	0.78	−
飞机和船舶技术人员	NRM	0.07	0.05	0.03	0.04	0.02	−
餐饮服务人员	NRC	7.55	3.47	3.9	3.96	5.72	−

注:RM 表示常规操作型工作任务;RC 表示常规认知型工作任务;NRM 表示非常规操作型工作任务;NRC 表示非常规认知型工作任务。

资料来源:根据 1990 年、2000 年、2010 年人口普查和 2005 年、2015 年 1% 人口抽样调查微观数据计算所得。

第三节　实施就业优先战略和就业优先政策

党的十八大以来,以习近平同志为核心的党中央坚持以人民为中心,把增进民生福祉作为发展的根本目的,将就业工作摆在经济社会发展的突出重要位置。习近平总书记关于就业优先战略的一系列重要论述,极大丰富了就业优先战略内涵,提出了有关新时代就业理论与实践的诸多重要论断,呈现出当代中国马克思主义的鲜明理论特色,充分体现了以人民为中心的发展思想,是习近平新时代中国特色社会主义思想的重要内容,成为新时期指导我国就业工作的理论遵循与行动指南。

一、就业优先战略与就业优先政策的实践

"对美好生活的向往,只有通过诚实劳动才能实现;发展中的各种难题,只有通过诚实劳动才能破解。"[①]改革开放以来,我国就业规模持续扩大,就业

[①]　中共中央宣传部:《习近平新时代中国特色社会主义思想三十讲》,学习出版社 2018 年版,第 229 页。

结构不断优化,就业局势稳中向好,成为民生改善的坚实基础、经济发展的基本支撑、社会稳定的"压舱石"。就业优先原则是在改革发展和就业工作实践中的经验总结,新时期就业优先战略也在不断发展和深化。

充分就业一向被视为宏观经济调控的主要目标之一。20 世纪 90 年代以来,我国就业政策大体经历了三个阶段:第一阶段的就业政策覆盖 20 世纪末到 21 世纪初,目的在于解决农业转移人口和国企下岗员工的就业问题。第二阶段的就业政策始于 2008 年国际金融危机,目的在于解决不利经济条件带来的失业问题及人口转型过程中出现的劳动力问题。第三阶段的就业政策旨在解决经济转型过程中带来的结构性失业问题——把就业优先政策真正置于宏观政策的层面,加强体制机制支撑,在实际政策决策和实施中予以落实。党的十九大报告的发布正式标志我国进入了就业政策第三阶段。

以习近平同志为核心的党中央坚持以人民为中心的发展思想,就业优先战略的内涵不断丰富和拓展、就业优先政策更加具体和精准。将促进就业的目标融入稳增长、促改革、调结构、惠民生、防风险等经济社会发展的各个领域,贯穿在制定区域发展战略、产业发展规划、公共投资项目等各个环节,形成了政府激励创业、社会支持创业、劳动者勇于创业的新机制。

二、就业优先战略和就业优先政策的内涵、指标体系

就业是民生之本,能否实现充分就业,是检验经济增长和社会发展质量的重要依据。进入新发展阶段,面向中国社会主义现代化的远景目标,就业优先战略的内涵必然要求进一步深化,这要求将就业目标不仅仅作为一项民生保障纳入社会政策范畴,还有必要进一步上升到宏观经济调控的高度,把劳动力市场各类信号纳入宏观经济政策抉择中予以考量、决策和执行,将劳动参与率、失业率、就业率等关键指标作为货币政策和财政政策的先行指标、关键决策依据,实现民生保障与宏观经济稳定的多赢格局。深入研究新时期就业优先战略是当前就业领域的首要理论工作,是阐释习近平新时代中国特色社会

主义思想、指导新时期我国宏观经济调控和就业工作的重要任务。

（一）就业优先战略的基本内涵

为什么把就业优先政策置于宏观政策层面？2010 年之后中国经济发生了发展阶段的变化，经济发展新常态的特征之一就是经济增长速度趋缓。特别是，随着 15—59 岁劳动年龄人口转为负增长，人口抚养比逐年显著提高，劳动力供给、人力资本改善、资本回报率及全要素生产率的提高，都不再能够达到以往（2010 年之前）经济高速增长阶段的水平。因此，作为判断宏观经济形势的指标，劳动力市场指标可以起到预判宏观经济形势变化的角色。

（二）用什么指标作为宏观政策依据

没有经济指标做依据的宏观经济政策不啻为无源之水，难以保持政策的长期效果。而依据此政策进行的宏观调控，同样难以确保其有效性。在我国劳动力市场进一步成熟的背景下，劳动力市场指标也在逐渐发挥其经济社会发展"风向标"的作用。

作为劳动力市场指标之一的失业率，尤其是调查失业率，能够很好地反映出宏观经济运行是否出现了周期性波动。理由有二：其一，根据经济理论可知，在一个较长时期内，一个国家或地区的潜在经济增长率往往是稳定的，如果实际经济增长率发生较为明显的波动，即意味着包括劳动力资源在内的生产要素未得到充分利用。因而从理论上来说，失业率是一个能够反映宏观经济运行状况的指标。其二，根据典型发达国家的经验，失业率和 GDP 增长率总是同步的，且呈现负相关关系。日本、美国等国家的历史数据还显示失业率与通货膨胀率、中央银行的实际利率等，也存在着某种程度的同步。因此，无论根据经济理论还是国际经验，均可得出调查失业率是一个恰当的能够反映经济发展状况的宏观指标，因而失业率应当被纳入宏观调控的工具箱中。

"求人倍率"是另一个重要的劳动力市场指标,由企业就业岗位对劳动力的需求数量与竞争该类岗位的人数之比计算得到。与失业率这一反映静态劳动力市场现状的指标相比,"求人倍率"可反映出各行业和职业劳动力供需双方的动态变化,有助于监测劳动力市场的发展方向,因此,也能够作为政策参考的指标以制定更好地适应劳动力市场发展方向的就业政策。

(三)就业优先政策的实施

实施就业优先战略,要求充分发挥劳动力市场指标在宏观决策中的作用。这意味着劳动力市场信息将发挥更为重要的作用,因而建立健全我国的劳动力市场制度就显得尤为重要。首先,应当完善我国现有的劳动力市场信息收集体系。我国现有劳动力市场指标反映的大多是全国整体的情况,但地区与地区之间甚至城市与城市之间劳动力市场状况都存在着非常大的差异,而整体的劳动力市场指标并不能很好反映特定地区、城市的情况。完善劳动力市场信息收集体系,在各地尤其是超大规模城市建立独立的劳动力市场收集体系,有助于更好地了解不同地区、城市的劳动力市场状况,能够更好地把握我国劳动力市场的现状及地区差异。其次,应当建立劳动力市场状况的评价标准。完善的劳动力市场制度,不仅需要包含劳动力市场的信息收集体系,如何科学评价劳动力市场状况同样是非常重要的。劳动力市场是非常复杂的,其中不仅包含着失业率、劳动参与率等一些显性的指标,也包含着劳动力市场运行等一些隐性的指标,而这些隐性的指标对于评价劳动力市场状况同样非常重要。因而建立一个科学的劳动力市场状况的评价标准,尽可能多地将关于劳动力市场运行的指标纳入这一评价标准之中,有助于更好地评价劳动力市场状况,也有助于评估宏观政策实际的就业促进效果。

在一个完善的劳动力市场制度的条件下,利用各种劳动力市场指标来解决对应的劳动力市场问题,需要依据实际情况进行。以失业为例,失业可简单分为三大类,包括摩擦性失业、结构性失业和周期性失业。摩擦性失业和结构性失业问题,大多来源于经济开放条件下激烈的市场竞争、处置过剩产能的僵尸企业以及经济增长动能的转换。因此,对于解决摩擦性和结构性失业应实行包括加强职业教育培训、完善劳动力市场规章制度以及增强公共服务能力等措施在内的就业政策,以提升劳动者技能水平、企业和个人需要的劳动力市场信息,提高劳动力市场双方的匹配程度、缩短双方的匹配时间。而周期性失业问题,大多来源于外部的经济冲击。当前,国际环境正处于大动荡、大调整时期。法国的"黄马甲"、中美的贸易摩擦,为我国经济发展的外部环境蒙上了一层阴影,尤其对以出口为主的制造加工企业不利,不可避免地会带来失业问题。对于周期性失业问题,应实施恰当的逆周期的财政和货币政策,这有助于促进就业、降低失业率,能够更好地实现保障民生的目的。

制定就业政策并实施时,还需要注意政策与实际的契合问题。以国际金融危机时期为例,发达国家在金融危机时期主要通过减税来刺激经济,而发展中国家更多的是利用政府的直接投资这一次优的措施来实现刺激经济的目的。究其原因不难发现,发达国家有着更为完善的劳动力市场,因而通过实施减税降费等举措也能够实现经济刺激,然而发展中国家的劳动力市场并不健全,直接的减税降费将难以起到预期的效果,所以制定相应的就业政策要考虑其适用性。

"任何一个理论要被人所信服,既要能够回答时代课题、指导推动实践,又要有独具特色的理论品质和富有感召力的思想力量"。[1] 新时代需要由新发展理念指导,新时代赋予就业优先战略新的内涵。习近平新时代中国特色社会主义思想是党和国家必须坚持的指导思想,新时代就业理论创新和实践必须坚持在这一思想和理论指导下发展。

[1] 中共中央宣传部:《习近平新时代中国特色社会主义思想三十讲》,学习出版社2018年版,第7页。

第四节　促进就业、防范失业的对策措施

一、经济增速减缓阶段促就业防失业的基本对策

第一,实施更加积极的就业政策,建立全覆盖的失业保障体系。目前的失业保险制度遗漏了一些很重要且规模也很大的目标群体——非本地户籍人口基本被排斥在制度之外,暂时退出劳动力市场的人员也未得到有效救助。目前我国全年领取失业保险津贴人数在 230 万人左右,而城镇调查失业率约为5%,据此估算城镇失业总规模约为 2000 万人,这一较大缺口导致失业保险基金大量结余和闲置。更加积极的就业政策首先要突破户籍、地域和群体分割,失业保险制度的首要目标是保障失业人员基本生活,再配合技能培训和就业援助,旨在暂时稳住岗位的失业保险基金返还举措需要慎重实施,避免低效率岗位长期积累并集中爆发。

第二,将就业"蓄水池"从农业农村转移到城镇本地,建立面向青年农民工的再教育体系。传统的农业"蓄水池"功能明显弱化,应该依托城镇的社区、技能培训中心、职业学校、普通高等院校等平台,整合公共资源,构建新的"蓄水池"。当出现较大范围的就业冲击时,这些新的"蓄水池"能够在就业地便捷地将青年农民工吸纳到本地教育和技能培训体系中[1],有效缓解短期失业风险,通过提升人力资本水平促进他们重返劳动力市场,同时也有利于提高城镇公共资源利用率。

第三,从"稳岗位"向"稳就业"转变,在结构调整中实现就业转换。应妥善处理过去几年化解产能过剩和债务风险过程中积累的就业矛盾。稳岗补贴等举措只能暂时保留低质量工作岗位,不能从根本上解决就业问题。就业工

---

[1]　张车伟、程杰:《2020:就业应着力应对结构性矛盾和化解潜在风险》,《中国经济时报》2020 年 2 月 10 日。

作思路应该以疏导转移为主,加强技能培训和就业援助,改善经营和创业环境,创造新的就业需求,推动受影响群体向其他行业和区域转移就业。无法实现再就业的人员应被妥善纳入社会保障体系中。[①]

第四,加强失业预警,防控局部地区特定群体的失业风险演变为社会矛盾。一是加强就业风险防控意识,建立完善失业预警机制。应该高度重视潜在就业风险防控,不能因为总体就业形势良好而放松警惕,更不能因为新经济新就业涌现就对化解传统就业矛盾过于乐观,区域不平衡矛盾很有可能积累演变为系统性风险。应该立足于地区层面或城市层面,将底线思维和底线原则贯彻到底,以地级城市为责任单位落实就业风险管理,建立完善失业预警机制。建议所有调查失业率在10%以上的城市尽快启动失业预警机制,找准本地区高失业的主因,瞄准高风险群体,制定具体的失业风险应急方案。

二是优先解决总需求不足造成的失业风险,积极应对供给侧结构性矛盾产生的就业问题。当前应该抓住总需求不足的主要矛盾,加大基础设施投资,营造良好市场环境,激发企业活力,不断创造更多高质量的就业岗位。就业的区域再平衡根本上要通过经济再平衡实现,努力实现经济增长和就业扩大的良好局面。供给侧结构性改革要着力解决劳动者技能与市场需求不匹配矛盾,将人力资本积累放在更加重要位置,加强劳动者技能培训,充分发挥企业在职业技能培训中的关键作用,努力降低结构性失业风险。[②]

三是瞄准典型地区和关键群体,建立应对不同类型失业风险的储备政策。经济转型需要较长时间,区域发展再平衡也是一个长期过程,针对局部地区的高失业风险,以及特定群体的就业困难,需要建立一套应对失业风险的政策储备,并推出有效的政策工具。原则上,应对系统性风险如经济危机冲击,需要

---

① 张车伟、程杰:《2020:就业应着力应对结构性矛盾和化解潜在风险》,《中国经济时报》2020年2月10日。

② 程杰:《改革开放40年我国就业发展回顾与新时期展望》,《中国发展观察》2018年第24期。

启用整体性、全局性的宏观调控举措和就业战略①,实施涉及范围较广的区域性经济发展战略;结构性失业矛盾需要利用多种有效的政策组合,保持劳动力市场的灵活性,增强劳动力市场的安全性,充分利用就业援助和岗位补贴、公共投资和公共就业岗位、技能培训和再教育、创业就业基金和失业风险储备基金、社会救助和社会托底等多种政策工具。②

四是加强城市调查失业率的监测和研判,为就业风险防控提供可靠的决策依据。相关部门要完善调查失业率监测系统,实现全国地级城市全覆盖,并且确保在城市层面具有抽样代表性。除了按月上报全国总体和分区域调查失业率指标之外,应该按月度或者至少按季度将所有地级城市的调查失业率指标以及分析报告上报给相关决策部门,以便全面准确洞察就业形势,更好地为决策服务。

二、应对新冠肺炎疫情就业冲击的对策建议

克服疫情对就业的影响,需要政府完善积极就业政策并启动超常规机制,通过"保就业"实现"保增长、保民生、保稳定"的目标。积极应对疫情对劳动力市场冲击,需要坚持就业优先原则,实施更加积极的就业政策。

(一)应对新冠肺炎疫情就业冲击的短期对策建议

首先,要大力推广远程办公、在家办公、弹性工作等新型工作方式。在这次"抗疫"斗争中,以互联网为基础的平台经济等发挥了特有功能。由于疫情防控需要,人员流动和正常出勤受到限制。依托于数字技术的远程办公等新的工作方式,具有突破时空限制的特性,改变了传统的经济运行方式,为防控疫情、保障经济社会有效运转提供了有力支撑。远程医疗、远程办公、在线教

---

① 吴绮雯:《改革开放我国就业发展经验及展望》,《江西社会科学》2018 年第 10 期。
② 程杰:《城市的活力之源:流动人口对城市经济发展的系统性影响》,《城市与环境研究》2018 年第 4 期。

育等各类平台,保障了人们生活、工作、学习等方面的基本正常运行。要大力推动企业的数字化进程,促进有关技术和设备的更新换代,助力工作方式变革,使得经济即使面临类似新冠肺炎疫情这样的重大突发公共卫生事件时,也能够有效运行,并有效稳定就业。

其次,在确保疫情防控到位的前提下,推动企业复工复产和稳岗就业。推动非疫情防控重点地区的企事业单位复工复产,恢复生产生活秩序,尽快将损失的就业岗位补回来。加快在建和新开工项目建设进度,积极扩大国内有效需求,助推经济触底回升,努力将损失的就业岗位找回来。实施针对性的减税降费政策,加大失业保险稳岗返还力度。对支持疫情防控工作的重点企业给予吸纳就业补贴。如上海市就对受疫情影响较大的住宿餐饮、文体娱乐、交通运输、旅游等困难行业的企业给予了稳就业补贴。①

最后,做好劳动关系稳定工作,防范劳动争议集中爆发。由于疫情对企业生产经营产生重大冲击,很多企业陷入经营困境,降薪、欠薪和裁员等现象频发。采取切实有效措施,预防劳动争议集中爆发风险,确保劳动关系和谐稳定,是维护社会大局稳定的重要保证。要建立人社部门、工会、企业联合会、劳动仲裁、法院等多方联动机制,在合法合规的前提下平衡企业和劳动者的双方利益,最大限度维护企业的正常生产经营秩序,同时全力保障劳动者的合法权益。督促各类用人单位做好工资支付工作。对新冠肺炎病人治疗期间的工资要按规定支付,对疑似病人及密切接触者隔离观察期间的工资由用人单位按出勤照发。② 加强对企业裁员工作的监督检查,疫情未解除期间企业不得随意解雇员工。要将劳动密集型企业尤其是使用农民工较多的企业作为劳动争议监测和控制的重点。

---

① 《每人 800 元,上海补贴受疫情影响较大的餐饮、娱乐、交通运输、旅游等行业员工》,2020 年 3 月 19 日,https://baijiahao.baidu.com/s? id=1661586544231889078&wfr=spider&for=pc,2021 年 11 月 23 日。

② 《郑斯林部长加快推进再就业工作电视电话会议上的讲话》,《劳动保障通讯》2003 年第 6 期。

(二)应对新冠肺炎疫情就业冲击的长期对策建议

首先,在就业总量方面,要大力发展数字经济等新经济形态,培育新的就业增长点。新冠肺炎疫情发生后,在线教育、远程办公、在线文娱、在线医疗、电子政务需求高涨,就业机会显著增加。据阿里巴巴旗下智能移动办公平台钉钉的统计,2020 年 2 月 3 日以来,超过 1000 万家企业组织了 2 亿上班族在线开工,预计有 5000 万学生通过钉钉在线课堂学习;腾讯的数据也显示,2 月 10 日,企业微信迎来最强一波开工、上课需求,后台服务量上涨 10 余倍。[①] 长期来看,线上办公、远程诊疗、网络教育模式将更为成熟,消费者在数字经济、平台经济领域的消费习惯进一步巩固,将成为未来重要的消费模式。而且,平台经济对促进农村人口和受教育程度较低人口的就业具有重要意义。[②] 调查数据显示,疫情之下社会对医药健康、游戏、在线教育、视频直播、远程办公服务、生鲜电商等的需求明显增加,这些行业面临招工难的挑战。[③] 这些就业创造,有助于提升就业结构和经济结构,对以后应对此类突发公共卫生事件大有裨益,需要大力鼓励和支持。

其次,在就业的行业结构方面,要对住宿餐饮业、旅游业、文化娱乐业、交通运输业等受疫情严重影响的行业提供特别政策支持。提供一揽子财政支持、法律支持政策,帮助企业渡过难关,减少企业关停并转。政府的经济刺激政策要精准,要具备足够的力度和强度。比如,以承担困难企业一部分劳动者工资的形式直接提供货币补贴,在全国范围内减免增值税等。同时,各级立法机关要在非常时期尽快设计、提供有利于帮助企业走出困境的阶段性特殊法

---

① 李慧:《中国数字经济全面提速》,《光明日报》2020 年 3 月 15 日。

② 王永洁:《平台型非标准就业与劳动力市场规制》,《北京工业大学学报(社会科学版)》2020 年第 3 期。

③ 《调查显示:疫情令六成上海企业招聘受影响 但近半企业对后续经营恢复持乐观态度》,2020 年 3 月 18 日,https://baijiahao. baidu. com/s? id = 1661460167620195804&wfr = spider&for=pc,2021 年 11 月 24 日。

律产品,比如,允许企业在某个时期无须申报即可自由实施不定时工作制、综合计算工时制等。只有让困难企业得以继续经营,才能稳定这些企业的就业岗位。

再次,在就业的人群结构方面,要采取政策保障和财政支持,做好重点群体的就业促进工作。有序引导农民工返城就业,强化重点企业用工调度保障、农民工"点对点、一站式"返岗复工服务。及时收集发布用工信息,加强输出地和输入地的信息对接。提供更多社区公共就业岗位,吸收下岗失业工人和灵活就业人员就业。防治新冠肺炎疫情,需要大量的社区环境卫生、清洁消毒等工作者。建议通过提供公益性岗位、岗位补贴、培训补贴等支持政策,将这些岗位纳入公益性岗位管理,创造更多公益性岗位。过去对紧急卫生事件和自然灾害的应急反应表明,在卫生和水、卫生设备、卫生基础设施和服务方面的就业密集型投资是危机中立即创造就业的重要手段。①

最后,增强劳动者适应新环境和外部冲击的能力,加强"稳就业"政策储备。一方面,要加强技能培训体系建设。加快实施职业技能提升行动,建议从失业保险基金结余中,划拨一部分专门设立"技能提升基金"。通过税费减免和资金补贴等政策,鼓励企业和市场培训机构面向社会开展以需求为导向的职业培训,支持用人单位对接培训并纳入员工储备计划。另一方面,全面实施终身学习计划。鼓励劳动者"边工作、边学习",实施"教育券"或"培训券"政策,推广弹性学习制度,探索"基于岗位的学习"。充分发挥企业的主体作用,通过税费减免和资金补贴等激励政策,鼓励企业和市场培训机构面向社会开展职业技能培训,支持企业实行员工储备。

三、应对新技术革命变化的政策调整

科技进步将推动重大和不可预测的变革。新兴职业和岗位反映了新技术

① ILO,"COVID-19 and World of Work:Impacts and Responses",2020 年 3 月 18 日,www.ilo.org/global/topics/coronavirus,2020 年 11 月 23 日。

在中国的广泛应用和发展。应对新技术变革的教育培训体系,需要瞄准未来
职业和工作任务需要什么能力。以人工智能技术为代表的新兴产业扩散速度
快、应用范围广,劳动力在大学教育中学习到的知识在未来会陷入与技术进步
错位的困境。应对新技术变革的教育培训体系需要遵循以技能为基础的方
向,而不是以学位为基础的动态变化的劳动力市场。① 对人力资本的投资,除
发展基础技能之外,还要培育高阶认知技能和社会行为技能。说到底,人力资
本是抵御自动化进程的根本所在。具体而言,应当注意以下几个方面:

第一,加强不同行业、不同群体的就业失业监测,动态评估和统计机器人、
人工智能对就业岗位的替代情况。机器人、人工智能的大量应用,虽然不是完
全的"机器换人",短期不会对低技能劳动者造成就业冲击,但智能制造发展
过程中一个显著的特征是"控人提效"——生产效率和规模增大的同时,对低
技能劳动力需求相对减少。这对低教育程度、低技能劳动者未来的就业带来
长期负面影响,尤其是较大年龄队列的低教育程度劳动者。人社部门应充分
利用就业用工系统,通过对所辖智能制造企业的动态监测,从数量、结构和趋
势上及时评估和统计人工智能技术应用带来的工作岗位变化。统计部门利用
劳动力月度调查系统,对高校毕业生、青年农民工、年龄较大劳动力等不同群
体的就业进行动态监测,及时反映不同劳动群体行业、职业、工作岗位及工作
任务的变化。

第二,加强岗位和职业技能培训,重视对传统制造业工人技术技能升级培
训、转岗转业培训,使其具备"人机协作"能力和"智能化生产"技能。通过企
业在岗技能培训,有效防止在岗劳动者因为劳动技能不能适应新技术应用而
失去工作。对于智能制造企业由于"内部培训的社会外部性"抑制了企业培
训投入积极性的问题,一方面,可以从培训对象的"源头"进行政策支持,根据
企业对新进高校毕业生、智能化改造转岗工人及 AI 技术应用研发人员每年的

---

① 屈小博:《机器人和人工智能对就业的影响及趋势》,《劳动经济研究》2019 年第 5 期。

培训人数予以补贴,减少企业既"赔钱"又"养人"的后顾之忧;另一方面,应使用失业保险基金结余对劳动力进行广泛的技能培训,从培训内容、培训方式以及培训效果评价上以劳动者和企业需求为主导。这样,不仅能减少因机器人、人工智能的使用所导致的结构性失业,而且能够有效保护就业安全。

第三,改革和优化高校专业设置,及早应对机器人、人工智能大量应用带来的技能人才需求缺口。根据未来智能产业发展需求,加快设置和发展人工智能相关的专业。同时,教育体系在课程设置、学习内容等方面应充分结合企业对技能人才的需求和技术应用的趋势,避免学习到的知识在未来陷入与技术进步错位的困境,为适应智能制造发展做好人才培养和储备,使高校毕业生尤其是高职毕业生的技能素质与智能制造发展相匹配,避免未来结构性就业风险的扩大。

第四,提高现有的社会保障水平,探索劳动与资本、技术再平衡的社会保险制度。尽管机器人、人工智能不会对制造业现有的普通劳动力造成就业冲击,但是减少了对低技能劳动力的长期需求是毫无疑问的。此外,人工智能的大量应用对低技能劳动力工资增长将产生明显的负面影响。社保体系筹资方向需要考虑从"人"转向"资本"。可以尽早着手研究通过征收"机器人税"以补偿劳动者的损失,从制度设计上探索实施的条件和具体的操作方式。

主要参考文献

1. 安立仁、董联党:《基于资本驱动的潜在增长率、自然就业率及其关系分析》,《数量经济技术经济研究》2011 年第 2 期。

2. 蔡昉、都阳、高文书:《就业弹性、自然失业和宏观经济政策——为什么经济增长没有带来显性就业?》,《经济研究》2004 年第 9 期。

3. 蔡昉、王美艳:《中国城镇劳动参与率的变化及其政策含义》,《中国社会科学》2004 年第 4 期。

4. 蔡昉:《认识中国经济的短期和长期视角》,《经济学动态》2013 年第 5 期。

5. 蔡昉:《为什么"奥肯定律"在中国失灵——再论经济增长与就业的关系》,《宏观经济研究》2007 年第 1 期。

6. 蔡昉:《中国就业格局变化与挑战》,《全球化》2013 年第 5 期。

7. 陈利锋:《异质性雇用成本、社会福利与劳动力市场结构性改革》,《财经研究》2015 年第 1 期。

8. 陈帅、葛大东:《就业风险对中国农村劳动力非农劳动供给的影响》,《中国农村经济》2014 年第 6 期。

9. 陈彦斌:《中国新凯恩斯菲利普斯曲线研究》,《经济研究》2008 年第 12 期。

10. 陈宇峰、俞剑、陈启清:《外部冲击与奥肯定律的存在性和非线性》,《经济理论与经济管理》2011 年第 8 期。

11. 程杰:《改革开放 40 年我国就业发展回顾与新时期展望》,《中国发展观察》2018 年第 24 期。

12. 丁琳、王会娟:《互联网技术进步对中国就业的影响及国别比较研究》,《经济科学》2020 年第 1 期。

13. 丁守海、蒋家亮:《中国存在失业回滞现象吗?》,《管理世界》2013 年第 1 期。

14. 丁守海、沈煜:《去产能的失业风险究竟有多大——兼论两次去产能周期的比较》,《中国经贸导刊》2016 年第 19 期。

15. 丁守海:《中国城镇发展中的就业问题》,《中国社会科学》2014 年第 1 期。

16. 都阳、贾朋、程杰:《劳动力市场结构变迁、工作任务与技能需求》,《劳动经济研究》2017 年第 3 期。

17. 都阳、贾朋:《劳动供给与经济增长》,《劳动经济研究》2018 年第 3 期。

18. 都阳、陆旸:《中国的自然失业率水平及其含义》,《世界经济》2011 年第 4 期。

19. 樊纲:《回归正常增长与保持稳定增长——当前国际国内宏观经济形势及政策建议》,《开放导报》2014 年第 6 期。

20. 方福前、孙永君:《奥肯定律在我国的适用性检验》,《经济学动态》2010 年第 12 期。

21. 甘金龙、张秀生:《经济新常态下的多元化增长动力研究》,《学术交流》2016 年第 6 期。

22. 何启志、姚梦雨:《中国通胀预期测度及时变系数的菲利普斯曲线》,《管理世界》2017 年第 5 期。

23. 胡琼、朱敏:《工资上涨、劳动力市场规制与制造业企业雇佣结构调整研究》,《统计科学与实践》2019 年第 11 期。

24. 黄波:《后危机时代中国城镇长短期就业风险的度量与预测》,《中国人口科学》2012 年第 5 期。

25. 黄群慧、贺俊:《未来 30 年中国工业化进程与产业变革的重大趋势》,《学习与探索》2019 年第 8 期。

26. 赖德胜、高春雷、孟大虎、王琦:《中国劳动力市场平衡性特征分析》,《中国劳动》2019 年第 2 期。

27. 赖德胜、李长安:《创业带动就业的效应分析及政策选择》,《经济学动态》2009 年第 2 期。

28. 赖德胜、孟大虎、李长安、田永坡:《中国就业政策评价:1998—2008》,《北京师范大学学报(社会科学版)》2011 年第 3 期。

29. 赖德胜、孟大虎、李长安、王琦等:《2016 中国劳动力市场发展报告——性别平等化进程中的女性就业》,北京师范大学出版社 2016 年版。

30. 黎德福:《二元经济条件下中国的菲利普斯曲线和奥肯法则》,《世界经济》2005 年第 8 期。

31. 李飚、孟大虎:《如何实现实体经济与虚拟经济之间的就业平衡》,《中国高校社会科学》2019 年第 2 期。

32. 李娟:《全球化、劳动需求弹性与就业风险研究述评》,《经济学动态》2012 年第 3 期。

33. 李蹊、董磊明:《半工业化乡村与劳动力的"碎片整理"——工业化潮流冲击下的乡土社会的存续》,《北京师范大学学报(社会科学版)》2019 年第 6 期。

34. 李焱璐、丁福兴:《奥肯定律的"中国悖论"及其在新时代的借鉴意义》,《当代经济》2018 年第 13 期。

35. 廖娟:《残疾人就业政策效果评估——来自 CHIP 数据的经验证据》,《人口与经济》2015 年第 2 期。

36. 林建浩、王美今:《新常态下经济波动的强度与驱动因素识别研究》,《经济研究》2016 年第 5 期。

37. 刘伟、蔡志洲、郭以馨:《现阶段中国经济增长与就业的关系研究》,《经济科学》2015 年第 4 期。

38. 刘晓星、张旭、李守伟:《中国宏观经济韧性测度——基于系统性风险的视角》,《中国社会科学》2021 年第 1 期。

39. 卢锋、刘晓光、姜志霄:《劳动力市场与中国宏观经济周期:兼谈奥肯定律在中国》,《中国社会科学》2015 年第 12 期。

40. 毛学松:《当前中国经济下行原因与经济增长的道路选择》,《学术论坛》2016 年第 11 期。

41. 莫荣:《新发展阶段要更好地强化就业优先政策》,《中国政协》2021 年第 6 期。

42. 曲玥:《产能过剩与就业风险》,《劳动经济研究》2014 年第 5 期。

43. 屈小博、程杰:《中国就业结构变化:"升级"还是"两极化"?》,《劳动经济研究》2015 年第 1 期。

44. 史青、李平、宗庆庆:《企业出口对劳动力就业风险影响的研究》,《中国工业经济》2014 年第 7 期。

45. 汪祥春:《解读奥肯定律——论失业率与 GDP 增长的数量关系》,《宏观经济研究》2002 年第 1 期。

46. 王光新、姚先国:《中国最低工资对就业的影响》,《经济理论与经济管理》2014 年第 11 期。

47. 王少平、杨洋:《中国经济增长的长期趋势与经济新常态的数量描述》,《经济研究》2017 年第 6 期。

48. 王贤彬、黄亮雄：《国有经济、市场化程度与中国经济稳增长》，《产业经济评论》2021 年第 4 期。

49. 王颖、石郑：《技术进步与就业：特征事实、作用机制与研究展望》，《上海经济研究》2021 年第 6 期。

50. 魏加宁、杨坤：《有关当前经济下行成因的综合分析》，《经济学家》2016 年第 9 期。

51. 吴要武、陈梦玫：《当经济下行碰头就业压力——对中国城乡劳动力市场状况的分析》，《劳动经济研究》2018 年第 3 期。

52. 武向荣：《论大学毕业生就业风险》，《北京师范大学学报（社会科学版）》2004 年第 3 期。

53. 熊瑞祥、李辉文：《儿童照管、公共服务与农村已婚女性非农就业——来自 CFPS 数据的证据》，《经济学（季刊）》2016 年第 1 期。

54. 杨宜勇、王阳、侯胜东：《"十四五"时期强化就业优先政策体系研究》，《宏观经济管理》2021 年第 2 期。

55. 杨紫薇、邢春冰：《教育、失业与人力资本投资》，《劳动经济研究》2019 年第 2 期。

56. 姚先国、周礼、来君：《技术进步、技能需求与就业结构——基于制造业微观数据的技能偏态假说检验》，《中国人口科学》2005 年第 5 期。

57. 尹碧波、周建军：《中国经济中的高增长与低就业——奥肯定律的中国经验检验》，《财经科学》2010 年第 1 期。

58. 尹蔚民：《在推动经济发展中促进就业稳定增加》，《就业与保障》2016 年第 8 期。

59. 袁志刚：《中国的乡—城劳动力流动与城镇失业：一个经验研究》，《管理世界》2006 年第 8 期。

60. 张车伟、蔡翼飞：《中国劳动供求态势变化、问题与对策》，《人口与经济》2012 年第 4 期。

61. 张车伟、王智勇：《全球金融危机对农民工就业的冲击——影响分析及对策思考》，《中国人口科学》2009 年第 2 期。

62. 张车伟：《失业率定义的国际比较及中国城镇失业率》，《世界经济》2003 年第 5 期。

63. 张成刚、廖毅、曾湘泉：《创业带动就业：新建企业的就业效应分析》，《中国人口科学》2015 年第 1 期。

64. 张平：《中国经济朝着更高水平更好质量的发展阔步前行》，《宏观经济管理》2012年第4期。

65. 张原、沈琴琴：《平衡中国劳动力市场的灵活安全性——理论指标、实证研究及政策选择》，《经济评论》2012年第4期。

66. 张展新：《城市本地和农村外来劳动力的失业风险——来自上海等五城市的发现》，《中国人口科学》2006年第1期。

67. 郑挺国、黄佳祥：《中国宏观经济下行区间的冲击来源及其差异性分析》，《世界经济》2016年第9期。

68. 中国经济增长前沿课题组：《中国经济转型的结构性特征、风险与效率提升路径》，《经济研究》2013年第10期。

69. 中国人民大学宏观经济分析与预测课题组：《中国宏观经济分析与预测（2015年中期）报告——低迷与繁荣、萧条与泡沫并存的中国宏观经济》，《经济理论与经济管理》2015年第8期。

70. 邹波、杨立雄：《福利企业的发展与残疾人就业政策改革》，人民出版社2018年版。

71. 邹沛江：《奥肯定律在中国真的失效了吗》，《数量经济技术经济研究》2013年第6期。

72. 邹薇、胡翱：《中国经济对奥肯定律的偏离与失业问题研究》，《世界经济》2003年第6期。

73. 曾利飞、徐剑刚、唐国兴：《开放经济下中国新凯恩斯混合菲利普斯曲线》，《数量经济技术经济研究》2006年第3期。

74. 曾湘泉、陈力闻、杨玉梅：《城镇化、产业结构与农村劳动力转移吸纳效率》，《中国人民大学学报》2013年第4期。

75. 曾湘泉、于泳：《中国自然失业率的测量与解析》，《中国社会科学》2006年第4期。

76. Abraham, K.G. and Katz, L.F., "Cyclical Unemployment: Sectoral Shifts or Aggregate Disturbances", *Journal of Political Economy*, Vol.94, No.3, 1986.

77. Aghion, P. and Howitt, P., "Growth and Unemployment", *Review of Economic Studies*, Vol.61, No.3, 1994.

78. Barattieri, A., Basu, S. and Gottschalk, P., "Some Evidence on the Importance of Sticky Wages", *American Economic Journal: Macroeconomics*, Vol.6, No.1, 2014.

79. Chodorow-Reich, G. and Karabarbounis, L., "The Cyclicality of the Opportunity Cost

of Employment", *Journal of Political Economy*, Vol.124, No.6, 2016.

80. Elsby, M. W., Michaels, R. and Solon, G., "The Ins and Outs of Cyclical Unemployment", *American Economic Journal: Macroeconomics*, Vol.1, No.1, 2009.

81. Foote, C.L. and Ryan, R.W., "Labor-Market Polarization over the Business Cycle", *NBER Macroeconomics Annual*, No.29, 2015.

82. Friedman, M., "The Role of Monetary Policy", *American Economic Review*, Vol.58, No.1, 1968.

83. Fujita, S. and Ramey, G., "The Cyclicality of Separation and Job Finding Rates", *International Economic Review*, Vol.50, No.2, 2009.

84. Gertler, M. and Trigari, A., "Unemployment Fluctuations with Staggered Nash Wage Bargaining", *Journal of Political Economy*, Vol.117, No.1, 2009.

85. Haefke, C., Sonntag, M. and van Rens, T., "Wage Rigidity and Job Creation", *Journal of Monetary Economics*, Vol.60, No.8, 2013.

86. Hall, R.E. and Milgrom, P.R., "The Limited Influence of Unemployment on the Wage Bargain", *American Economic Review*, Vol.98, No.4, 2008.

87. Kudlyak, M., "The Cyclicality of the User Cost of Labor", *Journal of Monetary Economics*, Vol.68, 2014.

88. Lee, J., "The Robustness of Okun's Law: Evidence from OECD Countries", *Journal of Macroeconomics*, Vol.22, No.2, 2000.

89. Lilien, D.M., "Sectoral Shifts and Cyclical Unemployment", *Journal of Political Economy*, Vol.90, No.4, 1982.

90. Lin, J.Y., "Will China Continue to Be the Engine of Growth in the World", *Journal of Policy Modeling*, Vol.38, No.4, 2016.

91. Ljungqvist, L. and Sargent, T.J., "The European Unemployment Dilemma", *Journal of Political Economy*, Vol.106, No.3, 1998.

92. Mankiw, N.G., *Macroeconomics*, New York: Worth Publishers, 1994.

93. Michael, W.L.E., Michaels, R. and Ratner, D., "The Beveridge Curve: A Survey", *Journal of Economic Literature*, Vol.53, No.3, 2015.

94. Michaillat, P., "Do Matching Frictions Explain Unemployment? Not in Bad Times", *American Economic Review*, Vol.102, No.4, 2012.

95. Michelacci, C. and Lopez-Salido, D., "Technology Shocks and Job Flows", *Review of Economic Studies*, Vol.74, No.4, 2007.

96. Miyamoto, H., "Cyclical Behavior of Unemployment and Job Vacancies in Japan", *Japan and the World Economy*, Vol.23, No.3, 2011.

97. Mortensen, D. T. and Pissarides, C. A., "Job Creation and Job Destruction in the Theory of Unemployment", *Review of Economic Studies*, Vol.61, No.3, 1994.

98. Pissarides, C.A., *Equilibrium Unemployment Theory*, London: Basil Blackwell, 1990.

99. Saks, R. E. and Wozniak, A., "Labor Reallocation over the Business Cycle: New Evidence from Internal Migration", *Journal of Labor Economics*, Vol.29, No.4, 2007.

100. Shimer, R., "The Cyclical Behavior of Equilibrium Unemployment and Vacancies", *American Economic Review*, Vol.95, No.1, 2005.

后　记

　　本书是国家社会科学基金重大项目"中国经济下行阶段就业结构调整和防范失业战略研究"（项目批准号 16ZDA026）的最终成果。在即将出版之际，作为首席专家，我要向指导、支持、帮助本项目实施和完成的有关领导、专家、朋友表示诚挚谢意。

　　项目研究持续了 5 年，比申报时预期的时间要长，主要原因有三：一是自 2016 年立项以来，我国经济增长面临着更加错综复杂的形势，特别是中美贸易冲突、新冠肺炎疫情大流行等使我国经济下行压力加大，这对就业数量扩大、就业结构调整、就业质量提升都带来了更大的挑战，增加了研究的难度。二是新冠肺炎疫情发生后，虽然我国始终坚持人民至上、生命至上，统筹疫情防控和经济社会发展，最大限度地减少了疫情对经济社会发展的影响，但疫情仍改变了生产方式和生活方式，使有些调研无法成行，面对面交流研讨的难度也随之增加。三是 2019 年 7 月我从北京师范大学调入中共中央党校（国家行政学院）工作，单位转换使我面临着新的环境需要适应，在一定程度上放松了对项目的推动，延缓了研究和结项进程。

　　虽然时间有点超预期，但项目预设的任务却圆满完成。我首先要感谢各位子课题负责人及相关成员。大家来自不同单位，但都能本着责任担当和精益求精的态度，完成各自承担的任务，并在调研和研讨过程中，相互配合，无私奉献。参与本书写作的作者分工如下。导论:赖德胜、孟大虎、陈建伟;第一章:陈建伟、苏丽锋;第二章:蔡宏波、赖德胜、姚正远、田济周;第三章:李长安、李艳;第四章:孟大虎、高春雷、许晨曦、王琦、李飚;第五章:田明、岳昌君、廖娟、周丽萍、魏金鹏、任天优、谌昂;第六章:高文书、屈小博、程杰。其中,北京师范大学孟大虎编审、对外经济贸易大学李长安教授和北京市工会干部学院高春雷讲师,对书稿做了大量细致的修改和校订工作。

项目的顺利完成,得到了很多领导、专家的支持和帮助,对此,我们感念于心。

在2017年1月10日召开的项目开题论证会上,人力资源和社会保障部就业促进司吴道槐司长、中国社会科学院人口与劳动经济研究所张车伟所长、中国人民大学劳动人事学院曾湘泉教授、人力资源和社会保障部中国劳动科学研究院莫荣研究员、北京师范大学经济与工商管理学院李实教授等对如何开展研究提出了很好的意见和建议。不仅如此,在后续的研究中,他们仍然以不同方式持续给我们以指导。

在项目研究期间,我们组织了多次比较大规模的研讨会,比如"促进就业宏观政策研讨会""《'十三五'促进就业规划》暨2017年就业形势专家座谈会""精准扶贫背景下的残疾人就业研讨会""中国劳动力市场发展论坛""人工智能、教育与劳动力市场:机遇与挑战研讨会""全面开放新格局进程中的劳动力市场调整研讨会""《中国就业70年(1949—2019)》出版座谈暨主题研讨会"等。出席会议的领导、专家很多,无法一一列举,他们高屋建瓴的发言,对于本研究的深入开展和本书一些观点的形成发挥了重要作用。

北京师范大学经济与工商管理学院孙志军教授、魏浩教授、朱敏副教授、韩丽丽讲师、常欣扬讲师,北京师范大学社会科学处田晓刚副处长,北京师范大学职业发展与就业指导中心张爱芹副研究员,人力资源和社会保障部中国人事科学研究院田永坡研究员,北京工商大学王轶编审,中国劳动关系学院纪雯雯副教授,北京科技大学高曼讲师,三峡大学石丹淅副教授、河北大学黄金玲讲师等,对本项目的顺利实施作出了积极的贡献。

最后,要感谢全国哲学社会科学工作办公室和各位评审专家的信任,实际上,这也是我们主持完成的第三个国家社科基金重大项目。感谢人民出版社郑海燕编审,正是她高效细致的工作,才能在这么短的时间内完成了使本书从书稿到图书的"最后一跃"。

赖德胜

2022 年 6 月 10 日